まえがき

　編者らは，心理学を学びはじめたばかりの大学生のための入門書として，本書をまとめた。その多くは，将来カウンセラーなどの心理臨床の仕事につくことを考えている人たちである。しかし結果的には，大学での教科書としてだけでなく，一般の読者の興味と関心に十分応えるものとなったと，自負している。それは，本書が次に示したような，いくつかの特色を持っているからである。

　まず第1に，本書はパーソナリティと心理学を結びつける視点を持っている点に，特徴がある。この点については第1章に詳しく述べてあるが，要するにパーソナリティの考察と心理学，とりわけ臨床心理学的な見方には，相互補完的な関係が濃厚であるという視点を持っているということである。これは当たり前のことのようにも思われるが，意外に見落とされている点なのである。読者が持つ自分自身の性格に対する興味を窓口として，性格・パーソナリティ全般に興味が広がり，そこからさらに心理学的な見方へと理解が深まっていくことが期待できる。

　2つめの特徴は，編者を含め6名の執筆者が，学校カウンセリングを主とした，なんらかのカウンセリングの現場で仕事をしているという点である。カウンセリングの場で，クライエントのパーソナリティ理解に日夜努力を続けているという背景から，本書は生み出されている。副題を「〜コミュニケーションを深めるために〜」としたのは，そうした背景を含意している。もちろん，カウンセリングの場は，対人関係の1つの純化された場面であるにすぎない。教師の立場，養護教諭の立場，親の立場など，日常のあらゆるかかわりの場面で，パーソナリティ理解が重要であることはいうまでもない。

　3つめの特徴としては，コラムやワークの導入である。本書の企画は，できるかぎりわかりやすく具体的な叙述をモットーとしてスタートした。しかし，編者を含め本文を担当した40代から50代の執筆者による理論的な論述は，ややもすると抽象的な展開になりがちである。そこで，コラムなどのより具体的な観点からのコーナーを設けた。しかも，その執筆を担

当しているのは，臨床経験数年の20代の執筆陣である。若々しい執筆陣の，具体的で取り組みやすい視点からの解説や演習が，理論的な叙述と読者の理解との橋渡しをしてくれるはずである。

　現代は心の時代であると言われて久しい。ますます人の心が読みにくく，理解しにくい状況が続いている。そもそも，自分自身の性格や人格に自信を持てないという声も耳にする。本書が，そうした人々の不安や疑問の解消に対する一助となれば幸いである。

　最後に，いつもながら仕事を滞らせがちなパーソナリティである編者を，高度な編集者としての「心理学的手法」でコントロールして，本書を完成させるに至らしめた大修館書店の山川雅弘氏に感謝申し上げる。

2004年3月

著者を代表して　近藤　卓

●パーソナリティと心理学・目次●

第1章　パーソナリティと心理学
第1節　「パーソナリティ」と「心理学」――――――――――――――― 2
　1．パーソナリティの意味………2
　2．心理学について………3
　3．パーソナリティと心理学の関係………4
第2節　「らしさ」とパーソナリティ――――――――――――――――― 6
　1．「らしさ」………6
　2．自分を知る………8
　3．他者を理解する………9
第3節　感覚によって知る――――――――――――――――――――― 11
　1．感覚とは………11
　2．錯覚………13
　3．ゲシュタルト………15
第4節　記憶と学習――――――――――――――――――――――― 18
　1．覚えることと忘れること………18
　2．学習と条件づけ………20
　3．強化と消去………22
第5節　人間を理解するということ――――――――――――――――― 24
　1．心と意識と行動………24
　2．パーソナリティからみた心理学………26

第2章　パーソナリティとは何か
第1節　パーソナリティの理論化：性格，人格，気質，個性――――――― 32
　1．パーソナリティ………32
　［1］気質 /33　［2］トマスとチェスの気質分類 /33
　［3］パーソナリティの遺伝 /33　［4］個性 /34

  2．性格の形成は，遺伝か環境か…………36
  3．性格は変化するか…………36
  4．二面性論…………37
  5．自己とは…………37
  6．人称的性格…………38
第2節　パーソナリティの分類：古典的な方法───── 39
  1．一般人理論…………39
  2．古典的な方法…………40
   ［1］ヒポクラテスとガレノス /40　［2］骨相学 /40　［3］脳局在論：神経心理学 /40
   ［4］相貌学：身体言語（ボディランゲージ）/41　［5］筆跡学 /43
第3節　さまざまな性格理論Ⅰ：類型論───── 44
  1．類型論と特性論…………44
  2．類型論の功罪…………44
  3．類型論の例…………45
   ［1］クレッチマー /45　［2］ユングの類型 /45　［3］シェルドンの類型 /46
   ［4］シュプランガーの類型 /47　［5］リースマンの類型 /47
   ［6］サイモンズの類型 /47　［7］リーの愛の類型 /48
   ［8］ライチャードの老人の適応タイプ /48
   ［9］ライフスタイル・生活価値の類型 /48
第4節　さまざまな性格理論Ⅱ：特性論───── 50
  1．特性論…………50
  2．特性論の功罪…………50
  3．特性論の例…………52
   ［1］オルポート /52　［2］キャッテルの特性 /55　［3］ギルフォードの特性 /55
第5節　さまざまな性格理論Ⅲ：構造論───── 56
  1．精神分析…………56
   ［1］アドラー，ユング /61　［2］新フロイト派 /61
  2．交流分析…………62
  3．フランクル…………64
  4．現象学的理論…………65

5. 人間学的理論………65

第3章　パーソナリティを理解する

第1節　パーソナリティ理解：総合的理解 ──────── 72
　1. パーソナリティ理解のための視点………72
　2. さまざまな理解の視点と方法………74
　　［1］だれが理解するかについての視点と方法 /74
　　［2］何を理解するかについての視点と方法 /75
第2節　パーソナリティ理解の方法Ⅰ：観察と面接 ──────── 77
　1. どのように理解していくか………77
　2. さまざまな非言語表現の理論………79
　3. 臨床場面での観察………84
　4. 面接………86
第3節　パーソナリティ理解の方法Ⅱ：心理アセスメント，投影法Ⅰ ──── 91
　1. 心理アセスメント………91
　2. 性格検査の効用と限界………91
　3. 投影法………93
　　［1］ロールシャッハテスト /93　　［2］絵画統覚検査：TAT/95
第4節　パーソナリティ理解の方法Ⅲ：投影法Ⅱ ──────── 99
　1. 心理劇………99
　2. 箱　庭………100
　3. ソンディテスト………100
　4. P-Fスタディ………101
　5. バウムテスト………105
　6. 星と波テスト………107
第5節　パーソナリティ理解の方法：標準検査法 ──────── 108
　1. MMPI（ミネソタ多面的性格検査）………108
　2. 矢田部ギルフォード性格検査（YG）………111
　3. CMI（コーネル・メディカルインデックス）………113
　4. MPI（モーズレイ性格検査）………114

5．向性検査………115
　　6．エゴグラム………115

第4章　発達的に理解する
第1節　発達の理解 ———————————————————— 120
　　1．発達とは何か………120
　　2．遺伝も環境も………120
　　3．発達の規定要因………122
　　4．ピアジェの発達段階説………124
　　5．パーソナリティの恒常性………127
第2節　パーソナリティの形成：乳幼児から子ども時代 ———— 128
　　1．知覚・運動能力の発達………128
　　2．認知，言語能力の発達………129
　　3．パーソナリティの発達………131
　　4．人間関係の発達………132
第3節　パーソナリティの発達：思春期から青年期・老年期まで ——— 135
　　1．身体，認知面の変化………135
　　2．道徳性の発達………136
　　3．性役割行動………137
　　4．自己概念・アイデンティティ………139
　　5．年を重ねることと死の受容………140
第4節　動機づけと情動 ———————————————————— 142
　　1．動機とは………142
　　2．食欲………142
　　3．性行動………144
　　4．達成動機………145
　　5．自己実現の動機づけ………146
　　6．情動・感情………147
第5節　思考，言語，知能 ———————————————————— 149
　　1．問題解決と創造性………149

2．意思決定……………152
　　3．言　語……………153
　　4．知　能……………154

第5章　パーソナリティの偏りを理解する
第1節　健康なパーソナリティ ——————————————160
　　1．健康なパーソナリティの指標……………160
　　2．量的な異常と質的な異常……………161
　　3．適応しているパーソナリティは健康的か……………162
　　4．成長するパーソナリティ……………163
　　5．偏ったパーソナリティのもつ創造性……………164
　　6．偏ったパーソナリティと神経症の違い……………165
　　7．パーソナリティの機能水準……………166
　　8．健康・成熟したパーソナリティの5尺度……………167
第2節　パーソナリティの障害 ——————————————168
　　1．人格障害と精神疾患……………168
　　2．さまざまな人格障害……………168
　　3．境界性パーソナリティ障害……………170
　　4．人格障害と対人関係……………174
　　5．心的外傷と解離性同一性障害……………175
　　6．パーソナリティの破壊……………175
第3節　ストレス ———————————————————177
　　1．パーソナリティとストレス……………177
　　2．行動特性とストレス……………178
　　3．ストレスの評価……………179
　　4．ストレス対処行動……………182
　　5．ストレスの生体内メカニズム……………184
　　6．神経症・心身症・自律神経失調症……………184
第4節　パーソナリティと脳 ——————————————186
　　1．ブレインマッピング……………186

 2.　右脳と左脳…………187
 3.　脳と人格障害・問題行動…………189
 4.　感情を引き起こす化学物質…………190
 5.　依存症…………191
第5節　パーソナリティの回復・成熟―――――――――――――― 192
 1.　あるがままの尊重と治療…………192
 2.　臨床心理学のアプローチ①：来談者中心療法…………193
 3.　臨床心理学のアプローチ②：論理療法…………194
 4.　臨床心理学のアプローチ③：行動療法…………195
 5.　臨床心理学のアプローチ④：実存的アプローチ…………196
 6.　カウンセリングにおけるパーソナリティ変容…………196
 7.　心理臨床における価値の問題…………198

第6章　パーソナリティと心理学の接点

第1節　パーソナリティ理解とカウンセリング―――――――――― 202
 1.　カウンセラーに必要とされる力…………202
 2.　カウンセリングにおける信頼と連携…………203
 3.　パーソナリティ理解とカウンセラー…………205
第2節　カウンセリングとその周辺―――――――――――――――― 208
 1.　カウンセリングとその周辺…………208
 2.　カウンセリングと見立て…………209
 3.　クライエントとカウンセラーの関係性…………212
第3節　心理学とパーソナリティ理解の諸相――――――――――― 214

索引…………217

第1章

パーソナリティと心理学

第1節 「パーソナリティ」と「心理学」

1. パーソナリティの意味

　パーソナリティという概念について，第1章ではまず日常用語における個性，性格あるいは人格などとして理解しておくことにしよう。手近な英和辞典を開いてみると，personality は「個性，人格，人物，人であること」などとなっている。それでは，日本語でふつうにいう「個性，人格」とはどのような概念なのであろうか。個性について『広辞苑』（岩波書店）を参照してみると，「①（individuality）個人にそなわり，その個人を他の個人と異ならせる性格。②個物または固体に特有な特徴あるいは性格」と説明されている。つまり，個別なものや人にそなわる性格のことだという。そういうことであれば，性格の意味がより基本的に概念規定されなければならないことになる。

　やはりここで『広辞苑』を参照すると，性格は「①生まれつきのたち。人となり。品性。品格。ひとがら。②（character）各個人に特有のある程度持続的な行動の様式。とくに，意志の面での特質。③事物の全体的な特徴」となっている。

　本書で議論の対象とするのは「人」であるから，これらの辞典類の示す範囲，つまり「日常用語としてのパーソナリティ」を大きく押さえると，次の3つにまとめることができる。

(1) 人と人を区別することのできる特徴
(2) 生まれつきにそなわっている特徴
(3) 持続的な意志や行動の特徴

　こうして整理してみると，パーソナリティというものの，おおまかな意味や内容が見えてくる。それと同時に，おもしろいことに，その裏側にひそん

でいる特徴も透けて見えてくる。つまり，「(1) 人と人を区別することのできる特徴」があるということは，人と人はその特徴を除けば共通する点もあるということになる。だからこそ，パーソナリティというものの理論化が可能となり，本書のような書物もできあがることになる。

さらに，「(2) 生まれつきにそなわっている特徴」があるのだとすれば，そうでない特徴もあるということになる。つまり，成長のプロセスで身につけるような，その人の特徴的な側面である。家庭生活や学校生活，あるいは友人との関係など，あらゆる人間関係や社会関係，社会的・自然的な環境などによって，生得的な面以外の特徴を形成し発展させていく。

また，「(3) 持続的な意志や行動の特徴」があるということになれば，当然持続しない意志や行動の特徴もあることになる。一時的に落ちこんだり，元気になったり，あるいは人間関係がうまくいったり，いかなかったりするとき，周囲の環境の影響も無関係ではないが，その人のなかに持続的でないさまざまな要素が含まれているのかもしれないのである。

2. 心理学について

心理学は，現在広く社会的に流布しているといってよい。新聞を開いてみても，「消費者の心理」「生産者の心理」「加害者の心理」「被害者の心理」，あるいは「大衆の心理」「政治家の心理」など，人間の心理をあつかった言葉は，かぞえられないほど多く用いられている。まるで，この世のあらゆるできごとの裏に，心理を読み取ろうとしているかのようである。

心理学は，あらゆる人間の心理を対象としている。さらに正確にいえば，人間の心理，態度，行動を心理学は対象にしている。心理学の教科書を開いてみれば，感覚，知覚，学習，記憶，言語，思考，動機，感情，情緒，性格，知能，発達，社会行動などの項が，順序だって並べられ，解説されているのを見ることができる。これらの項目は，それぞれの内容が系統立てて理論化されていて，ひとつずつの学問領域を構成している。それらを順不同で列挙してみれば，たとえば以下のようになる。知覚心理学，性格心理学，発達心理学，社会心理学，教育心理学，臨床心理学，犯罪心理学，産業心理学など

である。これらの領域の名称をざっと見わたしただけでも，心理学が哲学，社会学，教育学，医学など多くの他の学問領域と境界を接していることが想像できよう。また，実験的な研究が人間を対象としてはできにくいことから，動物実験が古くから行われてきた。最近では，脳と心のはたらきの関係が研究されるようになってきており，脳科学あるいは神経科学との関係も深くなってきている。さらに，心理テストや種々の尺度によって測定した結果を処理する必要などから，統計学とのかかわりも浅くない。

このように，心理学の範囲はひじょうに広く，さらに広がりと深さを増しつつあり，急速に発展しつづけている学問であるといえよう。「心理学とは何か」という問いに，「心：こころ」の「理：ことわり」の学問であると解釈してもたいした収穫は得られない。そもそも，「心」というものがいっこうに明確ではない。

現代社会に生きる私たちの思考が，科学主義にしたがっていることは否定できない。科学主義は物理学の発展を基礎として私たちのなかに浸透してきたものの見方である。物理学は，モノの動きを対象として研究する。つまり，「目に見えるモノ」が対象なのである。歴史的にみれば，人間の心理現象を物理学のように数量化してあつかおうとした，フェヒナー（Fechner, G. T.）が『精神物理学原論』（1860年）を著し，これより若干遅れて1879年にヴント（Wundt, M.）がライプチヒ大学に心理学の実験室をつくって研究を開始した。こうしたことから，現代の心理学は19世紀の後半にその源流があるとみられている。

つまり，心理学の歴史はわずか100年を過ぎたところであり，ニュートンが活躍した17世紀後半からすると，200年余りも遅れて，しかも物理学的な思考を基礎としながらスタートした学問なのである。

3．パーソナリティと心理学の関係

これまでみてきたように，パーソナリティの心理学は性格心理学として，すでにひとつの学問領域を構成するまでに発展してきている。性格心理学は，人間の性格はどのように分類ができるのか，それぞれの特徴はどのようなも

のか，どのようにしてそれらの性格が形成されるのか，性格を調べるにはどのような方法があるのか，などをおもな研究内容としている。

たしかに，性格心理学の発展によって，パーソナリティについての広く深い理解が可能となってきた。後の章で述べるように，性格の特性的な理解も一定の共通理解を得るところまで研究が進んでいるし，性格形成におよぼす素質と環境の影響についても議論が深まっている。さらには，性格の異常や偏りによる，さまざまな行動の問題があり，それらについての理解も臨床心理学や異常心理学，あるいは精神医学の発展とともに深まりつつある。

ただ，人間は言葉ではいいつくせないほどに，きわめて多面的で流動的な存在である。心理学が人間の心を科学するものである以上，心理学が多面的かつ流動的に人間を観察し，解釈し，解答を示していかなくてはならない。そのためには，たとえばひとつの状態としての性格を対象とするだけでなく，その性格がどのように変化し発達していくのか，といった研究姿勢が必要とされる。つまり，性格心理学の見方と発達心理学の見方を統合していくことが望まれるのである。

さらには，どのような社会状況のなかでその性格が形成されていったのかといった，社会心理学的な視点も統合されなければならないであろうし，結局あらゆる心理学的な見方がひとつになっていくことが必要とされる。

しかし，現実には，そのような心理学の統合よりも，分化と深化の動きのほうが強く進んでいるといえよう。心理学は他の諸科学と同様に，専門分化が進み，それぞれの領域では，奥へ奥へと，また深く深く研究が進行している。心理学を専門に研究している心理学者であるといっても，たとえば実験心理学を専攻している研究者と臨床心理学を専攻している研究者では，ほとんど共通の話題をもつことができない。臨床心理学者が，ネズミを用いた実験研究をすることはまったく不可能であるし，実験心理学者にクライエントとの面接を継続することは，ほとんど無理な話である。

本書がめざしているところは，ささやかながら心理学の統合的な視点の方向性を探る試みである。具体的には，

(1) パーソナリティを理解するために，心理学がどのように役立ち，どのような解答を用意できるのかを示すこと，

(2) 心理学にとって，パーソナリティを中心にすえた立場がどんな意味をもつのかを示すこと，

の2点である。要するに，心理学にとってパーソナリティが重要なキーワードになるのではないか，という提案を試みようとしたのである。

第2節　「らしさ」とパーソナリティ

1.「らしさ」

　学生らしさ，男らしさ，女らしさ，子どもらしさなどといういい方がある。また，自分らしさに心を悩ませることもある。この「らしさ」とはどのようなものであろうか。自分らしさを例にとって考えてみよう。

　まず，自分で自分をどうとらえるか，というひとつの視点は無視できない。自分で自分の行動や考え方，あるいは感じ方を振り返ってみて，内省的に考えを深めていく。その結果として，自分はこのような人間である，という一定の解答を得る。こうしたプロセスは，多かれ少なかれ人生のかなり早い段階からくり返し行われているにちがいない。しかし，この過程において私たちは純粋に自分自身だけを分析し，考察を深めているわけではない。必ず自分と他者をくらべて，あるいは他者と自分を比較しながら，人間というものの全体的な枠のなかで，自分はどのような位置にあるのかを考察しているにちがいない。つまり，他者への理解なしに，自分自身の理解はありえないといえる。自分らしさは人間らしさという大きな枠のなかに位置づけられ，はじめて理解されることになる。

　さらに，もうひとつ重要なのは，他者が自分をどうとらえているかという点である。1人の少年が，いつも親に「あなたは本当にがんばりやね」とい

われつづければ，自分らしさというものは，がんばるところに見いだされると思いこむかもしれない。同様に，友だちから「君って，いつも明るいね」といわれたり，先生から「君はやればできるし，リーダーシップもある」と認められたとすると，やがてこの少年は「いつも明るくみんなの先頭に立って，なんでもがんばる」のが自分らしさだと信じるようになるかもしれない。このように，他者の視線，他者の評価に重点をおいた自分自身の見方が，自分らしさを形成していく面もある。こうしたプロセスは，性格形成の発達的理解として第4章で詳しく論じられることになる。

　いずれにしても，このようにさまざまなプロセスを経て「らしさ」が形成され，自覚されるようにもなっていくのであるが，多くの場合は，本人も気づかないままにその「らしさ」を態度や行動で表現しているのである。つまり，「らしさ」はたしかに存在しているが，自分では日常意識することが少ない。意識しようとしても，なかなか実態がつかめない。ところが，他者から見れば「その人らしさ」はきわめて明白で，実態をともなった概念として認識される。「らしさ」というものは，離れて見たときに，より明確に見えてくるという面がある。

　個人のその人らしさの理解と同様に，ある集団の理解も集団に属している人にとっては理解しにくい。外から見れば明白なことでも，集団の成員にとっては見えにくいのである。しかも「らしさ」というのは，一面的で単純な測定値として示されるものではなく，多様な視点や多くの尺度，あるいは基準に照らして得られたものを統合してつくられる概念であるから，言語化がきわめて困難なものである。したがって，他者が理解したその人らしさや，外から見たその集団の「らしさ」は，言葉では伝えにくいものなのである。まさに，「らしさ」としてしか表現できない。

　だから，「高校生らしくしなさい」というときの大人の頭には，きわめて明確なイメージが浮かんでいるのであるが，言葉にして当の高校生に伝えることができない。結果として，言葉にしやすい服装や髪型などを示してしまう。いわれた側にしてみれば，人間にとって大切な内面的な「らしさ」というものを，外面的なもので指摘されるので，反発してしまうのである。

　このように，「らしさ」というものは，共通の言語になりにくい概念である。

「1 ＋ 1 ＝ 2」という数式における「＋」の記号の意味は，世代や性別，あるいは国境を越えて共通の言語になっているから，それを基礎とした科学技術がここまで進歩し発展してきたのであろう。しかし，共通理解が得にくいからといって，「らしさ」を単純に放棄してしまうのではなく，私たちにとってある意味でわかりやすく認識しやすい「らしさ」と客観的な指標とのあいだに，なんらかの橋渡しをすることが心理学のひとつの課題なのである。

2. 自分を知る

　自分はどんな人間か，自分の性格はどのようなものなのか。あるいは，自分は他者からどのように理解されているのか，他者は自分をどのように評価しているのだろうか。また，自分はなんのために生まれてきたのか，なんのために生きているのか，そしてこれから先どのように生きていけばよいのか。

　自分を見つめなおし，自分を知ろうとしたとき，私たちは大きな壁に突き当たったような思いを抱く。前節でも考察したように，自分を見つめることは容易ではない。そもそも，自分の顔でさえ自分で見つめることは，鏡という道具なしにはほとんど困難である。肉体的な存在としての自分でなく，心のうちにあるもの，あるいは態度や行動として表現されるものとしての自分は，それを映し出す「カガミ」が存在しないかぎり認識困難である。私たちは，そうしたカガミをいろいろと工夫して見つけ出し，あるいはつくり出してきた。自分で書いた日記を，時間をおいて後で読みなおしてみると，自分の内面の一部を自分自身で見つめなおすことができる。絵を描く人もいるし，詩作をしたり，音楽をつくる人もいる。いずれにしても，自分の内面から出てきたものやその影響を受けたものが，目の前に実体をともなって存在することになる。

　これらの方法が，ある程度の客観性のある意味をもつのは，一定の時間が経過した後のことである。それに対して，リアルタイムで自分の内面を見つめ，自分を知るために，他者をカガミとして用いる方法がある。だれかと向き合い，話し合うことによって，自分自身の気持ちや心の動きを知ることができる。ただその場合，相手の人も生身の人間であり，気持ちや感じ方がさ

まざまに変化し動いている。いわば，ゆがみがあったり，しなったりする弾力性のある金属板のカガミに映る自分の姿を見ているようなものである。そこで，よりはっきりとした像を映し出すカガミになるような訓練を積んだ専門職が存在する。

このようにさまざまな方法で，私たちは自分自身を知ろうとするが，ここで問題がもうひとつ存在することを忘れてはならない。それは，自分自身というものが，つねに成長し，変化し，発達をとげつつあるということである。たとえ，いまこの瞬間の自分を知ることができたとしても，次の瞬間には別の自分になっている。自分を知ることができたというそのことが，その人を成長させて変化させる面もある。知ったと思ったときには，本当の自分はさらに先へと進んでいってしまっている。過ぎ去ってしまった過去の自分は理解できても，その瞬間の生身の自分自身の理解は，永久に私たちのものにはならないかもしれないのである。

3. 他者を理解する

自分自身を理解することのむずかしさにくらべて，他者を理解することはいくぶん容易なように思われる。自分自身を客観的に観察したり，種々のデータを得ることにくらべれば，たしかに他者を観察したり調べたりすることは容易かもしれない。しかし，それだからといって，問題は何もないのであろうか。

客観的な理解の例として，たとえば目の前にある時計を理解しようとした場合，どのような手順が必要となるのかを考えてみよう。まず，そのものの大きさ，重さ，堅さなど物理的な測定値を得ることはきわめて容易である。裏ぶたを開けて，電池の存在を確認することもたやすい。それが時計のエネルギーの源泉となっていることも容易に理解できる。機能を調べるのならば，時間を費やして遅れぐあいや進みぐあい，目覚しがはたらくかどうかなどを調べる。高いところから床に落としてみたり，たたいたり，あるいは水に沈めてみて耐久性を調べることもできる。種々の方法で時計の構造や機能を調べることができるし，同様な手順を踏めば，だれが調べても同じ結果を得

ことができるはずである。

　時計の客観的な理解は比較的容易で可能のように思われるが，私たちが理解しようとする対象は人間である。人間でも同じ方法がとれるであろうか。大きさや重さ堅さなどは，たしかに調べられる。種々のテストをして，記憶力や計算力，また跳躍力や握力などの心的・身体的な機能を調べることも可能かもしれない。さらには，どのくらい高いところから飛び降りることができるか，どのくらい深い水に，どのくらいの長さ潜っていられるかなどを調べることも，たしかに不可能ではないし，そうしたさまざまな機能を知り，いわば人間の可能性の限界を知りたいという欲求が，運動競技への熱中と発展の背景にあることは想像できる。

　このようにみてくると，他者を知るということには大きな障害がないかのように思われるかもしれない。しかし，問題はそれほど単純ではない。

　指摘しなければならない点の第一は，人間はだれでも成長し，発達し，変化しつづけているという事実を忘れるわけにはいかないということである。自分自身を理解しようとするときと同様に，他者を理解しようとしても，理解したと思った次の瞬間には，その人は変化してしまっている。理解したと思って手にしたあらゆるデータは，過去のその人の一断面を示しているにすぎない。このことは，生きている人間を理解しようとする際の宿命的な困難さである。

　第二に，人はだれでも人とのかかわりのなかで生きているので，かかわっている対象をぬきにして理解することは意味がないという点である。つまり，人は相手によって気分や態度や言葉や行動を変えてしまうということである。たとえば，「内弁慶」という言葉が示しているのは，家族という親しく身近なあいだがらでははっきりとした態度と言葉で話すことができる子どもが，一歩家から外へ出ると，おとなしい内気な子どもとしてしか行動できないことをさしている。これに似たことは，だれにも多かれ少なかれ見られる。このように，時と場合によって態度や行動を変えてしまうことが悪いことであるというわけではない。相手によって言葉つきを変えて話すことは，むしろ必要なソーシャル・スキルのひとつである。親しい人と話すときの言葉と，初対面の人と挨拶をするときの言葉づかいは，おのずと違ったものでなけれ

ばおかしいことになる。もちろん，言葉だけでなく，表情や姿勢，互いの距離，位置関係あるいはそのほかの行動も異なったものとなっているはずである。

このように，他者を知ることも単純なプロセスではない。心理学では，こうした単純とはいえない他者理解の方法を構造化してさまざまに工夫し，開発している。詳しくは第3章で述べられるが，直接的に相手と面接したり，観察したりする方法のほか，種々の間接的な方法を用いる検査法が開発されているのである。

第3節　感覚によって知る

1. 感覚とは

一般に，五感として視覚，聴覚，嗅覚，触覚，味覚の5つをあげることが多い。心理学ではさらに平衡感覚，筋運動感覚，内臓感覚を加えて8つの感覚を考える。感覚が私たちにそなわっているのは，外界を知るためである。外界には自然の事物や現象が無数に存在し，それらとの交渉のプロセスにおいて，なんらかの刺激が与えられる。

感覚が反応するのは，その刺激に対してである。たとえば，ラジオから流れ出る子守唄の旋律は，音刺激として私たちの聴覚の感受器である耳に伝えられる。その音が伝えられたことは，聴覚の「感覚」として知ることができる。この段階ではラジオの子守唄は，ただたんなる音として感覚されたにすぎない。さらにこの音が，なんらかの記憶された情報を引き出し，ある音楽として「知覚」される。知覚された音楽が，さらに私のかつて聞いたことのある音楽の記憶やできごとの記憶をよび起こしたとき，それが心に響く懐かしい音楽として「認知」される。

このように，私たちのまわりにあるさまざまな刺激は，たんに感覚として知られる段階から，知覚される段階，そして認知される段階へと深まっていくのである。

また，感覚と感情との関係も興味深いものがある。一般には，感覚と感情は区別される。感覚の感受器は，視覚が目，聴覚が耳，嗅覚が鼻のように限局して存在するが，うれしさ・悲しさ・さみしさなどの感情の感受器は存在しないなどという議論が有名である。しかし，感覚は子守唄を，音の強さや弱さ，あるいは高さ・低さとして感知するだけであるが，認知された子守唄は私たちの感情を動かす。時に懐かしさのあまり，涙を流してしまうかもしれない。このように考えると，感覚と感情を単純に切り離して考えることもできないように思われる。

とくに，人とのかかわりにおいて，他者をどのように理解するかという側面から考えると，この点はさらに複雑である。たとえば，初対面の人と向かい合ったときのことを想定してみよう。視覚が目の前に人が立っていることを感知する。それは男性であると知覚され，自分よりも大がらであるとか，服装の色が茶系統であるとか，さまざまな情報が得られる。さらに挨拶が進み，時間がたつにしたがって，相手の人が初対面の人物であるのに，どこか懐かしさや安らぎを感じさせるような好感のもてる男性であると認知されるかもしれない。

このようなプロセスが，街中の雑踏のなかであった場合と，静かな海辺であった場合を思考実験してみよう。一方では，視覚に相手の男性だけではなく，まわりの情景や行きかう人びとや走りぬける自動車が入ってくる。聴覚には雑踏のざわめきやスピーカーから流れる宣伝の文句，嗅覚には自動車の排気ガスや街の雑多なにおいなどが，いやおうなく入ってくる。それらの感覚が，互いに影響しあいつつ統合された刺激として，私たちはその場の状況を認知する。静かな海辺での情景については，読者のみなさんの想像におまかせしたい。こうした2つの状況を想定してみると，同じ目の前の男性の認知は異なったものとなり，認知のゆがみが生じているということもできよう。

要するに，感覚，知覚，認知そして感情は，私たちにとって単純に切り離すことができないほどに深く関係しているということになろう。

2. 錯　覚

　さきほどの初対面の男性との例を，もう一度思い起こしてみよう。どちらの状況での認知が正しいといえるのだろうか。より真の理解はどちらなのか，あるいは真の理解などはたしてあるのだろうか。じつは，雑踏のなかでの男性のほうが，その男性にとって日常のありのままが現れており，その人らしいのかもしれない。だとすれば，静かな海辺での男性の姿は，偽りのものであって，たんなる錯覚を事実と勘違いしていたのだろうか。

　この問題は，感覚の問題としてだけでは片づけられないものをはらんでいる。それは，私と相手との互いの関係性や，私自身のそのときの心身の状態がどうであったかなども，深くかかわってくるからである。したがって，こうした現実の人間関係の問題における錯覚を議論することは，ひじょうに困難な問題なのである。ただ心理学で得られている知見として，錯覚を理解しておくことは，現実の人間関係における錯覚を理解するときの手がかりになることがある。

　たとえば，時間の流れが変化して感じられる体験は，多くの人がしていることであろう。楽しい時間は早く過ぎ去り，苦痛な時はなかなか終わらない。夏休みがはじまるまでの期間は長く感じられるのに，実際に夏休みがはじまってしまうと，あっというまに2学期が迫ってくる。休み時間はあっというまに終わってしまうのに，退屈な授業は無限につづくかのように思える。客観的に測定できる時間の流れはまったく違わないのに，感覚的な時間は異なって感じられる。

　こうした科学的客観的な測定量と感覚のずれは，さまざまな領域で知られている。図1-1に示したものは，有名な錯視の例である。

　(a) では，一直線になっているはずの斜線が，ずれて感じられる。このことは，一本の筋の通った話が，あいだにインターバルが入ると，ずれて感じられることがあるという日常体験を思い起こさせる。また，(b) では同じ直径の中心の円が，左のほうが小さく見え，(c) では同じ長さの二本の線なのに，下のほうが短く見える。この2つの錯視は，大きなものや人に囲まれ

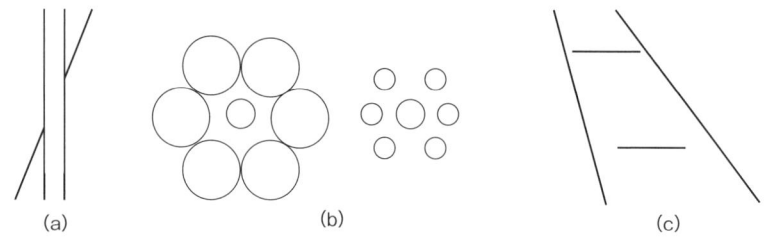

図 1-1　錯視の例

と，実際以上に自分が小さく感じられてしまうといった経験を想起させる。こうした錯視のような錯覚の事実のほかに，私たちの感覚のアナログ性にも注意が必要である。つまり，時間の長さにしても，重さにしても，図形の大きさにしても，私たちは定性的に理解するのであって，決して定量的に知るのではないということである。

　さらに，多種多様な無数の刺激にかこまれて生活している私たちは，それらの刺激を選択的に感受しているということにも気づく必要がある。この選択的な感受には2種類のものがある。ひとつは感覚器官の機能として選択している部分であり，もうひとつは無意識の心のはたらきとして選択している部分である。まず前者について，音を例にあげて考えてみよう。音の波長の単位はHzで表されるが，人間の耳に感知されるのは一般にせいぜい20Hz～20,000Hzの音域である。100Hzより低い音というのは，実際には相当の重低音である。15,000Hzを越える高音は，かなりの鋭い金属音などに相当する。現実の世界では，これらの音域より低い音と高い音が満ちあふれているのであるが，私たちの耳はそれらを感知しない。20,000Hzを越えるような超音波は，イヌやイルカなどには意味のある音なのであろうが，私たちにとってはまったく無関係なものである。

　もうひとつの選択のはたらきは，心のあり方に関係している。雑音まじりのラジオ放送から，意味のある言葉を選別して受け取ったり，にぎやかな雑踏のなかで相手の言葉を聞き逃さないのは，聞き取って理解したいという積極的な心のはたらきがあるからである。勉強に集中しているときにはまったく気にならなかった隣家のテレビの音声が，勉強がはかどらなくなると同時に，突然耳ざわりになることがある。いままでテレビの音がしていることさ

え気づかず，ましてやその番組がどのようなものかなど，まったく眼中（耳中）になかったのに，テレビのなかの会話が気になってしかたがなくなってしまうのである。こうしたことは，ほかの感覚器官についてもしばしば体験することで，私たちが無意識のうちに選択的に刺激を感受しているということを示している。

　こうした選択的な認知は，人との関係でも行われている。たとえば，「あばたもえくぼ」という言葉があるように，見たくないものは見えなかったり，現実とは異なった認知をしてしまう傾向がある。こうした認知のはたらきによって，日常生活が円滑に進んでいく面もあるが，誤解や思い込みや思い違いによって，あとで手痛い傷を負うこともある。親しいあいだがらでも，注意を集中して見つめたりしないほうがよい点がある。けれども，しっかりと見つめて，疑問な点を早いうちに晴らしておいたほうがよい場合もある。人間関係のむずかしさの要因のひとつは，こんなところにもひそんでいるのかもしれない。

3. ゲシュタルト

　前節の最後で，思いこみや思い違いについて少しだけ考えてみた。この点について，もう少し詳しく考えてみることにしよう。「木を見て森を見ない」という言葉がある。これは，ものごとの細部にばかりこだわって，全体としての理解がおぼつかない状態をさした警句である。逆に「森を見て木を見ない」ということも，場合によっては困ったことだと思われるが，そうした警句はあまり耳にしない。このことは，私たちにはつい細かいことにこだわったり，注意を集中しがちな傾向があることを示しているのかもしれない。ある場合には，全体を理解するために細分化した部分の理解をつなぎ合わせ，構成していくというプロセスが欠かせない。

　ただ，人間を理解するという場合は，若干事情が異なってくる。人間であってもこの世に現にある存在である以上，部分の組み合わせによって成り立っていることは疑いようがない。しかし現実には，少なくともいまのところ，人間を無数の部分に分解して再構成することは不可能である。あるいはまた，

無数の部分品を寄せ集めて，新たに人間を作製することもまた不可能であるし，あってはならないことであろう。遺伝子解析やクローン技術，あるいは移植の医療が急速に発達している現在，人間の再構成に道が開かれようとしているが，十分な議論が必要とされる領域である。

さて，全体を理解するためには，細分化した部分の理解が必要な場合があるといったが，全体を理解するために，全体を全体のまま理解することも重要である。

この考え方の重要性に気づかせてくれるのが，ゲシュタルト心理学である。ゲシュタルト心理学は，全体はたんなる部分の寄せ集めではないという考え方を基礎としている。たとえば，子守唄を例にあげてみよう。子守唄の旋律は，分解していけば，ある一定の数の音符が組み合わさったものとして理解できる。それらの音符を一定の条件のもので配列すると，そこには子守唄の旋律という全体像が浮かび上がってくる。この全体像をゲシュタルトという。ゲシュタルト（Gestalt）とは，ドイツ語で姿，形，形態，パターンという意味である。

ゲシュタルトが，たんなる部分の寄せ集めでないことは，子守唄を例にして説明することができる。たとえば，原曲がハ長調で演奏されていたとしよう。それを転調してト長調で演奏しても，あるいは速さを変えたり，歌詞をつけて歌われていても，オーケストラの演奏であっても，私たちはそれを「あの子守唄」として認知することができる。それは，私たちがその子守唄のパターンをつかんでいるからである。こうしたパターンを，私たちは全体として認識するのであって，部分に分解して分析的に理解して再構成しているわけではない。他者を理解するといったときにも，全体としてのその人の印象や雰囲気で理解してつかんでいる。そのことは，かなりよく知っていると思える人についてであっても，記憶を頼りに似顔絵を描こうとして，目，鼻，口といったパーツの形を思い浮かべてみる努力がいかに空しいかといった経験が物語っている。どんな状況や場所で出あっても，決して見逃すはずのないあの人の顔である。しかし，全体のパターンとして理解しているので，その人の顔をパーツによって構成して描き出すということができないのである。

ゲシュタルトに関しては，もうひとつ重要な側面がある。ものごとには光

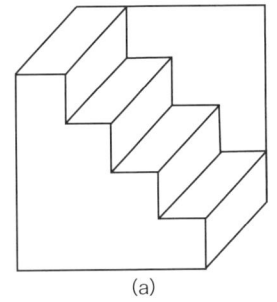 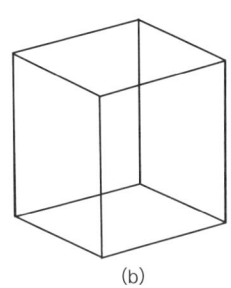

図1-2　視点の置き方による違い

と影の部分，図と地の部分がある。世界地図を見て陸地と海を見分けることが容易であるのはなぜかといえば，色分けをしてあるからである。もし色分けも書き込みもない輪郭だけの白地図を示されたとすれば，あらゆる地域の陸と海を仕分けすることは，相当にむずかしいことになるのではないだろうか。

図1-2の(a)は，輪郭のみで描かれた床に設置された階段である，とある人は見るであろう。しかし一方で別の人は，これは天井に貼りつけられた階段状の物体である，というかもしれない。図1-2の(b)では，上から見た立方体と見ることもできるし，斜め下からのぞき込んだ立方体とも見える。

これらの図形の理解が意味しているものは，図と地の関係であり，私たちがどちらに力点をおいているかという視点のおき方の大切さである。ややもすると私たちは，一度見えてしまった図形にこだわってしまうあまり，ほかの視点の存在を無視してしまったり，嫌ってしまう傾向がある。とらわれやこだわりをもってしまうと，そのものが内包している意味が，たったひとつしかないように思いこんでしまい，別の意味に気づかずに見すごしてしまうこともある。

見下ろす視点と見上げる視点，若い女性が見えたり，老女が見えたりといった複数の視点を行ったり来たりする能力，いいかえれば柔軟な発想と自由な視点のおき方が，心理学を学ぶ私たちにとって大切である。複雑に入り組んだ現実の世界や人間存在には，そのような多様な見方が欠かせないのである。

第4節　記憶と学習

1. 覚えることと忘れること

　思い出せるということは，覚えているからであるといってもよい。しかし，覚えていることとは思い出せることであるとはいいきれない。覚えていても思い出せないことがあるからである。心理学的にこうした記憶のプロセスを整理するためには，3つの要素を考える必要がある。第一の要素は，感覚によって受け取ったものを記録（memorization）することである。第二は，その記録が一定の期間一定の状態で保持されていなければならないということ。そして，第三の段階がそれを想起することである。このプロセスは，たとえばCDやDVDなどで音声や画像を「記録」し「保存」し「再生」することとひじょうによく似ている。

　なんらかの目的で記録した内容を，必要に応じて利用するためには，それを整理して保存しておかなければならない。未整理のまま保存してある場合，その記録は発見することが困難なので，再生することができないまま死蔵されることになる。記録は押し入れや物置の奥深くの箱の中に，ほかの雑多な物といっしょに眠りつづける。この状態は，人の心に置き換えてみれば，無意識の層に抑圧されて，しまいこまれた記憶のようなものかもしれない。あるいは，その気になって努力すれば，なんとか思い出すことのできる前意識にある記憶なのかもしれない。

　いずれにしても，私たちは記憶し保持し，そして想起することをくり返しながら生活している。覚えておかなければならないことは無数にある。次から次へと新しいできごとが生じ，人と出会う。そのたびに私たちの脳の記憶装置には，新しいデータが記録されていく。しかし，そうしたすべての記録

が消去されずに残っていくわけではない。多くのものは，短期記憶として数十秒のうちに消え去ってしまう。別の見方をすれば，短期記憶の許容量は限られているので，新たな記憶の対象が前の記憶を押しやってしまうということである。このように，短期記憶は寿命が短いということと，許容量に限りがあることが特徴である。

短期記憶のはたらきは重要ではあるが，それだけでは私たちは日常生活さえつづけることができない。たとえば，こうして著者が文章を書き，読者が読んだりすることは，豊富な日本語の知識が想起可能な状態で保持されているからこそできることであろう。こうした記憶を長期記憶という。このはたらきは，許容量がきわめて大きいという点と，永続的に持続するという点に特徴がある。どうしても記憶しておかなければならないことがらについては，長期記憶として保持することが必要である。そのためには，覚えなければならないことがらに意味づけをしたり，保持と想起をくり返したり，複数のことがらを関連づけたりといった種々の方法が工夫される。

さまざまな努力をして覚えておこうとするのは，忘却というはたらきがあるからである。考えようによっては，忘却もひとつの能力であって，このはたらきがなければ，私たちは苦しみや悲しみに押しつぶされてしまうかもしれない。なぜ忘れるのかについては，自然崩壊説，干渉説など種々の理論がある。

自然崩壊説では，脳の神経細胞に記憶されたある痕跡が，時間の経過や種々の条件によって変化を生じ，結果として記憶の痕跡がもとの形をとどめなくなり，忘却が生じるというものである。また，干渉説では，新たに経験したできごとが前からある記憶に干渉をおよぼし，忘却されるというものである。ある心理学の実験では，無意味つづりを記憶した後，睡眠した人と起きていた人では，覚醒していた人のほうが忘却の度合いが高いという結果が示された。つまり，起きていれば，さまざまな干渉を受ける可能性が高いから忘却が促進されたというのである。

日常生活のなかでは，忘れたいことがらもある。忘れたいのに忘れられないといった事件やものごとも少なくない。ただ現実には，時間とともに自然に忘れていくことも多い。完全にある体験や事件をすべて忘れてしまうこ

とはなくても，その詳細については記憶がうすれていくことはだれもが体験していることであろう。しかし，神経症の原因となるような幼児期の外傷体験が，10年，20年と経過しても忘れられずに心の奥底にしまいこまれているということもある。また，PTSD（心的外傷後ストレス障害；post traumatic stress disorder）のように，ある一定期間経過してから体験したことの記憶が表面化し，くり返し現れて私たちを苦しめるようなこともある。

こうした特殊な状況を除けば，多くの記憶は時間とともに忘却のかなたに消え去っていくのであって，時間が解決してくれることは多い。楽しかった体験は，くり返し思い起こされ，新鮮な記憶のままに保持されつづける。苦しかった経験や悲しかった体験は，積極的な想起をせずに自然にまかせ，時間の経過とともに消滅していくのを待つことである。

ただ，無理に忘れよう忘れようとしても，時間が経たないうちは忘れられるものではない。まず必要なことは，その苦しみや悲しみから目をそらし逃げることなく十分浸ることである。そのときに，だれかがそばに寄り添っていてくれることほど心強いものはない。

2. 学習と条件づけ

一般に，記憶と学習には深いかかわりがある。とくに現在の学校教育でみられるように，児童生徒の記憶の蓄積量とその想起速度の能力を試すようなテストが横行していると，ほとんど記憶こそが学習の中核的部分であるかのように思われるほどである。記憶力が優れている子どもは，学校でよい成績をあげて自信を強める。

さて，心理学で扱う学習の概念は，こうした現代の学校教育の場での学習という語の示す内容とは異なったものである。心理学的には学習とは，「ある経験によって持続的な行動の変容を起こすことである」と定義される。なんらかの経験をすることによって，その人の行動に変化が現れ，それが一定の期間にわたって持続されたとき，その人は学習をしたとみなされるのである。

ここでは，学習をもっとも単純化したプロセスとして，パブロフ（Pavlov,

I. P.）の古典的条件づけについてみていくことにしよう。その基本要素は，刺激（stimulus）と反応（response）であり，そのプロセスはS‐R図式によって説明される。つまり，この学習のプロセスは，外界からの刺激によって引き起こされる反応として構成される。

　実験は，イヌに刺激（S）を与え，反応（R）を確かめるという構成になっている。ここで刺激には，イヌの自然な唾液の分泌という生理的反応を引き出す餌を与えること（無条件刺激：US）と，唾液分泌とは無関係なベルの音（条件刺激：CS）の2つがある。そして，USとCSをほぼ同時にイヌに提示することをくり返すと，やがてCSのみに対してイヌが唾液を分泌する，新しい行動のしかたが現れたというのである。

　この実験を学習のプロセスとして解釈すると，次のようになる。つまり，CSとほぼ同時に餌が与えられるという経験がくり返された結果，ベルの音が餌を与えられる合図として学習され，たんなるベルの音が食欲を刺激し唾液の分泌という行動の変容を生じさせたのである。提示のタイミングとしては，餌よりベルのほうがほんのわずか（0.5秒）早いと学習が促進され，餌が与えられることがくり返されることによって唾液の分泌という行動は強化される。

　さて，条件づけにはもうひとつ典型的な形式のものがある。古典的条件づけが外からの刺激をきっかけとしたのに対して，このオペラント条件づけは自発的な行動によって外界にはたらきかけた結果として生じる学習プロセスである。

　私たちの日常生活では，自由な意志と決定によって人びとは行動し，活動している。そうした日々の暮らしのなかで，偶然出あった状況をくり返しているうちに，学習が促進されることがある。もちろん，その状況において私たちにはなんらかの強化子が与えられなければ，その行動は促進され定着することはない。

　オペラント条件づけでは，スキナー（Skinner, B. F.）によるネズミの実験がよく知られている。ネズミは実験箱の中に入れられ，自由に動きまわれるようになっている。箱の中には，押すと餌が出てくるレバーが設置されている。箱に入れられたネズミは，はじめはただかってに走りまわっているが，やが

て偶然レバーを押してしまう。すると餌が与えられる。はじめはまったくの偶然であったのだが，餌が強化子として与えられることがくり返されているうちに，ネズミはレバーを押すことが餌を得るための行動であることを学習するのである。

　ゲームセンターでゲーム機の前で夢中になっている子ども，パチンコ店で無心にパチンコ台に向かっている大人を見ると，スキナー箱の中でレバーを押しているネズミが連想されるのである。

3. 強化と消去

　古典的条件づけでもオペラント条件づけでも，その学習を定着し，より確かなものにするためには，強化のプロセスが欠かせない。パブロフの場合もスキナーの場合も，餌が強化子として与えられた。タイミングよく強化子が与えられることによって，条件づけは確実に行われていく。

　逆に条件づけがされた後，強化子が与えられないことがつづくと，学習された行動は消去されていく。消去とはつまり，パブロフのイヌでは餌は与えられず，ベルが鳴るだけであり，スキナーのネズミではレバーをいくら押しても餌は出てこないことによって生じる。こうした体験をくり返すうちに，学習されたものは消去される。いくらレバーを押してもむだだということがわかれば，偶然押してしまうことはあっても，条件づけされたときのように頻繁（ひんぱん）に押すことはなくなる。ところがおもしろいことに，しばらく休息をとってからふたたび箱に入れると，レバー押し行動の頻度が回復するという。これを自発的回復という。

　これらのプロセスは，日常生活での私たちの行動を考えるときに，じつに示唆的である。はじめの段階では，偶然や友だちに誘われたりして，ゲームセンターやパチンコ店に入ったのかもしれない。しかし，店へ通う人びとの行動は，景品という強化子が与えられることによって強化され，行動が条件づけられていく。少しでも時間ができれば，店へ出かけていくという行動が条件づけられる。

　ただこれは，心理学の実験ではなく商売であるから，無制限に強化子を与

えるわけにはいかない。単純に考えて，少なくとも半分以上は強化子を与えないようにしないと，計算が成り立たないであろう。客の側を考えれば，強化子である景品が出ないと学習は消去される。消去の限界ぎりぎりのところで，タイミングよく強化を行う。場合によっては，もうやめようと決心して，客は店に通うことをしばらく休むかもしれない。そのようなときに，機械の入れ替えや店舗の改装などの宣伝と，自発的回復の状態にある客が反応しあうのである。身近な社会生活は，こうした消去と強化のバランスによって成り立っているのかもしれない。

　実際の日常生活では，強化が食べ物や景品だけで行われるわけではない。そうした，いわばプリミティブな強化子はむしろ限られている。とくに人間関係において重要な強化は，そうした物理的なモノではなく，人の態度や行動によって行われることのほうが多い。だれかが喜んでくれる，ほほえんでくれる，見つめてくれるといったことが，私たちにとって強力な強化子になる。

　私たちは，なぜ読書や勉強をしつづけることができるのであろうか。やはり，そこにはさまざまな強化子が存在している。ある場合は，試験成績の結果であったり，合格通知であったりする。また，親や教師がほめてくれるということかもしれない。しかし，ある場合には，そうした外からの強化子は得られなくても，問題が解けたときの純粋な喜びや新たな知識を得て気づきを得たり，内面の世界が広がることによる楽しみといったものが強化子になることも少なくない。

　外面的で，ある意味で即物的な強化子よりも，自分自身の内面に生じる強化子のほうが持続的で，より強力に作用するのではないかとも考えられる。というのは，即物的な強化子によってできた条件づけは，強化子が与えられなくなると消去がはじまるからである。入学試験が終わると勉強をやめてしまう受験生や，本を読まなくなる大人があまりにも多いのではないだろうか。それに対して，私たち自身の内面から出てくる強化子は，永遠にとだえることがないのである。

第5節　人間を理解するということ

1. 心と意識と行動

　心理学は心に関する学問である。心に関する学問であるといっても，では心とはどのようなものなのであろうか。心を取り出してきて，目に見える形で示すことはできない。私たちが心を話題にするとき，それは心のはたらきであったり，心のあり方であったり，心の動きであったりする。つまり，心そのものはつかまえることができないが，そのはたらきの結果示されるものを見ているのである。

　心理学の歴史において，心理学の祖ともいわれるヴント（Wundt, M.）らは，意識（consciousness）を研究の対象とした。意識とは，私たち自身が直接的に体験する心の現象のことである。たしかに，意識されるか，されないかは重要な点であり，意識されたことについて私たちの心はなんらかの反応を示す。たとえば，目の前に美しい花が咲いているとき，私たちはそれを意識し美しいと感じ，心が豊かにうるおうというぐあいに心が動く。しかし，目の前に同じように美しい花があったとしても，そのとき重大な心配ごとが心を満たしていて花の存在を意識しないとき，私たちの心は花に心を動かされることはないであろう。こうした考察から，意識の研究を深めていき，意識の構成要素として，感覚に注目するにいたった。

　このように，意識あるいは感覚と心の動きとは密接に関連していることが理解できるが，こうした心理学のひとつの流れとは別に，意識されない心のはたらきに注目し，研究を進めていく人びとが現れた。精神分析学の発生以後，無意識の存在がフロイト（Freud, G.）によって示され，心理学は意識のみを研究対象としているのでは不十分であることとなったのである。

しかしまた一方で，無意識にしても意識にしても，いずれも心の現象であることに変わりはなく，それら自体が目に見える形での研究対象にはならないという主張も存在した。当時の自然科学，とくに物理学の影響のもとで，心理学の研究も客観性のある実験や研究が重要視されるようになっていった。こうして心理学のもうひとつの流れとして，行動主義の研究が進んでいった。行動主義の祖であるワトソン（Watson, J. B.）は，心理学の研究が意識の研究であることに不満を感じ，客観的に観察できて自然科学的な実験や記録・分析の対象となりうる人間の行動に注目した。

つまり，目に見えない意識のはたらきは考察の対象とせず，人に加えられる刺激（S; stimulus）とそのときの反応（R; response）のみ，つまりS‐R図式に注目し研究の対象とした。そこでのSとRの関係は，$R=f(S)$ という関数関係で示される。刺激が独立変数，反応が従属変数となり，ある刺激が与えられると，一定の反応が生じるということである。こうして行動主義は，刺激と反応の関係に研究を集中し，どのような刺激に対してどういった反応が生じるかを見きわめることが心理学の課題であるとした。

しかし，日常の経験からも明らかなように，同じ刺激を受けても1人ひとり反応は異なっている。ある人物について強い好意を感じる人がいる一方で，同じ人に対して嫌悪感を抱く人もいる。ロックのコンサートを聴いて心地よく受け止め，ストレスの開放を感じる人がいるが，同じ音楽を騒音としか受け止めず拒否する人もいる。これらのことは，単純な $R=f(S)$ という関数関係が万能ではないことを示している。こうした発想から生じてきたのが新行動主義の心理学で，その基本的な考え方は「S‐O‐R図式」で示される。Oは生体（organism）の意味で，つまり生きている存在としての人をぬきにして刺激と反応のみを研究しても意味がないということである。

たとえば，スキナー（Skinner, B. F.）らは，行動あるいは反応を考えてみても，そこには大別して2種類のものがあるとした。ひとつは「レスポンデント行動」といわれるもので，なんらかの刺激によって引き起こされる行動である。パブロフ（Pavlov, I. P.）の犬のように，餌やベルの音といった刺激によって唾液が出るという反応が生じるような場合である。これは，行動主義の心理学に強い影響を与えたS‐R図式の原型といってもよいものである。

もうひとつはオペラント行動とよばれるもので、特定の刺激とは無関係に偶然発生するような反応である。スキナーのネズミは、箱の中で自由に走りまわっているうちに偶然ペダルを押す。そのとき餌が出てくるのであるが、何度も偶然のペダル押しをしているうちに、餌を得るためにむだな動きをせず、直接ペダル押しをするようになったという。こうした自発反応（オペラント）を重視していくと、人間であれば1人ひとり違った行動をとるという現実により近づいていくことになる。自発する反応であるから、すばやく動きまわって新たな経験を次つぎとしていく人もあるし、ゆったりと行動し生活スタイルを大きく変化させない人もいることも、ある程度説明がつくことになる。

2. パーソナリティからみた心理学

性格・気質、生育暦、現在の環境、将来の展望などによって自発行動は異なる。そもそも自発行動などの議論以前に行動をする人もいれば、しない人もいる。人間を理解するというのは、どういうことなのであろうか。意識が問題なのだろうか。行動が大切なのだろうか。潜在的な無意識のはたらきによって、人は判断されるべきなのだろうか。そうした無意識のはたらきは、行動に自然に出てくるものだろうか。行動には現れないが、態度に現れるのだろうか。

人間を理解すること、とりわけ一個人としての他者を理解することは、臨床心理学やカウンセリングの重要課題である。心理学の応用領域としての臨床心理学は、近年急速な進歩発展をみている。個人カウンセリングなどの心理臨床のニーズは広がり、教育、医療、産業、司法など、さまざまな領域で臨床家の活躍する姿が見られる。そうした場における人間理解の道具として、心理学の知見がおおいに求められているといえよう。

人間は成長する存在である。あるいはニュートラルに、変化する存在であるといってもよい。固定的な存在として理解するだけでは不十分である。年齢や季節、曜日、朝か夕かなどの時間的要素によっても、別人のように変化するかもしれない。家庭や地域社会での生活によっても、さまざまな影響を

受ける。マスメディアの影響も少なくないし，広く風土や文化あるいはその時代特有のムードがおよぼす影響ははかりしれない。自然環境や社会環境などからのストレッサーに対する反応も，きわめて大きなものとなっている。こうしたあらゆる状況を考慮に入れつつ，人間を理解するという困難な課題に立ち向かう必要があろう。そして，あらゆる困難を乗り越えて，もし対象となるその人を理解できたとしても，それはあなたがその人とかかわりをもつなかで理解できたその人の一面にすぎないことを忘れてはならない。つまり，その人は，あなたとの関係におけるその人のひとつの側面を，あなたに示したにすぎない。その人が，ほかのだれかとかかわりをもつときには，またまったく異なる新たな一面を示すにちがいないのである。

　そうした無数の多面性を考慮に入れたうえで，人間の心理的な特徴をパーソナリティとして理解するための枠組みを手に入れよう，というのが本書のもくろみである。もし，このもくろみが成功するならば，パーソナリティの理解によって心理学が再構成される端緒が開かれるのである。

ワーク1　出会いのエクササイズ

このプログラムは，構成的グループ・エンカウンターのひとつの例である。エンカウンター (encounter) とは，心と心の出会いを意味する。グループのなかで相互の人間関係を通して自己・他者・集団と出会い，自分らしさを見つけていくことがエンカウンターのねらいである。

構成的グループ・エンカウンターとは，あらかじめ構成された，①エクササイズ，②シェアリングの2本柱からなるプログラムである。これは，開発的カウンセリング（「育てる」カウンセリング）の一技法として，人間関係開発やサイコ・エデュケーションの一方法として用いられてきている。また，最近の学校教育場面では，リレーション（人間関係）づくりの手段として応用されてきている。

【目　　的】　集団を通して自己理解・他者理解を深める。
【ステップ1】　2人1組になり，1人3分ずつお互いに自分らしい自己紹介をしあう（6分）。
【ステップ2】　2人1組が2つ合流して4人1組になる。そこで，ステップ2の自己紹介をもとに各自が自分のパートナーを紹介する（3分）。
【ステップ3】　4人でカードトークをする（20分）。
　　　　　　　＊カードトーク：おのおのみんなに質問したいことをカードに書き，1枚ずつ順番に引き，それについて語る。
【ステップ4】　メンバーどうしで第一印象といまの印象の違いをお互いに語る（20分）。
【シェアリング】全体に向けて，各グループの話し合いで気づいたこと，感じたことを発表する。

(花岡陽子)

ワーク2　あなたにとって一番大切なものは

【ステップ1】　資料1をくばり，各自で自分にとって大切なものに順位をつける。
【ステップ2】　5〜7人のグループに分かれ，班員の氏名とそれぞれの班員のつけた順位を発表してもらって記入する。ルールにしたがって各班で話し合い，グループの順位を決定する。
【ステップ3】　各班の代表に順位を発表してもらい，クラス全体で意見を出し合い，話し合う。
【シェアリング】感じたこと，気づいたことをグループで話す。

資料1　(国分康孝-編，構成的グループ・エンカウンター，1999，誠信書房　参考)

あなたにとって一番大切なものは

1. 次の項目の中で一番大切なものに1を，その次のものに2を，以下順番に8まで番号をつけてください。

愛	正義	健康・安全	富	楽しみ	奉仕	勉強	自己実現

2. 班で話し合って，あなたの班での順位をつけてください。
　　ルール①司会者，議長はきめません
　　　　　②多数決ではなく，全員の納得いく順位をつけてください。
　　　　　③時間は　　　までです。

氏名	愛	正義	健康・安全	富	楽しみ	奉仕	勉強	自己実現
1								
2								
3								
4								
5								
6								
7								

グループ決定

＿＿＿＿＿＿＿＿＿＿＿＿＿＿＿＿＿＿＿＿＿＿＿＿＿＿＿＿＿＿＿＿＿＿＿＿

（花岡陽子）

ワーク3　コラージュ

　コラージュ (college) とは，フランス語で「糊による張りつけ」を意味する。この技法は，カウンセリングや精神科などの集団精神療法で導入されるほか，広告，雑誌などでも，この技法が使われていることがしばしばある。
　コラージュの作成方法は，雑誌やパンフレット，新聞紙，写真などを自分の好きな大きさ，形に切り取り，台紙に自由に貼っていく。できあがった作品には，その人の個性が出てくる。

【用意するもの】
はさみ，のり，台紙 (A4版画用紙)，種々の雑誌 (体験者があらかじめ気に入っている雑誌など 2, 3 種類ずつ持参してきてもらうのが望ましい)

【目　的】
自己認識を深め，自己表現力を高める。

【製作過程】
1：5, 6人のグループをつくる。
2：各人で持ち寄った雑誌を互いに提供しあい，そのなかから自分が心をひかれる写

真や絵を選び出す。
3：それらを好きな大きさに切りとって，台紙に自由に貼っていく。
　※できあがった作品から自分らしさを見つけ出してみる。
【シェアリング】
1：できあがった作品をみんなに見せ，その作品のイメージを説明してみる。また，他の人と違う面を見つける。
2：他の人はみんなの作品を見て，他の人と違う，その人と違う，その人らしい部分を見つけて指摘しあう。

コラージュの例

（花岡陽子）

第2章

パーソナリティとは何か

第1節　パーソナリティの理論化：性格，人格，気質，個性

　人を理解し表現するときに，一般に「あの人は，やさしい性格だ」というように，その人の性質の一部を性格という言葉を用いて説明することが多い。性格に似た言葉として人格という言葉も使われるが，「あの人は人格者だ」「あの人の人格を疑う」というように，人の性質のなかで，善い・悪いという価値判断を含むことがある。

　心理学で性格という言葉は，おもにドイツ圏で，character の訳語として用いられてきた。また，人格という言葉は，おもにアメリカ圏で，仮面という意味のペルソナ（persona）に由来する personality の訳語として用いられてきた。仮面は一般に素顔を隠し，無表情な非人間的なイメージがある。しかし，バリのバロン劇，日本の能などを見ると，仮面をつけているが，喜怒哀楽の感情をのびのびと言葉や身体を通して表出しており，かえって人間相互が内面的に響き合う面がある。

　心理学においては，性格と人格のどちらも価値判断を含まない。このように多少の違いはあるが，正確な使い分けはなされていないため，これらの用語はよくパーソナリティとカタカナで表記される。

1. パーソナリティ

　オルポート（Allport, G）によると，パーソナリティとは「環境への独特な適応のしかたを決定する心身のシステムのうちに含まれる，ダイナミックな組織である」と定義される。日本語でもっとも近い用語は，性格，人格になる。ほかにも定義はさまざまあるが，「個体に特徴的な行動パターン」「変化しにくく一定している」「生物・心理・社会的側面が総合されている」「一

定の構造がある」「知性を除く感情・意欲・行動の特徴」といった共通点がある。その人を理解するには，どういう経過でそういう人になったのかを知ることも必要であるし，ある人を理解するとは，その人の将来を理解することである，とオルポートは述べている。現在のみを見るのではなく，過去と未来にわたって理解することが大切である。カウンセリングの基本も，期待しすぎず，希望を捨てず，その人のパーソナリティの成長や変化をじっくり待つという点にある。

[1] 気　質

近接語として気質という語があるが，これは「一番中心の核になる部分で感受性や反応の強さや速さ，その人の根本に流れる気分」のことをいう。

気質は，より生得的な傾向の強い部分である。生まれつきの性質，遺伝の影響が強い性質をいう（35頁のコラム参照）。

[2] トマスとチェスの気質分類

赤ちゃんのころからさまざまな気質があることは，トマスとチェスが明らかにしている。表2-1の9つの行動カテゴリーの組み合わせから3つに分類している。生活が規則的で機嫌がよく，環境の変化にも適応しやすい「あつかいやすい子」，その反対に，規則的でなく機嫌が悪く，環境の変化に適応しにくいが，敏感な「あつかいがむずかしい子」，活動的でなく，環境の変化への適応に時間がかかり，敏感でない「おとなしい子」である。

親が，同じように育てているのに，子どもの様子が違うと感じて自信を失ったりすることもある。親の解釈を変えて，あつかいにくい場合には，こまやかな配慮をしながら対応することで子どもの反応も変わってくる。

[3] パーソナリティの遺伝

最近の研究では，パーソナリティも遺伝するといわれている。好奇心の強さ，衝動の強さが，ドーパミンという脳内神経伝達物質に関連した遺伝子の影響を受けている。不安の強さが，セロトニンという脳内神経伝達物質に関連した遺伝子に影響されている。

表2-1 トマスとチェスによる乳児の「気質」のカテゴリー（Thomas & Chess, 1986）

カテゴリー	特徴
①活動水準	たえず活発に動きまわる／スヤスヤと眠って過ごす
②周期性	一定の時間に食事し、一定の時間に眠る／毎朝違った時刻に起き、食事時間もバラバラ
③接近／回避	新しいおもちゃ・食べ物・顔に接近し、手を伸ばしたり、笑ったりする／拒否したり、遠ざけたり、騒ぎたてる
④順応性	入浴をし徐々に楽しんだり、新しいおもちゃになれてしだいに楽しく遊ぶ／突然の鋭い音や、おしめを替えることやベビーシッターに対してけっしてなれようとしない
⑤反応の強さ	空腹時でもすすり泣く程度で、衣服が手足に引っかかっても騒いだりしない／父に遊んでもらって声高に笑ったり、検温や服を着せるときにギャーギャー泣いて暴れる
⑥気分の質	1日中ニコニコ笑っている／ゆすられてあやされていても泣き叫ぶ
⑦固執性	モビルを飽かずながめ、じゃれる／おしゃぶりをすぐはき出す
⑧気を散らすこと	あやされていると空腹を忘れたり、おもちゃを持たされていると着替えのわずらわしさを忘れる／摂食時でも泣いたり、着替えが終わるまで騒ぐ
⑨敏感さ	ある子はあらゆる音や光に気づく。アップルソースに入れたビタミンにさえ気がついて食べようとしない／大きな音やぬれたおむつ、食べているものに気づく程度

Clarke-Stewart, A., and Koch, J. B., Children : development through Adolescence. Wiley, 1983.（『発達と心理』、ブレーン出版、より）

ただ、生まれつきの性質である気質が、遺伝の影響のみかというとそうではない。胎児のときに、母体の栄養状態などの影響や、最近いわれる胎教（たいきょう）のような、心理的な影響も考えられる。気質についても、より詳しい研究が必要なところである。

[4] 個 性

パーソナリティよりも広い意味をもつ言葉に個性がある。その人の行動のしかた、考え方、ものの見方などの態度や行動だけでなく、知性、容姿、雰囲気、能力、感受性、声、好み、服装、部屋の環境など、多様な特性の統合されたその人全体の性質をいう。これらの個性は、第一印象のみではわからない。その人との関係ができていくなかでしだいにわかってくるといえるし、時間もかかる。また、その人の個性の変化も、どこから起こっているのかを見る。一部を見て、変化はないと思っては誤ってしまう。

COLUMN

■映画の観かた■

　映画を例に，家庭教育，同胞関係，自然環境，などの大切さを考えてみよう。パーソナリティの成り立ちを理解するときに参考になるのが，映画やドラマ，小説などの登場人物を観察することである。ここでは，宮崎駿監督の『となりのトトロ』を観てみよう。そこに登場するおもな人物は，父親，母親，サツキとメイ，おばあちゃんとカンタなどである。ほかには，大きなトトロと中トトロと小トトロ，猫バスも魅力的な登場人物である。

　サツキとメイの父親は，大学に勤務する研究者であり，母親は病気で入院している。とても優しい活動的な父親と，これまたおだやかな母親に，しっかりもののサツキと，甘えん坊のメイの4人家族である。

　幼児期のパーソナリティが形成されていくうえで，ひじょうに大きな役割をもっているものが気質（33頁参照）である。気質はパーソナリティの中心の核になる部分で，感受性や反応の強さや速さ，あるいはその人の根本に流れる気分として現れる。その人が生得的にもっている部分が中核になっていると考えられるが，幼いころの成育の過程でさまざま影響を受けつつ，形成されることが多い部分である。

　成育の過程で重要なもののひとつとして同胞関係がある。1人っ子は1人っ子なりに，1人で遊ばなくてはならない寂しさや，つらいことがあってもなかなか同年代の人にいえないもどかしさがあったりする。しかし，親の愛情を独り占めできたり，ほしいものは何でも手に入ったり，とつらいながらも欲求が満たされる面もある。その点，兄弟姉妹がいると，兄弟げんかをするなかで心身ともにきたえられたり，ほかの兄弟姉妹よりも目立ちたい，かまわれたいということから自己主張したり，勉学に励んだりするかもしれない。また，兄弟姉妹がある場合でも，その出生順位によって微妙に立場は異なってくる。サツキは両親の期待にこたえたい一身で，しっかりものの役割を演じている。一方，メイはサツキを見習い真似をしつつも，自分の主張を通そうとするわがままな面が現れている，といったぐあいである。それぞれ，よいところと悪いところがあるが，そういったなかで性格はつくられていく。

　パーソナリティ形成のうえで重要な外部要因は，環境である（36頁参照）。サツキやメイは自然のとても多い，素晴らしい環境のなかで育っていく。近所には世話をやいてくれるおばあちゃんたち，元気な同級生のカンタが住んでいる。トトロや猫バスと出会い，不思議な体験をするなかで，やがて成長し，大人になっていく。映画では描かれていないが，この後まったく環境の違う都会に転居していくかもしれない。そうしたなかで，パーソナリティは形づくられていくのであろう。どちらにしても，楽しみである。

（大島なつめ）

2. 性格の形成は，遺伝か環境か

パーソナリティの形成は，遺伝的素質と環境的な影響による部分の両方が関係してつくられるといえる。「遺伝か環境か」ではなく，「遺伝も環境も」である。遺伝と環境は，相互に関係しあっているのである。環境によるパーソナリティについては，社会的性格や役割性格ということがいわれる（35頁コラム参照）。

○社会的性格，役割性格

社会的性格は，時代や社会の影響を受けてつくられる性格のことである。わが国のなかでは，明治維新時，第二次世界大戦時の若者，また，世界のなかでも発展途上国の若者と現代日本の若者はそれぞれの社会的性格をもっていると考えられる。

役割性格は，与えられた役割に応じてつくられる性格である。仕事や立場によって性格も変容していくという考えである。1人の人が，仕事は誠実，家庭ではのんびり，趣味では気がきくといった場面で性格が違うことがある。また，カウンセラーは人の話をよく聞いてくれる，企業家は決断力があり，効率よく仕事をこなしていく，警察官は厳しいといった役割による性格があげられるが，仕事を離れると性格が変わる場合もある。

3. 性格は変化するか

自分の性格は変えられるのか，あの人の性格はなんとかできないのか，と疑問を感じることがあると思う。ミッシェルは，パーソナリティは環境・状況で変化する，いつでも，どんな状況でも一貫しているとはいえない，と主張した。パーソナリティには，変化しやすい部分と変化しにくい部分があるといわれている。

一般に気質などは変化しにくいが，好み，考え方といった部分については変化しやすい。また，変化のしやすさにも個人差があるといわれる。相手を見て，どこが変化できるのか，変化しにくいのかを見きわめることが大切で

ある。変化しない部分を変えようと努力することが，本人とまわりの双方に無用な負担となることがある。また，まったく人は変わらないと考えてしまうことも誤りである。人は変化しつつあるものとしてとらえることも求められる。

カウンセリングでは，他人を変えようとするのではなく，自分を変えるようにはたらきかけることがある。場合によっては，自分が変化することで他人が変化することもあるのである。

4. 二面性論

私たちのなかには矛盾する気持ちがあったり，時と場合によって変化したりする自分がある。そのように，相反する性質の両方がそなわっていることが少なくない。たとえば，クレッチマーの類型で，統合失調型の性格像は，過敏さと無感動という矛盾した特性を含んでいる。パーソナリティといっても，そう単純ではなく，相手や状況によって態度が変化することもある。このように，二面性や多面性をもつパーソナリティという理解が求められる。科学的なものの見方として単純化して考えていきたいという方向があるが，人の心理には複雑な面もあり，非ユークリッド幾何学的に時間や空間を超えてさまざまな面が含まれていると考えることもできる。心理には矛盾する面もたぶんにあるが，そういった矛盾した自分全体をじっくり抱えていけることも大切である。カウンセラーは，相談者の矛盾をともに抱えたり，時にそれらの矛盾した面を統合していく手伝いをしたりすることでもある。

5. 自己とは

人を理解すると同時に自分も理解することが，私たちにとって大きな関心である。「自分とは何か」「どこから来てどこへ行くのか」「なんのために生まれてきたのか」「生きるとは，命とは何か」「死とは何か」という疑問をもつことがある。

こうした自分への問いにいちおうの解答が出たとき，それを自己概念（self concept），自己像（self image）とよぶ。

妥当で的確な自己概念が得られると，自己受容ができ，自己肯定感をもつことができる。自分自身の評価に関する感情的な側面を自尊感情（self esteem）という。

　思春期青年期は，理想の自己像と現実の自己像の溝を意識し葛藤(かっとう)する時期でもあり，どこかで納得させていく必要がある。統合された自己像を自分のものとすることが，青年期の大きな発達課題である。それを自我同一性の確立（self identity）という。

　ただ，この自己の確立という考え方は，西欧の考え方であるとの指摘もなされる。自己確立のために努力すればするほど，混乱してしまうといったことも考えられる。東洋的には，無，無為自然といったありのままで，そのままでよいのではないか，何もなくてよいのではないかといった見方もある。西洋と東洋の文化比較という観点のみでなく，個別に見ていく必要があるのではないだろうか。

6. 人称的性格

　パーソナリティを自分から見る立場，相手から見る立場，第三者から見る立場で，一人称的性格，二人称的性格，三人称的性格と分けてみる視点がある。

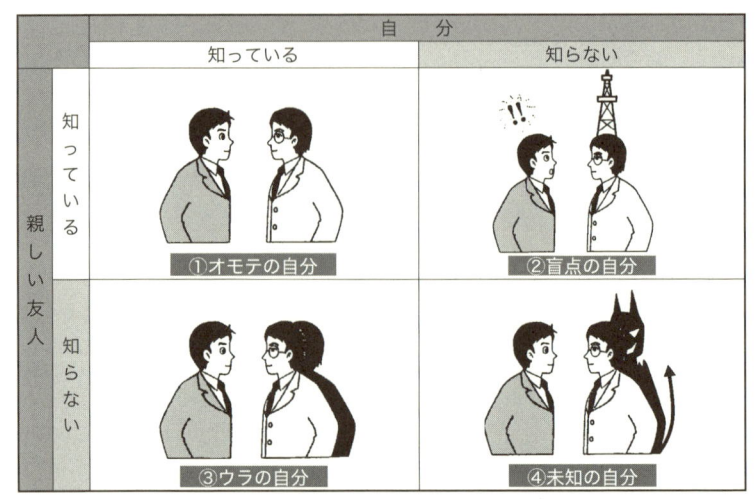

		自　分	
		知っている	知らない
親しい友人	知っている	①オモテの自分	②盲点の自分
	知らない	③ウラの自分	④未知の自分

図2-1　ジョハリの窓—4つの自分
（大村政男監修『3日でわかる心理学』ダイヤモンド社，2001）

実際にそれぞれから見た性格に違いがある場合もあるため、パーソナリティの理解のためには有効である。似た分類の例として、「ジョハリの窓」の考え方がある（図2-1）。これは、自分と親しい人のそれぞれから見て知っている、あるいは知っていない自分について4つの部分に分けてみるものである。

第2節　パーソナリティの分類：古典的な方法
（体液病理論, ヒポクラテスの分類, 骨相学, 相貌学, 筆跡学など）

1. 一般人理論

　パーソナリティをどう分類するかということは、昔から興味をもたれた点である。血液型で人の特徴をつかもうとしたり、占い、生まれた星座、字画、人相、手相などでタイプ分けしたりしたことがある人も多いだろう。そういった一般人が、それぞれにもっている理論のことを、ファーナムは「しろうと理論（lay theories）」（軽蔑的な意味ではない）といった。

　私たちは、おもにうまくいかない人間関係やうまくいかせたい人間関係の体験から、自分の性格が好きか、自分や相手はどういう性格の人を好きか、合わない性格の人とのつきあい方、自分や他者を変えることはできるか、相手の性格をどうしたらわかるか、人をタイプに分けられるのか、その相性はどうか、といった点について考える。そして、それらの不安から、自分なりの答えをそれぞれがもとうとする。私たちは、これらの考え方が心理学的に妥当かどうかを実証的に知るなかで修正していく必要がある。また、心理学の立場からも、心理テストも一般には公開しないといったやむをえない状況もあるが、しろうと理論のなかに偏見がある場合には、積極的に啓蒙していくことも求められる。実際に、血液型、星座、手相による性格の類型には科学的な根拠はないといわれる。統計的には実証されていないのである。

2. 古典的な方法

[1] ヒポクラテスとガレノス

　心理学でも，パーソナリティを分類する試みがなされてきた。紀元前4世紀ごろ，ヒポクラテスは，血液，黒胆汁，黄胆汁，粘液の4種の体液を考えた。その後ガレノスは，以下の4つの気質を考えた。
　①多血質：陽気，気が変わりやすい，現実的
　②憂うつ質：細かい，慎重
　③胆汁質：敏速で集中的，権威的
　④粘液質：おちついている，ゆっくりで持続的
　現在でも，血液の状態で，「コレステロールが高い，貧血ぎみだ」などといって健康状態を知る手がかりとしている。

[2] 骨相学

　ガルやシュプルツハイムが，頭部の骨の形から性格を分類しようとした「骨相学」がある。これは，個々の能力を大脳の各部に結びつけて，形によって性格の違いを示そうとしたものである。
　より類人猿に近い形の頭部をもつ人のほうが粗暴ではないか，というように，①脳は精神の器官である，②精神は独立した機能に分析できる，③機能は生得的なもので脳の皮質に座をもつ，④脳内各器官の大きさはその機能の大きさを示す，⑤頭蓋骨の輪郭と脳の皮質の形との相関はきわめて高い，⑥脳内各器官の大きさで心理的性格に果たす役割を想定できる，という原則にしたがっている。しかし，現在の研究では，その関連性はないとされている。

[3] 脳局在論：神経心理学

　骨相学の流れは，ブローカによる脳局在論に受け継がれた。言語理解能力は，左側頭葉上部後方，文字処理機能は左角回など大脳領域との関係が明らかにされている。最近の神経生理学研究では，脳波（てんかんでは特有の波

がみられる），頭部コンピュータ断層撮影（CT：脳の断面画像），ポジトロンCT（PET：陽電子放出断層撮影法，脳機能状態の測定），磁気共鳴画像法（MRI：中枢神経の局所診断），スペクト（脳の局所血流の測定）といった脳診断の医療機器を用いて，大脳の各部と情動の関連などが研究されている。

　たとえば，アロマセラピーでのにおいの効果について，脳波と脳血流量の測定で確かめられている。脳波は，神経細胞のはたらきを電気信号に変えて肉眼で観察できるようにしたものである。蒸留水とラベンダーを嗅いだ場合の比較では，気分をリラックスしたときに多く出るアルファ波が，ラベンダーを嗅いだときに多く出ている。

　また，ポジトロンCTは血液の量を計ることができる装置であるが，脳の部位の活動が盛んなところは血流量が多い。扁桃核という部分は人が怒ると活動が活発になるところであるが，桃のにおいを嗅ぐと，血流量が減ることがわかった。桃のにおいで，気分がおちついたことを表していると考えられる。個人差があると思われるが，このようなさまざまな研究が進められている。また，脳の研究から，高次の脳の機能は，脳の一箇所のはたらきではなく，分散した機能のそれぞれの領域が一定の役割をはたしながら全体としてひとつの機能を実現する考え方，分散系の考えが一般的になってきている。

[4] 相貌学：身体言語（ボディランゲージ）

　顔の容貌から人の性格を分類しようとしたものが相貌学である。人相見など昔からあるが，これも科学的な関連はないとされている。

　しかしながら現在でも，身体の外形や行動（姿勢，しぐさ，表情，対人距離）から性格などを知っていこうとするものを身体言語（ボディランゲージ）という。その一部としてアーチャーの社会的知能テストのように，顔の表情から人の気分を知る表情分析を行ったり，人間関係の類推を行ったりすることがある（図 2-2）。

　面接場面で姿勢，表情，対人距離から相手の気分・状態を把握することはふつうに行われる。たとえば，視線が合わない，下を向いている，肩を落としているときは，気分がよくないのではないか，話す気分ではないのではないか，逆に声をかけてほしいのかもしれない。また，顔が上がっており，表

COLUMN

■心理検査と心理ゲーム■

　友人どうしで集まったときなど，雑誌に載っている心理ゲームでワイワイ盛り上がるのは楽しい。友人の意外な一面をかいま見ることができたような気がして嬉しかったり，それをもとに会話がはずんだりする。しかし，こうした心理ゲームは，パーソナリティを理解する心理検査であるとはいいがたい。心理検査と心理ゲームの違いをみてみよう。

★心理検査には満たすべき基準がある！

　心理検査には，「妥当性」と「信頼性」という2つの基準があり，これらをクリアしなければ標準検査として認められず世に出ることはない。「妥当性」と「信頼性」をそれぞれ簡潔に説明するならば，次のようになる。

　「妥当性」：その検査をもって測定しようとした能力や特性（知能，性格，学力など）をどの程度的確に測っているかということ。

　「信頼性」：その検査が測定した値が，どのくらい首尾一貫しており，安定性をもっているかということ。

　現在，さまざまな臨床現場で施行されている心理検査は，この妥当性，信頼性をクリアしたものであり，ここにいたるまで何度もの試行，改良が加えられている。一方，心理ゲームにおいて，この2つの用件を満たしているものは少ない。

★心理検査は検査者の責任が明確である！

　心理検査を用いて検査を行う者は専門的知識を有し，被験者に対して守秘義務などの責任を負う。専門的知識とは，その検査を行うにあたっての手順，注意事項といった施行法はもちろんのこと，検査結果については検査者の洞察力と熟練したテクニックが不可欠である（投影法など）。また，検査結果については被験者との契約上，容易に口外することはない。心理ゲームは，そういった責任を負うことなく，専門的知識がなくとも気軽に手軽にできるものである。

★利用目的が違う！

　心理検査は，臨床的診断（心理的問題があるまたは疑いがある人に対して，その診断のために用いる），カウンセリグ（進路選択，職業選択など），パーソナル・マネジメント（会社など人事の選択），研究目的，といった利用目的があげられる。心理ゲームの場合，娯楽を目的として利用することが多い。

　しかし，心理検査と心理ゲームには共通点がある。それは，ひとつの検査やゲームだけで，自分や他者を測り知ることはできないという点である。

　いずれにしろ，パーソナリティを理解する，また人を知るためには多角的な視点が必要である。ひとつの結果だけで，自己や他者を理解したと思うのはたいへん危険であり，その人の可能性を打ち消してしまう。とくに心理ゲームの結果で「こんな人だなんて……」とは思わず，つねにほかの可能性を念頭においておきたい。

（田中順子）

この2人が，下記のどのような関係かを問いかけている。
 a. きょうだいである
 b. 結婚4年目の夫婦である
 c. 初対面の他人どうしである

図 2-2　アーチャーの社会的知能テストの図
（アーチャー著，工藤・市村訳『ボディランゲージ解読法』，誠信書房，1988，p.69 より）

情も無理なく，ほほえんでいるときには，気分はいいのではないかなどと推定することができる。

また，話し合っている人との対人距離が離れていれば，その人とはあまり親しくない関係かもしれない，近い場合は親しい関係と思われる。あまり親しくない場合に近すぎる場合には，依存，甘え，不安などのために近くにいたいのではなどと推定することもできる。

また，犯罪捜査の一環として顔の特徴を絵や写真で表現して，容疑者のモンタージュ写真を作成することが行われる。

[5] 筆跡学

字の書き方から性格を知ろうとするものが筆跡学である。現在でも警察で筆跡鑑定が行われている。これは，字体によって同一人物かどうかを判断したり，性格判断の手がかりとしたりするものである。心理テストでも，木を描かせるバウムテスト，星と波テストなどの絵画テストなどでは，筆跡の状態で，ある程度性格を推測する。細かな線を使う人は，繊細な性格の人というように判断される。このほかにも，筆圧計（筆記具と紙面の間にかかる力を測定し記録する装置）による類型化の研究などもある。筆圧計の上で，一筆書きで書くと，筆圧曲線ができる。その曲線と性格と対応させるものである。

第3節　さまざまな性格理論Ⅰ：類型論

1．類型論と特性論

　その後，性格理論がさまざまに考えられた。その代表的なものに，まず「類型（タイプ）論」というものがある。一般に「あの人は，〜のタイプだ」ということがあるが，人をある典型的な性質をもついくつかの類型に分けて考えるのが類型論の考え方である。

　やさしい人という場合にも，とてもやさしい，あまりやさしくない，というように程度がある。ある性質がどの程度あるかを数値で示す考え方を「特性論」という。

　現在では，類型論と特性論の考え方は相互に補いあう関係である。心理検査では，特性論にもとづいて性質を数値化し，それをいくつかの類型に分けて考えるというものが多い。臨床心理で用いられるY‐GテストでのA〜E型，親子関係テストでの拒否（消極的拒否，積極的拒否），支配（厳格，期待），保護（干渉，不安），服従（溺愛，盲従），矛盾不一致（矛盾，不一致）の10類型，エゴグラムの大きく厳しい親（CP），養育的な親（NP），大人（A），自由な子ども（FC），協調的な子ども（AC）の各優位タイプなどがこれにあたる。

2．類型論の功罪

　あるタイプの人との適切なつきあい方がある。とくに臨床では，ある類型に対する禁忌の対応があり，それを知ることが治療に役立つ場合がある。うつ病の人には，がんばれなどの励ましは禁忌である。

　しかし，タイプ分けによって，あるタイプの人を不当に差別することは，

心理学の意図するところではない。タイプによい・悪いはないこと，それぞれに長所・短所があることを理解しておくことが重要で，カウンセリングでは，とくによいところを見ていくようにする。類型を固定的にとらえて，変化しないのかと悲観的になってしまうことは望ましくない。変化の可能性も個人差がある。

また，なかなか性格が変化しないと自分を責める人もいるかもしれないが，それには理由があったのだと自分を不当に責めなくてもよいことに気づく場合もある。

3. 類型論の例

類型論のなかで，取り上げられる例をいくつか述べる。

[1] クレッチマー

有名な類型にクレッチマーによる気質の分類がある。彼は，多くの臨床例から類型化を行った。

細め体型は統合失調症（注；以前は精神分裂病といわれていたが，名称が変更されている）の人に多い。発症前の気質は，人づきあいが少なく，言葉数も少なく，慎重で繊細な特徴がある。これを統合失調気質（注；当時は精神分裂気質）という。

太め体型は，そううつ病に多い。その気質は，気分が変化しやすい，人づきあいがよく適応性も高いといった特徴がある。これをそううつ気質という。

筋肉質体型はてんかんの人に多い。気質は，粘り強く，きちんとしていて，義理がたい特徴がある。これを粘着気質という（図2-3）。

しかし最近の研究では，この類型に妥当性があるか疑問も出されている。

[2] ユングの類型

ユングは，人間の一般的態度を内向性と外向性に分類している。それぞれ思考・感情・感覚・直感の4つに分けて8類型を考えた。これは，精神分析の創始者フロイトと，はじめ弟子でのちに訣別したアドラーという人の理論

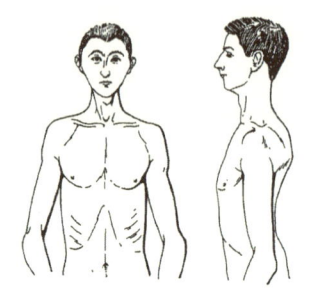

細長（無力）型（模式図）

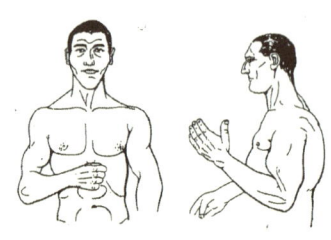

闘士型（模式図）

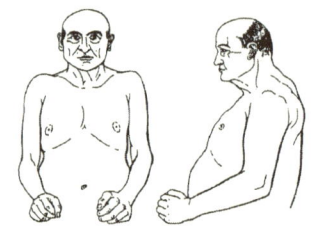

肥満型（模式図）

図2-3 クレッチマーの体型

（クレッチマー著・相場均訳『体格と性格―体質の問題および気質の学説によせる研究』，1960，光文堂，より）

についての研究から導き出したといわれる。

ユングは，フロイトは，彼の提唱したエディプス・コンプレックスを，自分と他者である父母との関係を重要視したので外向的と分類し，アドラーは優越したい内的な欲求を重要視したので内向的と分類した。

人は，文学者や哲学者のように，自分のなかで物語などの想像の世界を楽しんだり，よくものごとを納得するまで追求して考えるといった心を内に向ける傾向の人と，技術者や企業家のようにまわりにあるものや人に関心をもち，反応もどちらかというと早く，心を外に向ける傾向の人に分けるやり方である。

内向型は，よく思案する，慎重，しんぼう強い，空想好き。外向型は，社交的，考えるより行動を好む，気難しくない，冗談をいう，熱しやすくさめやすいという特徴を，それぞれもっている。内向型は暗い性格などのマイナスイメージを感じさせるが，ユングは創造性などの内向型の側面を評価している。またユングは，人間には内向・外向性ともに存在し，特性論的に度合いが人によって違うとして，類型も固定的なものではなく，内向から外向，思考から感覚などと変化するという例をあげている。向性検査や心理テストの尺度において，内向性と外向性という分類が多用されている。

[3] シェルドンの類型

シェルドンは，正常人をもとに研究し，クレッチマーの類型と対比される

3つの類型を考えた。太め型は、内胚葉型で内胚葉から発生した消化器官が発達していて内臓型気質といい，社交的で，愛情に富む。筋肉質型は中胚葉型で，中胚葉から発生する骨・筋肉・血管などが発達していて身体型気質といい，筋肉運動を好み，自己主張的，活動的，冒険的である。細め型は外胚葉型で，外胚葉から発生する皮膚・神経が発達しており，頭脳型気質といわれ，ひとりを好み，知的，敏感である。

[4] シュプランガーの類型

シュプランガーは，どのような価値観を追求しているかで，6つに類型分けを行った。理論型は，学者や理論家など真理追究に興味をもつ人で，経済型は実業家など利益追求に興味をもつ人。審美型は芸術家などで美的価値を追求する人で，社会型は社会事業家，母親などで他人のために奉仕することに価値をおく人。権力型は政治家など権力による支配に興味をもつ人で，宗教型は宗教家などで宗教的価値，聖なるものを追求する人であるとした。

[5] リースマンの類型

リースマンは，人間の社会的パーソナリティを3つのタイプに分類した。変化はゆっくりで，過去への指向を特徴とする伝統志向型，自分自身の生活を律している意識があり，独立し，他者から影響されにくい内部志向型，人間関係のスキルを大切にする他者志向型である。

[6] サイモンズの類型

養育者，親が子どもに対してとる態度や行動を養育態度という。子どもと養育者との相互作用が子どもの性格に影響を与えるが，その類型をサイモンが8つに分類している。支配，過保護，受容，甘やかし，服従，無視，拒否，残忍である。理想的な養育態度は，受容と拒否，支配と服従の中間とされている。時にやさしく受け止め，時に厳しく，支配しようとしたりせず，また子どものいうなりにすべてを服従していくのでもないというのである。親子関係のカウンセリングでは，参考になる考え方である。

[7] リーの愛の類型

リーは，愛について，エロス，ストーゲイ，マニア，アガペ，プラグマ，ルダスの6つの類型を作成している。エロスは，愛がすべてと考え，ひと目ぼれを起こす。ストーゲイは，穏やかで，友情のように安定した愛である。マニアは，独占欲が強く，嫉妬したり，落ちこむなど激しい感情をともなう愛である。アガペは，相手のためだけを考え，自分自身を犠牲にすることもいとわない愛情である。プラグマは，愛を地位向上の手段とし，社会的なつり合いの基準などを考える愛である。ルダスは，愛をゲームととらえて，楽しみ，相手に執着しない愛である。

リーは類型間の関係についても言及しており，ルダスとアガペ，プラグマとエロス，ストーゲイとマニアのそれぞれが強いタイプの人どうしは，互いに合いにくい関係であるといわれる。

[8] ライチャードの老人の適応タイプ

ライチャードは，老年期の人格類型を5つに分類した。過去の自分を後悔せずに受容し，未来に対して現実的な展望をもつ統合された円熟型，引退した事実に甘んじて安楽に暮らそうと受身的に現実を受容する安楽椅子型，老化の不安に防衛的に臨み，若いときの活動水準を維持しようとする装甲型，の3つを適応タイプとする。自分の過去や老化を受容できず，他者への非難や攻撃をする憤慨型，自分の過去の人生を失敗とみなして自分を責める自責型の2つを不適応タイプとした。

[9] ライフスタイル・生活価値の類型

パーソナリティ一般の類型では，だれを対象に商品の開発を行っていくか，など具体的に利用しにくいために，最近では，よりテーマを限定して類型化することが行われている。消費者心理の分野では，生活課題の解決および充足のしかたであるライフスタイル，行動よりも内面の価値観を中心に分類した生活価値の類型もある。

日本人の生活価値の類型としては，脱伝統家庭型，消極志向型，エグゼク

ティブ型，自己充足型，都会派プロフェッショナル型，人生享受型があげられる（表2-2）。

また，主婦のライフスタイルの例として，趣味やレジャーが盛んで，おしゃれも新製品に関心が高く，交際範囲も広く，手づくりや食事に工夫するお

表2-2　日本人の生活価値観の類型（川上和久「日本人の生活価値の類型化―『ゆとり』時代のライフスタイル」日本経済新聞社，1989）

	脱伝統家庭型	消極無志向型	伝統出世型	エグゼクティブ型	自己充足型	都会派プロフェッショナル型	人生享受型
比率%	15.2	32.7	14.0	8.7	10.3	12.4	6.8
価値観	非伝統志向型 非積極志向 非スポーツ・健康 非出世志向		伝統志向 自己犠牲 非個性化志向 出世志向	非人生享受 積極主流 非スポーツ・健康 出世志向 非グルメ・本物	非伝統志向 自己充足 非自己犠牲 スポーツ・健康 個性化志向 非出世志向	自己充足 積極主流 スポーツ・健康 個性化志向 出世志向 グルメ・本物 一流志向	人生享受 スポーツ・健康 非出世志向 非一流志向
属性	女 30,40代 主婦		50代― 低学歴 地方	男 30,40代 高学歴 管理職 高収入	―20代 学生・事務職 首都圏	―20代 高学歴 学生 23区内	男 単身者 低学歴 技能・労務者 低収入

表2-3　主婦のライフスタイルの例（小嶋外弘ら「主婦のライフスタイルと広告表現」『広告科学4』，1978）

クラスター	構成比	特色
①おしゃれ行動型	23.8%	30代の主婦に多く，趣味やレジャー行動が盛んで，おしゃれも新製品関心が高く，交際範囲が広い。また，家事においても，手づくりや食事に工夫をこらす。
②浪費エンジョイ型	16.5%	20代の主婦が多く，流行やファッションに関心が高く，ショッピングが好きである。社交的である反面，家事に計画性がなく，金銭感覚もとぼしい。買い物が不得意である。
③消費無気力型	24.1%	家族人数が多く，収入も低めで，趣味やレジャーに関心がなく，ショッピングも好きでない。①と対照的である。
④ガッチリ堅実型	16.5%	計画を立てて家事を行い，買い物も計画的である。食事に工夫し，節約も心がけている。バーゲンや特売を利用し，貯蓄を重視している。
⑤ハイライフ志向型	19.1%	一流品やブランド品を重視し，友人とのつき合いも多い。現在の生活を重視する傾向がある。

しゃれ行動型，流行に関心が高く，ショッピング好きで，社交的だが，計画性がなく，金銭感覚も乏しい浪費エンジョイ型，家族人数が多く，収入も低め，趣味やレジャーに無関心でショッピングも好きでない消極無気力型，買い物など計画的，バーゲンなどを利用し節約，貯蓄を重視するガッチリ堅実型，一流品や有名ブランドを重視，友人づきあいも多く，現在の生活を重視するハイライフ志向型があげられている（表2-3）。

第4節　さまざまな性格理論Ⅱ：特性論

1. 特性論

　パーソナリティのとらえ方の2つめは特性論である。さまざまな状況を通じて一貫して現れる一定の行動傾向を特性という。ある性質の人は，それ以外の性質がないのかというと，そうではない。たとえば，優しい人は厳しさがないというわけではなく，さまざまな性質をもっている。しかし，それぞれの性質の程度が違っているのである。このように，人に共通するいくつかの特性の因子を量的に考えて，その組み合わせでパーソナリティを理解する理論を特性論という。特性因子ごとの点数で，人のパーソナリティを示そうとするのである。現在の心理テストの多くは特性論にもとづいている。

2. 特性論の功罪

　質問紙による心理検査は，○か×，または数値を選ぶものが多い。実際には，気持ちをそれほど正確に数値にできるだろうか，という疑問を感じる。また，測定する人の基準がくい違う可能性がある。現象学的心理学の立場などが批

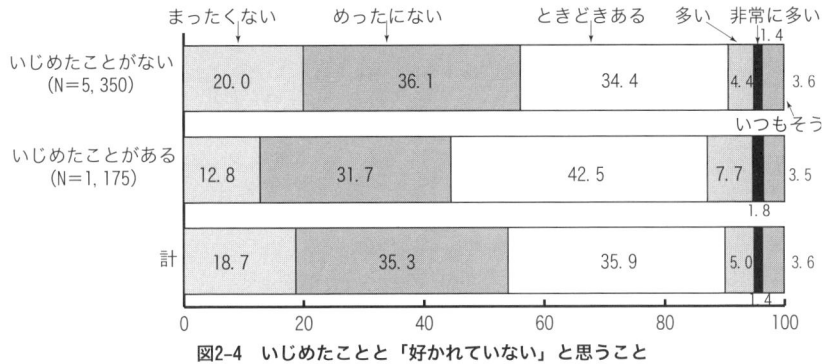

図2-4 いじめたことと「好かれていない」と思うこと

	まったくない	めったにない	ときどきある	多い	非常に多い	いつもそう
いじめたことがない (N=5,350)	20.0	36.1	34.4	4.4	1.4	3.6
いじめたことがある (N=1,175)	12.8	31.7	42.5	7.7	1.8	3.5
計	18.7	35.3	35.9	5.0	1.4	3.6

（森田洋司ら「日本のいじめ予防・対応に生かすデータ集」金子書房，1999）

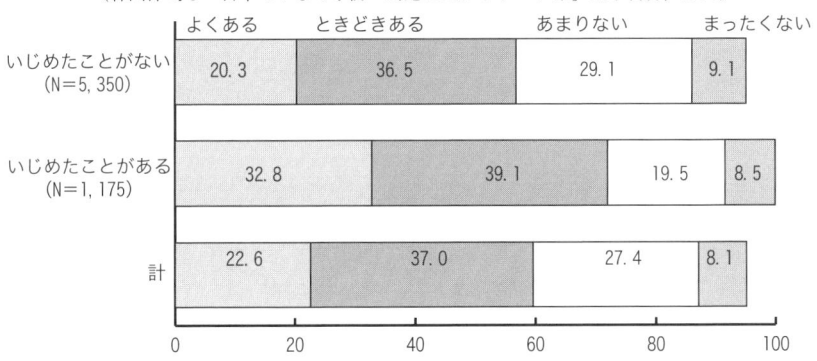

図2-5 いじめたことと教師に対して「むかつく」こと

	よくある	ときどきある	あまりない	まったくない
いじめたことがない (N=5,350)	20.3	36.5	29.1	9.1
いじめたことがある (N=1,175)	32.8	39.1	19.5	8.5
計	22.6	37.0	27.4	8.1

（森田洋司ら「日本のいじめ予防・対応に生かすデータ集」金子書房，1999）

判する点である。

　しかし，この考えによって実証的，統計的なパーナリティ研究が進むことになった。たとえば，いじめの調査から，いじめられている子どもも，いじめている子どももともに「自分は好かれている」ということに否定的な意識が見られる。いじめている子どもは，教師やクラスに対して「むかついて」いる，といったデータがある（図2-4，2-5）。

　大まかな傾向を知って用いれば，参考とすべき面もある。注意すべきは，いままでの知識で対処できない場合や，その傾向にあてはまらない場合に，そんなことはない，その人がいけないなどと決めつけてしまうのではなく，例外の事例として，個別にまた慎重に対応・研究していくことが，相談者に対しても誠実であるし，学問の発展にとって大切であろう。

3. 特性論の例

[1] オルポート

オルポートは，人格を表す言葉を選び，14の表出的特性と態度的特性にまとめた（図2-6）。

また，これらの特性の基礎にある心理学生物学的要因を，身体的状況，知能，気質から心誌を作成した（表2-4）。

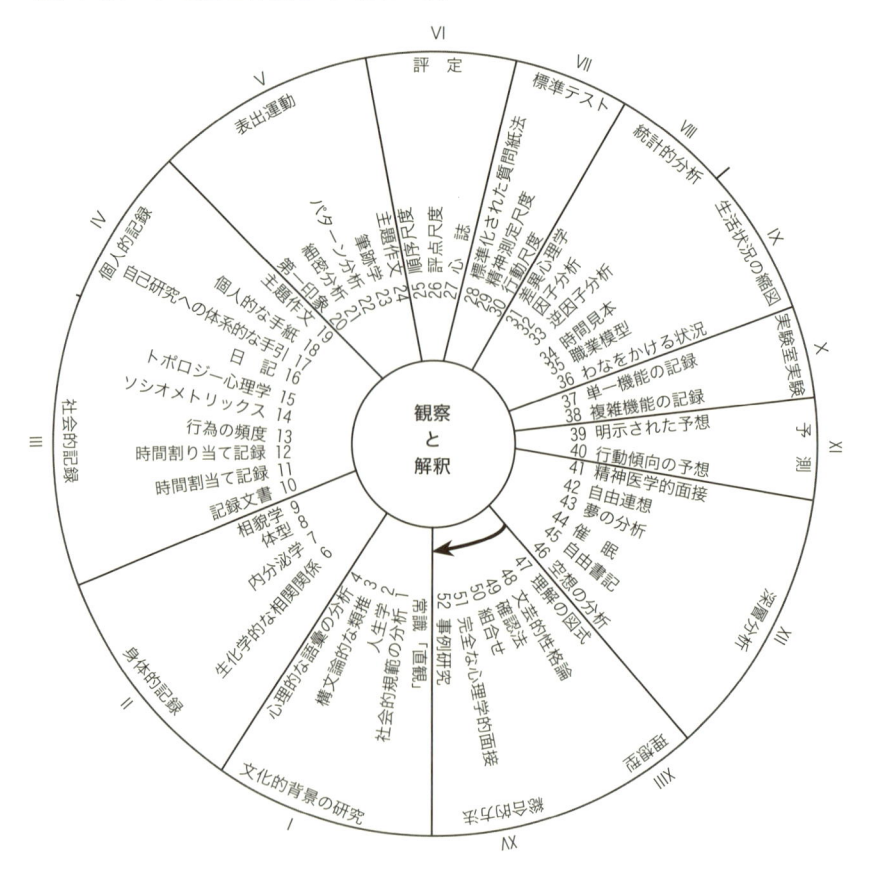

図2-6　オルポートのパーソナリティ研究法の一覧

(G.W. オルポート著，詫摩・青木・近藤他訳，『パーソナリティ心理学的解釈』新曜社，1982より)

表 2-4　オルポートの心誌の例
　　　　　の心誌

基底にある心理生物学的な要因							共通のパーソナリティ特性												
体型	知能		気質			表出特性				態度						価値への志向			
										自己への志向		他者への志向			価　値　特　性				
						支配	解放	持続	外向	自己客観化	自信	群居	利他主義(社会化)	社会的知能の高さ(気転)(社会化)	理論的	経済的	審美的	政治的	宗教的
健康	抽象的(言語的)	機械的(実際的)	活力	幅広い情緒	強い情緒														
均整																			
不健康	抽象的機械的知能の低さ	機械的知能の低さ	活力に乏しい	狭い情緒	弱い情緒	服従	隠遁	動揺	内向	自己欺瞞	自信喪失	孤独	利己主義(社会化されていない行動)	社会的知能の低さ(気転がきかない行動)	非論理的	非経済的	非現実的	非政治的	非宗教的
不均整																			

(G.W. オルポート著，詫摩武俊・青木孝悦・近藤由紀子他訳，『パーソナリティ心理学的解釈』新曜社，1982 より)

表 2-5 キャッテルの 10 の評定特性リスト

1. 適応しやすい
   - 融通のきく。
   - 計画の変更を容易に受け入れる。
   - 妥協に甘んじる。
   - 自分の期待どおりにならなくても，取り乱したり，驚いたり，当惑したり，イライラしたりすることがない。

   対 硬い
   - つねにやっているとおりにものごとを処理しようとする。
   - 自分の習慣や思考様式を集団のそれに適応させない。
   - 自分の慣例が乱されると困惑する。

2. 情緒的
   - 興奮しやすい。
   - よく泣く（子どもの場合）。
   - よく笑う。
   - 愛情・怒り・感情を過度に示す。

   対 平静な
   - 安定した。
   - どんな種類の情緒的興奮もほとんど示さない。
   - つねに平静で，議論，危険．社交的楽しみでもひかえめである。

3. 良心的
   - 正直な。
   - だれも見ていなくても何が正しいかを知っており，それを実行する。
   - うそをついたり，他人をあざむこうとはしない。
   - 他人の所有物を尊重する。

   対 非良心的
   - やや不謹慎な。
   - 自分の欲求に関係するとなると善悪の判断について，いいかげんになる。
   - うそをつき，小さなごまかしをする。
   - 他人の所有物を尊重しない。

4. 因習的
   - 一般に認められている規律（活動・思考・輻輳などのしかた）に同調する。
   - 「時宜に適した」ことをする。
   - 自分が他人と違っていることに気づくと悩む。

   対 因習にとらわれない，風変わりな
   - 他人とは違った行動をする。
   - 他人と同じ服装をするとか，同じことをするするということにこだわらない。
   - いくぶん風変わりな興味・態度・行動様式をもつ。
   - 自分に特有なやり方をする。

5. 嫉妬深い。
   - 他人の成功をねたむ。
   - 他人が目立つと心を乱し，悩む。
   - 自分のほうに注意を引きつけようとする。
   - 他人に注意が向いていると怒る。

   対 嫉妬深くない
   - 自分より優れた人でも好む。
   - 他人が注目の的になっていても悩んだりせず，むしろいっしょになって称賛する。

6. 思いやりのある，ていねいな
   - 他人の要求を尊重する。
   - 他人の感情を思いやる。
   - 他人に道をゆずる。
   - 最大の分け前を与える。

   対 思いやりのない，粗野な
   - 年長者に対して横柄，傲慢，「生意気」（子どもの場合），他人の感情を無視する。
   - とかく粗野な印象を与える。

7. 投げ出す
   - 仕事をすっかりやり終えないうちにあきらめる。
   - ときどき思い出したように仕事をする。
   - すぐに気がそれてしまう。
   - 衝動や外的困難によって，おもな目的から遠ざかる。

   対 決心の固い，根気のよい
   - 困難や誘惑にもめげず，仕事をやり通す。
   - 強い意志。
   - 勤勉で周到。
   - なにごとでも目標を達成するまで執着する。

8. 優しい ・上層に支配される。 ・直感的，感情移入的，共感的。 ・他人の感情に敏感である。 ・感情を害されると何もできなくなる。	対	強靭な，固い ・情操よりは，事実と必要性によって支配される。 ・非共感的。 ・やらなければならないことについては，他人の迷惑など気にかけない。
9. 自己を目立たせない ・ものごとがうまくいかないときには，自分を責めるか，だれも責めない。 ・業績をてがらにしたがらない。 ・自分を非常に重要であるとか，価値のある人間だとは考えない。	対	自分勝手な ・コンフリクトがあったり，ものごとがうまくいかないと他人を責める。 ・よく自慢する。 ・ものごとがうまくいったときは，すぐてがらにしたがる。 ・自分について非常によい意見をもっている。
10. 活気のない，疲れた，のろい ・活力に欠ける。 ・話し方があいまいで遅い。 ・グズグズする。 ・ものごとをダラダラとやる。	対	精力的，機敏な，活発な ・速い，力強い，活発な，テキパキした。 ・気力に満ちた，活気がある，元気な。

(R.B. キャッテル著, 斎藤耕二・米田弘枝訳,『パーソナリティの心理学―パーソナリティの理論と科学的研究』, 1975, 金子書房より)

[2] キャッテルの特性

　オルポートのあげた概念のなかの類義語まとめ，相関係数を求め35の集まりクラスターに絞り，それをもとに行動評定を行った。その結果を因子分析にかけ，外部から観察できる特性（表面特性）と背後にある特性（源泉特性）の16の因子に分けている（表2-5）。

[3] ギルフォードの特性

　矢田部－ギルフォード性格検査の基礎となっている13の特性を見いだしている。不安になりやすいかは抑うつ性，気分の揺れやすさは回帰性，人にくらべて劣っていると感じる劣等感，感情の傷つきやすさは神経質，客観性の欠如，協調性の欠如，愛想の悪さ，一般的活動性，のんきさ，思考的外向性，支配性，社会的外向性，男性度があげられている。

第5節　さまざまな性格理論Ⅲ：構造論
（精神分析，交流分析など）

パーソナリティは，特性のたんなる集合ではなく，まとまった構造をもつという考え方がある。これを構造論という。

1. 精神分析

精神分析はフロイトの創始によるものである。精神の構造を，超自我（スーパーエゴ），自我（エゴ），イド（エス，リビドー）の三層に分けて考える。イドは，性的欲求を中心とした生きるうえで必要な欲求のことである。自分では意識しない無意識の部分にあり，「自分は〜したい」という快楽原理にしたがう。自我は，イドから分かれた意識された部分である。これは「現実的に〜できる」ことをするという現実原理にしたがう。超自我は，親や社会規範などの影響などから形成された良心，「〜すべき」，「〜したほうがよい」といった考え方をする部分である（図2-7, 図2-8）。

パーソナリティの特徴は，これらの三層の力関係で形成される。イドの強い人は，自己中心的で幼児的な性格である。超自我の強い人は，道徳的に厳

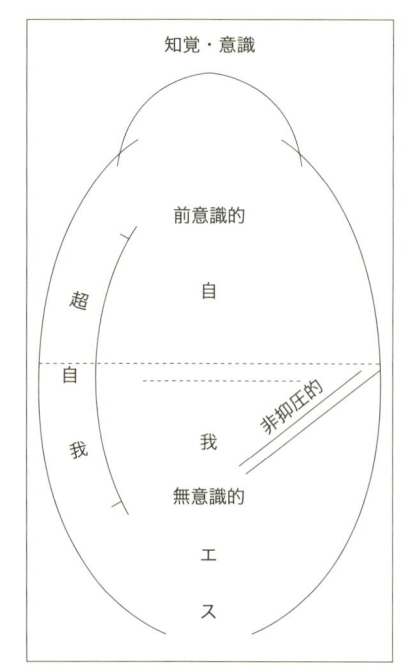

図2-7　構造論―心的装置（フロイト, 1933）

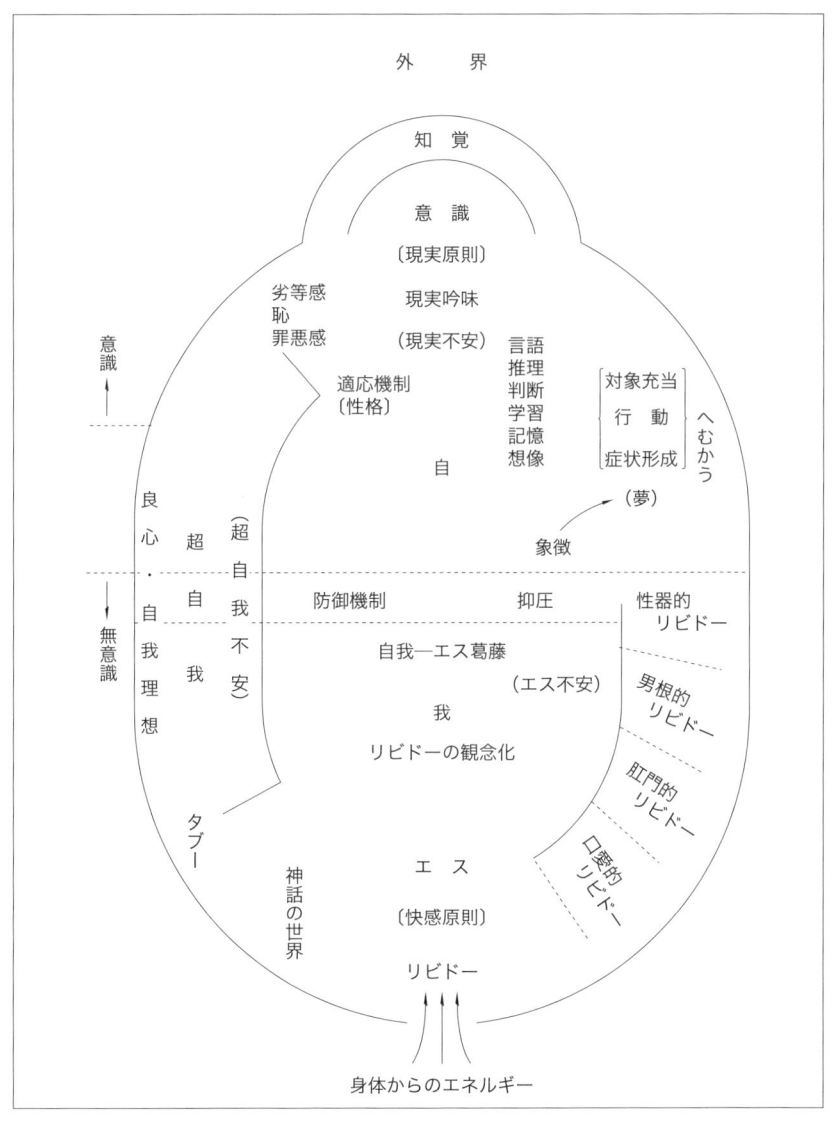

```
                    外　界
                     知　覚
                     意　識
                   〔現実原則〕
           劣等感     現実吟味
            恥              言語
           罪悪感   （現実不安）  推理     ┌対象充当┐
                              判断      │行  動│
                適応機制              学習      │症状形成│へむかう
                 〔性格〕              記憶     └    ┘
                              想像
                         自
                              （夢）
       良           超                 象徴
       心    超    自
       ・    自    我    防御機制    抑圧        性器的
       自    我    不                           リビドー
       我    理    安
       理    想         自我─エス葛藤            男根的
                            （エス不安）           リビドー
                         我
                       リビドーの観念化            肛門的
                                                リビドー
              タ                                  口唇的
              ブ                                  リビドー
              ー    神話              エス
                   の世界          〔快感原則〕
                              リビドー
                              ↑↑↑
                          身体からのエネルギー
```

図2-8　心の地図（前田重治，『図説臨床精神分析学』，1978，誠信書房の簡易化）

しい抑制的な性格である。自我の強い人は，イドと超自我のバランスをうまくとることができる，現実適応しやすい性格である。

　フロイトの治療法である精神分析では，夢の分析や話しにくいことや話し

たくないようなことも含めてなんでも自由に話していく自由連想法によって，「〜すべき」という超自我によって抑えられていた「〜したい」無意識を意識化し，「〜しよう」という自我を強化することによって治療していく。

欲求が達成できないと欲求不満になるが，欲求不満のときに，どのような行動をとるかの方法をフロイトは防衛機制といった。

抑圧は，社会的に受け入れがたい欲求を無意識下に閉じこめるもので，これは夢やいい間違いに現れる。

同一化は，欲求を実現している人を自分と同一とみなして代理的に満足するもので，例として，まねをしたり，タレントやスポーツ選手に熱狂することがあげられる。

代償は，目標が達成困難な場合に別の目標に向かうことで，目標を入学がむずかしい学校ではなく，入りやすい学校にすることがあげられる。

補償は，自分の不得意面を克服するために，他の面を伸ばすことで，スポーツが苦手な人が学習をがんばる場合である。

合理化は，自分の失敗の理由を社会的な理由で正当化することである。責任転嫁（てんか）やいいわけなどで，世のなかが，不公平であるから，うまくいかなかったなどと考える場合である。

投射は，自分が相手へ向かう感情を，相手が自分に向けていると思うものである。疑心暗鬼などがある。

逃避は，困難な状況から逃げることで，空想，病気，自己に逃げこんだり，仕事がはかどらない場合には休暇を取って，リラックスしたりすることがあげられる。

退行は，未熟な年齢の行動にもどることで，子どものころの遊びを童心に返ってやったり，指しゃぶりをする場合である。

昇華は，社会的に高く評価される方法で，反社会的な欲求や感情，失恋などを芸術作品にすることがあげられる。

転移は，特定の人に向かう感情をよく似た人に向けることで，親への感情を似たカウンセラーに向けることがある。

反動形成は，本心と反対のことをいったり，やったりする。好きな人に，相手が嫌がることをしたり，弱いのに，かえってつっぱるなどがある。

隔離は，考え，感情，行動が別々に切りはなされていることである。

自己懲罰（ちょうばつ）は，罪悪感を消すために，自己破壊的な行動をする。

フェニヘルは，防衛規制のなかでイドのエネルギーを解放するような昇華などを成功的防衛といい，イドのエネルギーを解放しない不成功的防衛に区別した。

防衛機制について，その後解明されているものをあげる。

魔術的思考は，幼児の全能感が現実感の発達によって制限されてくる過程に関連するものである。胎児期の状態は，母と一体で大洋感情といわれる無条件の全能感の段階である。出生すると，母・養育者によって満足を与えられるのであるが，自己の魔術的な力で願望を満たせると感じられる段階や身振りによって欲求を満たせる段階を経る。その後，言葉や思考の発達により，思考や言葉が魔術的な力をもつようになる段階を魔術的思考の段階という。欲求や願望を言葉で表現したり，思考するだけで願望の満足が得られると考えるのである。

禁欲主義は，衝動による享楽を一般によくないと考え，欲望が強いとそれだけ強く禁止するのが安全として無差別に全生活におよぶ抑制をすることである。

知性化は，欲望の直接的満足の代わりに欲望生活に関する知識，思考，知的な議論，研究などに没頭することである。論理的思考を展開していくなかで，競争心や支配欲などの攻撃性を満たしたり，性に関する議論や知識を得ていくなかで，性欲を社会的に受け入れられる形で満たすなど代理満足や昇華の意味を持つ。

愛他主義は，異性から好かれたいと思うが，好かれることに葛藤する人が，他の動性が異性から好かれるのを見て喜ぶ例のように，超自我が禁止する自分の願望を相手に投影して，相手が願望を満たすのを助けることで自分が間接的に満足を得ることである。

躁的（そう）防衛は，自分の攻撃性が大切なよい対象を破壊してしまう不安に対する否認としてはたらくものである。自分を脅かすものを取り入れることで現実を否認する，依存したい相手を支配し軽蔑する，つらい気持ちを直視せず無理に明るくふるまうなどがある。

否認は，つらさや指摘された自分の一面などの現実を認めようとしないことである。劣等感を否認するためにアルコールにおぼれるように，現実の知覚はありながら，一方でその知覚を否認するという特質がある。空想による否認のほかに，誇張による否認は，おおげさな身振りやばかげているといった言葉を用いる。消極的な否認は，明確に認知することを単純に避けるものである。主観の強調による否認は，自分にはそう見えるからしかたないと主張をかたくなに押し通すことをいう。

　自我分裂・対象分裂は，自分と相手のよい部分・欲求満足的な側面と悪い部分・欲求不満足的な側面を分裂した別のものとしておくことをいう。

　投影性同一視は，ある人はよい部分のみをもつよい人で，別の人は悪い部分のみをもつ悪い人であると考える場合のように，分裂した自己のよい部分・悪い部分を相手に投影し，その自己の部分と相手を同一視することである。相手のなかに自己を見いだすために，愛着するということも起こる。

　原始的理想化・価値切り下げの原子的理想化は，相手をすべてよいものと見て悪いものを否認することをいう。逆に価値切り下げは，理想化した期待が満たされないとすぐに価値のないものとすることである。

　フロイトは，精神性愛的発達について，幼児期の体験を重要視し，口唇期，肛門期，男根期，潜伏期，性器期に分類した。その発達の過程で，性的欲求が十分満たされなかったり，過剰であるとイドが特定の部位に集中してしまう。そして，その段階の衝動のあり方が存続するようになる。これを防衛機制の固着とよび，これによるパーソナリティの類型化がなされている。

　口唇期は，誕生時から1歳半ころまでの乳児期である。母親との授乳による快感を覚える時期である。ほしいときに授乳されるなどの口唇による愛情体験が十分であると，おっとりした人になる。愛情不足であると，慢性の孤独感があったり，愛情欲求が強く甘えがちになる。愛情が多すぎると，自己中心的になる。また，おしゃべりであったり，ものごとを積極的に取り入れ，攻撃的であることもある。

　肛門期は，排泄のしつけを受ける8ヶ月～3,4歳ころである。排泄物を貯めたり，出すことに快感を覚える。排泄のしつけは，時間や金銭感覚に影響する。しつけがいいかげんであると，他者の金も時間も自分のものという

ルーズな性格になり，しつけが厳しすぎると，倹約，意思を貫き，几帳面，気むずかしい性格となる。

　男根期は性の区別をするようになる3，4～6，7歳ころまでである。男根の有無が重要になる。男児や女児は，人生最初の異性を異性の親に求めるようになり，同性の親に憎しみを抱き，そのため処罰されて男児ならば去勢される不安を感じるといったエディプス感情をもつようになる。男根性格は，中性的，大胆であるという性格であるとされる。

　潜伏期は，6～11歳くらいで，エディプス感情の抑圧をして，社会の規範に合わせる訓練をする時期である。

　性器期は12歳以降である。性器的な性衝動が現れるようになる。円満に発達し心理的に自立すると，罪悪感なく異性とつきあい，性愛感情を満たせるようになる。

[1] アドラー，ユング

　フロイトの弟子に，アドラー，ユングがいる。すべてを性衝動からとらえようとするフロイトに対して，アドラーは，フロイトの過去の心的外傷重視に対して，未来への目的を重要視した。過去にこだわるのでなく，いまからどう生きていくかを重視したのである。また，自己の劣等性から劣等感をもつようになるが，その補償のため「権力への意志」をもつようになると主張した。また，他者とともに生きていくことの重要性を指摘し，共同体感情を強調した。

　ユングは，フロイトの性的エネルギーとしてのイドを批判して，生命のエネルギーを主張した。統合失調症の幻覚と古代の宗教書のヴィジョンとの類似性から，無意識を，個人的無意識と人類に普遍的な無意識の2つに分けた。またそのなかで，人類に普遍的という「元型」の概念を明らかにした。子を飲みこむ恐ろしい面と子を包んで育む面をもつグレートマザー，人生への示唆を与える老賢人などのイメージなどである。

[2] 新フロイト派

　その後，フロイトの考えは生物学的な本能論で，社会的な視点が少ないと

の批判から，家族の人間関係に注目する新フロイト派が現れた。ホーナイは，敵意に満ちた世界に1人で無力に存在する不安を基本的不安といった。その不安から自分を守る態度様式が性格を生み出すとして，厳しい環境でも，愛情と承認を求め，人に頼り，従順である依存型，愛情のない人に対して攻撃的になり，物を壊したり，困らせたりする攻撃型，厳しい環境から，他者から離れ孤立する隔離型に分けた。一般には，これらの3つをバランスよく使い分けている。

フロムは，世界に対する関係のあり方から，社会的性格を考えた。自信をもって生きていける生産的な人と，自信をもちにくく，1人では生きにくい非生産的な人に分けている。さらに非生産的な人を，愛されるのを待つ受容的な人，欲しいものを奪う搾取(さくしゅ)的な人，安全のために物を貯めたり，精神的にも几帳面で，強情な貯蔵的な人，他者の状況に応じていく市場的な人の4つに分けている。

サリヴァンは，精神医学を人間関係の理論ととらえ，パーソナリティは，その人の対人関係の観点からのみ理解できるとし，精神障害の原因も治療も，対人関係にしか本来可能でないとした。

2．交流分析

エリック・バーンが精神分析を発展させて，簡潔に実施できるようにつくったものが交流分析である。こころの構造を，親P，大人A，子どもCの3つに分けて考える。フロイトの理論と対照すれば，親は超自我，大人は自我，子どもはイドということになる（図2-9）。

親の部分は，親の影響を受けて取り入れた部分のことである。批判的な親CPは，いけないことは禁止したり，許可を与えたりする部分で，養育的な親NPはよい子・悪い子で判断するのではなく，すべてを受け止め，保護したり，養育する部分といえる。大人Aの部分は，科学的に冷静に考え，行動する部分である。自由な子どもFCは，自分の欲求を素直に満たしているときの感情で，快い部分を示す。協調的な子どもACは，まわりの環境からやむをえず反応した部分で，妥協，配慮，非自己主張的な部分といえる。

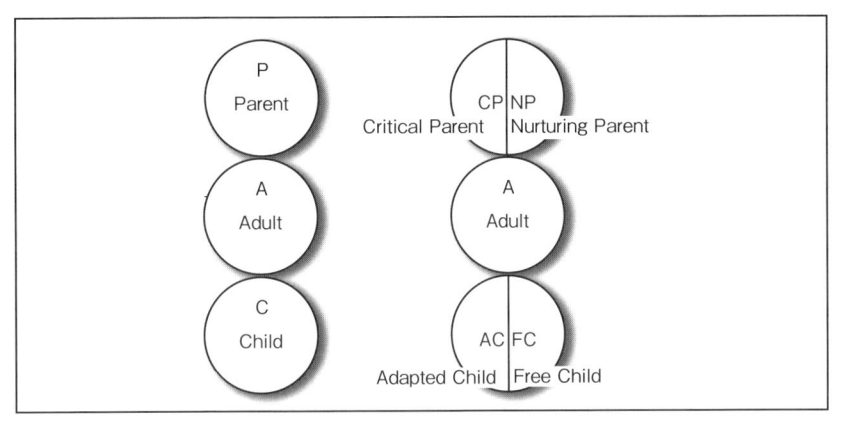

図2-9　エゴグラム・パターン（末松弘行他，『エゴグラム・パターン，1983，金子書房より）

バーンは自由な子どもの部分を重要視しているが，実際に個人の援助でも，ACが強く，従順で気持ちを抑えがちなほうに，FCの自由な子どもの部分が多くなるように，楽しく自由な経験やイメージを増やす援助していくことを行う。この理論は，実際のグループ場面での援助でも応用できる。援助相手の状況に応じてスタッフの役割を，親，大人，子どものバランスを考えて設定していく。たとえば，安心しにくく，気持ちを抑制しがちな相談者の場合は，NPの受容的で自分自身でいてよい雰囲気や，FCの自由で楽しい雰囲気をつくる。また，時には，安心していられるようにグループを守るために，CPの立場から枠や制限を設けることも行うのである。

COLUMN

■あなたの会話パターンを振り返ってみよう〜交流分析（ゲーム分析）〜■

こんな経験をしたことはないだろうか？

〈就職活動中のA子が友人B子に相談を持ちかけた〉

A子：「私，アパレル関係の仕事に就きたいと思っているの。B子はどう思う？」
B子：「そうね。ご両親に相談してみたら？」
A子：「うん。でもね，父も母も自分のことは自分で決めなさいっていうタイプだからね。」
B子：「まあ，そうだよね。でもA子がやりたいって思うなら，いいんじゃないかな？」
A子：「それはそうなんだけど。でも，先のこととか考えると不安なんだよね。ちょっと厳しいかなって。」

B子：「ほら，ゼミのC子さんってアパレル関係の仕事しているよね？ いろいろ聞いてみたら？」
A子：「でも，自分の会社や仕事のことを悪くは言わないないんじゃない？」
B子：「私は，A子がその仕事をやりたいのならやってみたら，と思うけど。」
A子：「でもさ，他にも私に合う進路があるような気がするんだよね。どう思う？」
B子：「いろいろ資料とか，情報集めた？」
A子：「うん。でも，あんまりどの仕事も変わらない気がする。こうなったら，公務員かな？ 安定性あるしね。」
B子：「……」

　この事例では，相談をもちかけるA子に対し，B子はどうにかしてあげたいという気持ちからいろいろ提案している。しかし，A子には聞き入れる様子がない。このように，なんとも後味が悪い会話を展開してしまうこと，または相手はいないだろうか？ これは，日常生活や家庭生活などさまざまな場面でくり返される人間関係のくせのひとつの例である。

　アメリカの精神科医エリック・バーンが体系化した集団心理療法「交流分析（TA＝Transactional Analysis）」の諸理論のひとつに「ゲーム分析（game analysis）」というものがある。ここでいう'ゲーム'とは，くり返しやってしまう2人以上の人間関係におけるやりとり，またはくせであり，最後に不快感が残るなどの特徴をもったものをいう。先の例であげたゲームは「はい。でも」（Why don't you? Yes, but.）とよばれるもので，治療関係によく見られるといわれている。ゲームの種類は多数ある。あなたが，決まった相手との会話のなかでいつも不快な感じをもっているなら，ゲームが展開されていないか振り返ってみたらどうだろうか？ 何か新たな気づきができるかもしれない。

（田中順子）

〈参考文献〉
・エリック・バーン著，南博訳（1967）『人生ゲーム入門』，河出書房新社．
・イアン・シュチュアート，ヴァン・ジョーンズ著，深沢道子監訳『TA TODAY ―最新・交流分析入門』，実務教育出版．
・杉田峰康，国谷誠朗，桂載作著（1987）『ゲーム分析』，チーム医療．

3. フランクル

　フランクルは，フロイトの快楽への意志，アドラーの力への意志に対して意味への意志を主張した。身体的，心理的，精神的なものの3つの構造を考え，人は生きる意味を探求する存在であるという精神的なものの面を重視した。

4. 現象学的理論

　ブレンターノとフッサールによる現象学の影響による理論である。ブレンターノの志向性の概念の影響が大きい。ブレンターノは，心理的現象は，そのなかに対象とよばれるものを志向しているという。幻聴(げんちょう)も他者を志向しているから成立するという。尊敬し，目標とする人や好きな人がいることで生き生きとしてくるように，1人のみで生きているのではなく，他者との関係性を重要視するのである。この他者は人のみにかぎらず，自然，動植物なども含まれる。

　ヤスパースの記述的現象学の方法は，病者の主観的体験そのままの記述を意味した。まわりからどう見るかではなくて，本人の感じを大切にしていこうということである。幻聴があっても，非難するのではなくて，そう聞こえてたいへんであるなどといった感じを受け止めていくのである。

　ビンスワンガーは，心理のみならず，身体現象についても志向性を考えた。ある少女の嘔吐(おうと)について，受け入れられず，吐かざるをえない身体言語が，母親に向けられていることを見いだした。言葉のみの理解ではなく，身体も含めた全体の理解が求められるのである。

5. 人間学的理論

　統一性をもった有機体として，全体的に，個人の内的世界を理解していく考え方をいう。個人の独自性を重視し，数量化を強調する自然科学的心理学を批判した。

　ロジャーズ，マズロー，ジェンドリンなどが，この考え方を支持した。ロジャーズは，ある困難な子どもをもった母親との面接から，はじめ子どもについての面接をしていたが，うまくいかず，「大人のカウンセリングはおやりになりませんの」といわれて，結婚生活や夫との関係の失敗について話が進むようになった体験から，問題，経験，今後の方向についてクライエントが知っていること，クライエント中心に進めていく重要性を述べた。

ロジャーズのパーソナリティ理論は，自己理論といわれる。個人は自分が中心で，主観的に体験した現象に反応する。その私的世界は本人しか知り得ないが，共感的理解で接近できる。また，個人が可能性の実現に向けて成長しようとする欲求があることを仮定とした。これは，本人の状態が一見，成長に向かっていると思えない場合にも当てはまるという見方で，非行少年に対しても，反抗的な人に接する場面でも参考になる。

　身体で感じている経験と自分自身についてもつ能力や特性，自己と環境の関係，自分の価値に対する意識についての認識である自己の概念を取り上げて，自己の概念と経験の重なりの不一致が，心理的不適応と関係していると考えた。他者との環境のなかで，自己の価値を評価されていくなかで，自己の概念も好意的にとらえられるようになっていくというのである。これは，自分のみでは自己肯定感を得ることはむずかしく，受容してくれる他者が必要であるということもできる。

　また，知的面より情緒的面を重視すること，過去より現在の直接の場面を重視し，面接，接触自体が治療の意味があることを主張した。

　ロジャーズのカウンセリングでは，経験と自己概念のあいだの違いが少なくなっていくようにかかわるのである。実証研究から，来談者のパーソナリティが変容するためのカウンセリングにおけるカウンセラーの治療的態度を3つあげている。

　クライエントになんの脅威も与えないことを可能にするために，来談者のどのような面も条件をつけずにありのままに受容し，尊重する「無条件の肯定的配慮」があげられる。クライエントの意見と，カウンセラーの意見が違う場合にも，自分の意見を表現はしても強要せず，そう考えるのですねと受け止める，寛容でいられる度量といってよい。

　次に，来談者の気持ちを，あたかも自分が感じているかのように感じる「共感的理解」がある。来談者と同じに感じるのは同一化で，共感的理解ではないとされる。気持ちを感じつつ，その気持ちとどうつき合うかについて，冷静に対処する部分をもつことが求められる。

　3つめは，治療状況でカウンセラーが，自由に自己の真実の姿を開放する純粋さ，自己一致である。面接場面で，うれしい，つらい，怖い，うんざり，

といった好悪などさまざまなカウンセラー自身の感じを，否認しないで感じることである。たとえば，カウンセラーが相談者に怒りを感じている場合，相談者も怒りを感じているといったことがあるのである。そういうとき，いま，怒りを感じておられますかといった質問が有効であることがある。

ジェンドリンは，からだの内部の感じに気づいてふれていく過程を体験過程といい重視し，その方法をフォーカシングと名づけた。例として，体が硬く苦しい場合に，その硬さや苦しさの感じやイメージを，実際に体験したり，それらの感じを表出するとスッキリするというやり方である。

ワーク1　会話とパーソナリティ～観察を体験してみよう～

〈準備するもの〉・ワークシート
〈手　順〉
①3人1グループになり，役割を決める。

> 「A＝話し手」：自己紹介，最近のできごとなど，会話の主導権をとる。
> 「B＝聞き手」：Aの話に沿い，会話を展開させる。
> 「C＝オブザーバー」：Aの観察を行い，ワークシートを作成する。
> 　　　　　　　　　　会話時間のタイムキーパーとなる。

②役割が決まり，それぞれの役割が担える場所についたら，Cの指示でAとBは会話を始める。Cは時間を計りながら，会話をするAを観察する。5分後，Cの指示で会話終了。
　※オブザーバーCの留意点
　・AとBの会話中は，メモを取る程度にし，ワークシートは作成しない。
③役割をローテーションさせ，②を行う。
④全員がそれぞれの役割を一度ずつ体験した後，ワークシートを作成する。
⑤作成後，ワークシートをもとにグループで話し合う。
　・ワークシート中のAに対し，それぞれフィードバック（ワークシートの記入内容について口頭でAに伝える）する。
　・CやBからのフィードバックに対し，Aもフィードバック（自分の日常生活を振り返り当てはまった部分，今まで気づかなかった自分の特徴などを伝える）する。
　・観察を体験して感じたこと，考えたことについて話し合う。
〈実施の応用〉
　・2人組での実施（聞き手がオブザーバーを兼ねる）。
　・観察する対象を聞き手にする。
　・ワークシート（次頁参照）を観察視点のチェックに使う。　　　　　（田中順子）

◆「会話とパーソナリティ」ワークシート◆

オブザーバー：(　　　　　　　　)
　話し手：(　　　　　　　) 聞き手：(　　　　　　　　)

Ⅰ．話し手（　　　　）さんについて
　(1) 言語的側面
　　　特徴的なパターンはありましたか？（話しはじめ，語尾，呼吸のタイミングなど）

　(2) 非言語的側面
　　　話しているあいだの態度はどうでしたか？

　　姿勢は？…

　　目線は？…

　　表情は？…

　　雰囲気は？…

Ⅱ．オブザーバーの感想
　(1) オブザーバーが感じた話し手（　　）さんの印象は？

　(2) それは，どのようなところから感じましたか？

ワーク2　やってみよう！　バウムテスト

〈準備するもの〉
- A4版程度の画用紙　2¦
- 鉛筆（針がやわらかいもの）
- 消しゴム

〈手　順〉
① 「実のなる木を1本描いてください。」
　制限時間はありません。自分が思うままに，自由に木を描いてみてください。
② 描き終わったら，4人程度のグループになる。
③ 1人ずつ，自分の描いた木について具体的に説明し，グループで話し合う。
- 木の絵に関する質問
- 木の絵の全体的な印象や感想
- 話し合いを通して気がついた自分，他者など

　バウムテストとは，コッホ（K.Koch,1949）によって発案された投影法のひとつである（107頁参照）。投影法は質問紙法にくらべ，被検者のテストに対する構えが起こりにくく，被検者の深層心理（無意識の世界）にふれることができるという長所がある反面，その解釈について検査者の力量に左右されるという難点がある。バウムテストの解釈に関しても同様であり，検査者によって相違が現れるのもやむを得ないといえるであろう。

　バウムテストの解釈法は一般的に，①「画面の中の位置」（108頁図3-12参照）：木自体が画面のどの位置に描かれているか，②「視点の位置」：どの視点から見られた木であるか，③「おかれている環境」：木のまわりにどのようなものが描かれているか，④「幹・枝の表現」：線や太さなどの特徴，⑤「葉・実の表現」：形や数などの特徴の観点から被検者の心理状態を探っていく。全体的な印象からはじまり，細かい部分へと視点を向けて，被検者の特徴的なパーソナリティを見いだすことになる。

　しかし，バウムテストを芸術療法の描画法のひとつとしてとらえるならば，必ずしも断定的な解釈を必要としない。自分の思うような木を描くという，いわゆる"自己表現"の過程で生じるカタルシス効果，自己の成長・発達というのは見逃せない特徴であり，仮定的な憶測から自己内省を深めるといった活用方法も考えられる。

　バウムテストは，実施目的，実施場面，対象などによってさまざまな活用方法が考えられる心理検査といえるであろう。

(田中順子)

ワーク3　ファッションとパーソナリティ

① まず，隣の人，近くにいる人とペアになってください。そして，相手の服装，装備品などをじっくりと観察してみてください。

　メガネをかけているか？　何色のメガネか？
　化粧はしているか？　何色の口紅？
　髪形は？　髪の毛の色は？
　服装は？　シャツ？　ブラウス？　カットソー？　ニット？
　スカートをはいている？　パンツか？
　など。細かいところまで全部チェックしてみてください。

② その後に，その人の絵を描いてみます。色も塗ってください。色鉛筆，フェルトペンなど，色を表す筆記具がない場合は，文字で示してください。

③ それが終わったら，相手の人とその絵を見ながら話します。
　「どうしてその色の服を着ているのか？」
　「なぜスカート（パンツ）をはいているのか？」
　「それはどこで買ったのか？」
　など，絵を見ながら気がついた点を細かくたずね，答えをその絵につけたしていきます。

④ 1枚の作品ができあがりましたね？　ここで，性格づけをしてみましょう。プラスになることだけ，あげてみてください。

（大島なつめ）

第 3 章

パーソナリティを理解する

第1節　パーソナリティ理解：総合的理解

1. パーソナリティ理解のための視点

　パーソナリティの理解のためには，個人のさまざまな内容や情報をもとにした総合的な理解が必要である。そしてそれらの理解は，いくつかの水準から行われる。ここでは，いつ（when），どこで（where），だれが（who），何を（what），なぜ（why），どのように（how）という「5Ｗ1Ｈ」の視点で整理してみる。

①いつ（when）

　面接時間内，日常生活，朝，昼，夜間や緊急対応時，季節による変化，過去・現在・未来の予想などがあげられる。

　朝，調子が悪く，昼から夕方になると調子がよくなってくる場合，夜間に1人でいると，孤独で耐えられなくなる場合，季節によって冬にはとくに調子がよくないといったことがある。

②どこで（where）

　通常は面接室，グループ面接場面，生活場面である。最近では電話，手紙，インターネット，訪問・外出先での理解が求められる場合が出てきている。個人的な面接場面では自然に話ができるが，グループ場面では3人以上の交流がむずかしい場合や，逆に個人場面では深刻な話になるが，グループ場面ではほかの人と自然に会話できるといった違いが生じることもある。

　自宅や自分の部屋ではおちついて話せるが，外出すると人の目が気になりつらい，また，インターネットなどのように直接向かい合わないほうが伝えにくい内容のコミュニケーションもしやすいということがある。

　場所によって安心できるところでは比較的自由に行動できるが，安心しに

くい場所では行動も不自由になるといった理解が求められる。
③だれが（who）
　だれが観察するかという点から，ジョハリの窓や人称別による理解がある。本人自身によるもの，家族などによるもの，治療者など第三者によるものがある。
④何を（what）
　その人の何を理解するかという点である。
　まず，WHOの健康の定義にそった生物・心理・社会の分類がある。
　また，アメリカの精神障害の診断基準DSM‐Vでは多元的診断を用いている。
⑤なぜ（why）
　どのような目的のために理解が必要なのかという視点である。
　一般的には，人の幸福の増進という目的のため，つまり，自己の見なおし，よりよい対応や治療のため，人間関係の改善などのために用いられる。
　臨床心理士倫理綱領の前文では「基本的人権を尊重し，専門家の知識と技能を人びとの福祉の増進のために用いるように努める」とある。また，目的のみならず，手続きも同綱領の内容を守って適正に行う必要がある。
　臨床心理士は，専門的業務の結果に責任をもつ。来談者の人権尊重を第一義とし，個人的，組織的，財政的，政治的目的では行わない。能力と技術の限界をわきまえて，知識と技術の研鑽を行う。来談者の秘密の保護を行う。心理査定の強制はしない。結果を悪用・誤用されないようにする。査定技法の用具や説明書をみだりに頒布しない。来談者が，最善の専門的援助を受けられるように努める。来談者の信頼感や依存心を不当に利用しない。来談者と私的関係をもたない。ほかの専門家との連携に配慮する。研究には，苦痛，不利益，不必要な負担をかけないように，本人の同意を得て行う。面接記録や事例の発表にも同意が必要である。などに留意して理解していくことが必要である。
⑥どのように（how）
　相手を理解する方法の視点で，これには観察，面接，心理テスト，事例などの記述的なものと統計による数量的なものがある。2節で詳しく取り上げ

る。

2. さまざまな理解の視点と方法

上記のいくつかについて、少し詳しく解説する。

[1] だれが理解するかについての視点と方法

①「ジョハリの窓」

ジョー・ルフトとハリー・イングラムは、自分と親しい友人からそれぞれ見て、知っている自分と知らない自分という4つの自分があるとして「ジョハリの窓」を示した。自分も友人も知っている「おもての自分」と、自分しか知らず、友人は知らない「うらの自分」の一部は、心理テストで理解できる。しかし、テストの質問に対して少し自分をよく見せようとすることがあり、実際の自分は明らかにならない。それ以外に、友人は知っていて自分は知らない「盲点の自分」、また自分も友人も知らない「未知の自分」があるというのである（38頁、図2-1参照）。

②人称的な側面からの理解

もう少しさまざまな人による理解を考えてみる。これを「人称的理解」という。

● 三人称的な理解：本人に対する第三者の見方によるものをいう。専門家やそれ以外の第三者から本人をどう見るかである。面接や集団場面における行動の観察などがある。

実際には専門家でも、教育、心理、福祉、医療、法律など、職種による見方が違うことがある。また同じ職種でも、それぞれの第三者が本人との関係性による見方の違いがある。ある相談などはAさんにする。Bさんとはスポーツをしたり外出したりなどはするが、深い話はしないといったことである。

● 二人称的な理解：家族など親しい人から本人をどう見るかということである。治療者、家族と本人の見方にずれがみられることがある。また、見方のずれが、葛藤を起こすことがあるので、調整を行うことがあるが、そのため

にも，まずそれぞれの人が，どう見ているかを知っておく必要がある。
　●一人称的な理解：本人が，自分について知っている情報のことをいう。面接や質問紙法性格テストなどの結果からわかる。

[2] 何を理解するかについての視点と方法

①生物・心理・社会・スピリチュアルな面の理解

　WHOによる健康の概念に沿って，生物，心理，社会，「スピリチュアル」のそれぞれからパーソナリティをどう理解していくかみてみよう。
　●生物的な面の理解：身体の状態とパーソナリティの関連が，心身症などの研究からも明らかにされている。たとえば，アトピー皮膚炎，呼吸困難が起こる気管支喘息や過換気症候群，粘膜が過敏で少しの刺激で下痢，便秘や腹痛を起こす過敏性腸症候群，胃潰瘍や十二指腸潰瘍などの消化性潰瘍，立ちくらみや朝の気分が悪い起立性調節障害，頭や肩の筋肉が緊張して起こる緊張性頭痛，などがストレスと関係があるといったものである。

　面接によってチェックしたり，CMIやGHQなどの心理テストでも，頭痛や睡眠など身体状態の項目があげられているもので理解する。また，設備のある病院でMRIなどの物理的検査を行い，脳波の異常などを理解していく。実際に，頭部外傷，脳腫瘍，血管障害，炎症などの身体の器質変化による心理面の問題を，たんに心理的な問題と勘違いすることがあるので注意を要する。また，ガンなどの病気や事故による身体の障害からくる気持ちのつらさなどについても，リエゾン精神医学・心理学ともいわれる理解と対応が求められている。

　●心理的な面の理解：意識面と無意識面の両面の理解がなされる。意識面の理解は，自分自身の気持ち，考えなどを言葉で理解する，面接で気持ちなどを言葉で明確にしていく，質問紙による心理テストなどによって測定するなどの方法がある。

　無意識面の理解は，個人的な無意識については，いい間違いや忘れ物などの行動観察，精神分析，催眠分析，夢分析などの面接や，ロールシャッハテスト，TAT，ソンディテストなどの投映法テストなどを通して行われる。

　人類や民族に共通する集合的な無意識については，昔話や伝説からも理解

を進めていく。ノイマンは，西欧の自我の確立過程を神話的イメージで把握している。自我は最初，天地創造神話にあるようにカオスの状態である。意識と無意識は分離されず，混沌（こんとん）としている。自我がはじめて芽を出すとき，世界はグレートマザーの姿で現れる。養い育てる母か自我を飲みこむ恐ろしい母の両面がある。

次に自我は，天と地，光と闇，昼と夜などの分離を体験する。意識が無意識から分離されるのである。次に自我が自立性を得て，人格化されることは神話では英雄によって表される。英雄が誕生し，グレートマザーが怪物として現れてくるが，その竜を退治し，宝物や女性を獲得するという内容で構成される。

●社会的な面の理解：生活環境，対人関係などから理解していく視点である。本人や家族，他の人の面接，家庭・学校・地域の社会資源などの情報を本人中心に図示していくエコマップ作成，学級やグループの状況を図示したソシオグラムによる対人関係の理解，WHO QOL-26（表3-1）などの心理テストから情報を得ることができる。

社会面とは，家系や家族構成，経済状況，学級・学校風土，医療・福祉の制度や現状，生活環境・地域の状況などと一般的に理解されている。さらに光度，温度，湿度，色彩，騒音，匂い，水質，天候，景観，地理的条件などの物理的な環境，サービスの状況や歴史・文化といった社会的な環境も重要である。近年，航空機やスペースシャトル内での心理，ダイビングなどでの潜水中の心理，地球温暖化に関連する心理，サービス商品にともなった消費

表3-1 WHO - QOL 26

4 領 域	24 下 位 項 目
1. 身体的領域	日常生活動作，医薬品と医療への依存，活力と疲労，移動能力，痛みと不快，睡眠と休養，仕事の能力
2. 心理的領域	ボディ・イメージ，否定的感情，肯定的感情，自己評価，精神性・宗教・信念，思考・学習・記憶・集中力
3. 社会的関係	人間関係，社会的支え，性的活動
4. 環 境	金銭関係，自由・安全と治安，健康と社会ケア：利用のしやすさと質，居住環境，新しい情報・技術の獲得の機会，余暇活動への参加と機会，生活圏の環境，交通手段

者の心理，学校や病院の環境と心理やパーソナリティの関係，事故や災害時・観光行動の心理やパーソナリティの研究も行われている。観光に関するものでは観光の目的が，温泉などでの休養型か，リゾートなどで楽しむレジャー型か，といった類型の研究などがあげられる。

　今後，化学，物理学，建築学，人間工学，福祉学，法律学，観光学，経営学などと協働した研究が求められる分野である。

　●**スピリチュアルな面の理解**：近年，注目されつつある生き方，精神的な面からの理解である。心理テストでは，生きがいについてのPILテストやWHOのQOLテストに取り上げられている。議論がデリケートで困難な面もあるため，実証的な研究が待たれる分野である。個を越えたつながりを志向するトランスパーソナル心理学などがある。

　フランクルによると，強制収容所などの死に直面した極限状況ではユーモアをもつ，だれかのために生きるといった精神的な支えがあり，人生の意味を見いだしているほうが現実を受容して生きぬいていけるといったことがあげられている。

第2節　パーソナリティ理解の方法Ⅰ：観察と面接

1. どのように理解していくか

　観察：面接室や生活場面での会話などの言語コミュニケーション，様子，行動，表情，しぐさ，視線，声などの非言語コミュニケーション，生活環境などを観察するなかで，パーソナリティを理解していくものである（図3-1）。観察法には自然観察法，実験観察法がある。

　自然観察法は，自然な場面において観察するもので，実験観察法は条件を

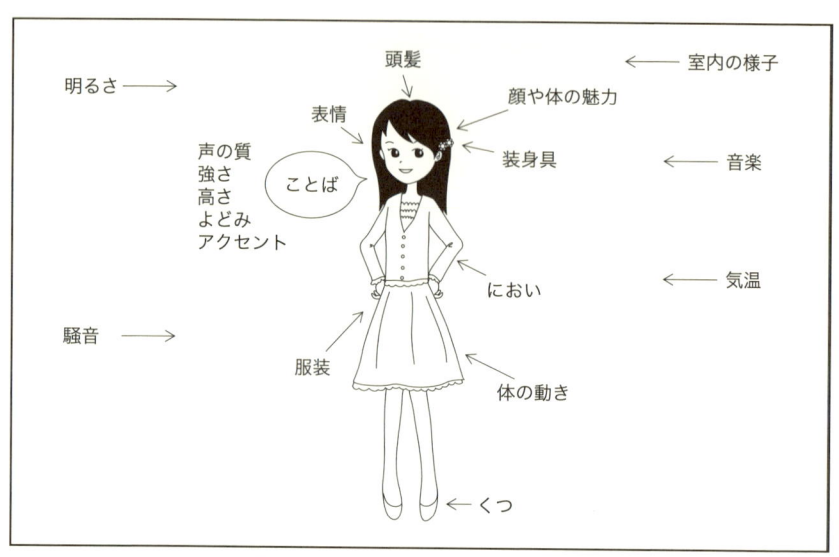

図 3-1 言語的情報と非言語的情報

明るさ →
頭髪
表情
顔や体の魅力
室内の様子 ←
声の質
強さ
高さ
よどみ
アクセント
ことば
装身具
音楽 ←
におい
気温 ←
騒音 →
服装
体の動き
くつ

表 3-2 (A)　自然観察法の種類・記録法・特徴　　　　　　　　　　　　　　　(高野, 1994 を一部修正)

種類		方法	観察室の利用	記録法	特徴
自然的観察法	日常的観察法	純粋に日常生活を観察する。	利用しない。	育児日記, 逸話記録	もっとも日常的な行動がとられる。主観的になり, 結果があいまいになりやすい。
	参加観察法	研究者が被観察者のメンバーとなりながら観察する。	利用することも, しないこともある。	事後記録（組織的観察法と同じ）	被観察者と親和的関係を構成することが大切。生きた人間の相互作用がとらえられる。観察記録が制限される。
	組織的観察法	目的を明確にし, 観察場面を選択し, 科学的記録法を用いて観察する。 　時間見本法 　場面見本法 　行動見本法	利用することも, しないこともある。	同時記録の場合と事後記録の場合がある。 　行動描写法 　逸話記録法 　行動目録法 　評定尺度法 　図示法 　ＶＴＲ, ICレコーダーによる行動記録法	表 (B) を参照

表 3-2 (B)　組織的観察法の長所と短所　　　　　　　　　　（高野, 1994を一部修正)

長　　所	短　　所
現実のありのままの行動を,そのときどきにとらえ,その継起のままに記録できる。	観察すべき行動が生じるまで待たなければならない。
推測から生じる情報のあいまいさを避けられる。	情報の解釈に,観察者の主観が入りやすく,現象の表面的な把握に終わる危険がある。
記録に頼る情報に入りがちな省略やゆがみがない。	観察と記録を同時に行うことができない場合が多いので,結果が不正確になるおそれがある。
生徒の背景によって情報が影響されることが少ない。	観察されていることに気づくと,日常行動の自然さが失われる。
質問紙や面接法では,正しくとらえることができないような場合にも利用できる。	生活史や家族関係のように,直接観察できない行動もある。
	多くの時間がかかり,結果の処理がやっかいである。

表 3-2 (C)　観察におけるおもな記録の種類　　　　　　　　（東ら, 1992を一部省略)

	内　容	長　所	短　所
逐語記録	生起するすべての行動を記録する。	流れをとらえやすい。全体像の把握可。	すべての記録は困難。客観性を欠くおそれ。
行動目標	あらかじめ観察項目を決め,その行動が現れたらチェックする。	なれれば観察容易。数量化しやすい。	カテゴリー設定がむずかしい。流れがとらえにくい。
評価尺度	あらかじめ定めた評定項目にしたがい,観察場面を評定する。	行動の程度や強度を表せる。	尺度構成がむずかしい。客観性を欠くおそれ。

設定して,その条件との関連で厳密に観察するものである。自然観察法のなかには日常的観察法,参加観察法,組織的観察法がある。参加観察法は,文化人類学や社会学では以前から用いられていた。野外活動や臨床事例については,信頼関係が重要であり,現場に身を置いて内部から観察したり,共通体験したりしながら,理解していくものである（表 3-2-A, B, C)。

2. さまざまな非言語表現の理論

非言語表現については,いろいろな心理学の理論がある。
①符号化
　感情や気持ちを,非言語コミュニケーションによって表現することである。私たちはある程度,相手の表情から感情を読み取って対応している。これ

を符号解読という。私たちは表情からも楽しそうか，疲れているかなどを判断しているのである。これがうまくできないと，他者とどう関係をもてばよいのかがわからなくなる。

②**表情**

感情は，身体的に表出されて他者に伝わる。その身体的変化を表情という。これには，顔の表情のみでなく，身振り，手振りが含まれる。エクマンの研究では，幸福，驚き，怒り，嫌悪，悲しみ，恐れ，軽蔑を表す表情は文字文化をもつ人ともたない人の両方に解読されることを示した（表3-3, 3-4）。

表3-3　表情判断の比較文化調査

表情から判断された感情の一致率が百分率で示されている。　　　（Ekmanをもとに作成）

		アメリカ	ブラジル	チリ	アルゼンチン	日本
幸福		97%	95%	95%	98%	100%
嫌悪		92	97	92	92	90
驚き		95	87	93	95	100
悲しみ		84	59	88	78	62
怒り		67	90	94	90	90
おそれ		85	67	68	54	66

表3-4　基本的感情表出の特徴　　　　　　　　　　　　　　（Ekman & Friesen,1975 より中島義明）

感情	表出の特徴
幸福	口角は後ろに引かれ，上がる。口は開くかもしれない。鼻から口角へのしわができる。頬が上がる。下瞼の下にしわができる，上がるかもしれないが緊張はしていない。カラスの足跡のしわが目尻にできる。
嫌悪	上唇は上がり，下唇は上がって上唇を押し上げるか，または下がってわずかに突き出る。鼻にしわができる。下瞼の下にしわができ，瞼は押し上げられるが，緊張はしていない。眉は下がり上瞼を下げる。
驚き	眉は上がり，そのため曲がって高くなる。眉の下の皮膚は引っ張られる。額に水平なしわができる。瞼が開く（上瞼は引き上げられ，下瞼は下げられる。強膜は虹彩の上に，またしばしば下にも見える）。顎は落ちて開き，そのため唇と歯は離れるが，口に緊張はない。
悲しみ	眉の内側が上がる。眉の下の皮膚が三角状になり，内側は上がる。上瞼の内側は上がる。口角は下がるか，または唇が震える。
怒り	眉は下がり，引き寄せられる。眉の間に垂直なしわができる。下瞼は緊張し，上がる。上瞼は緊張し，眉の動きのために下がる。目は固く凝視し，ふくらんで見える。唇は上下が強く押しつけられ，口角はまっすぐか，下がる。または，開いて叫んでいるように緊張して四角状になる。鼻孔は広がる。
おそれ	眉は上がり，引き寄せられる。額のしわは中央だけで額全体にはわたらない。上瞼は上がり，強膜（白目）をさらし，下瞼は緊張して引き上げられる。口は開き，唇は軽く緊張し，後方へ引かれるか，引きつって後方へ引かれる。

③パラランゲージ

　会話がとぎれる，笑い，あくび，うなずきなど，言葉にともなって表出される情報をパラランゲージという。言葉の内容は同じでも，声の調子が違うと気持ちや人がらも伝わるものである。

　例をあげると，イライラしていて声を荒げて話す場合には，聞くほうも気分が悪くイライラを感じるし，余裕があって優しい気持ちで話す場合には，聞くほうも穏やかな気持ちになるであろう。カウンセラーが相談者に会うときには，自分の気持ちをおちつかせて，ゆったりした気分で臨むことが大切である。会話でも，一方がイライラしていると，もう片方がおちついて対応しないと，双方ともイライラしてくることになる。

④キネシックス

　動作学のことである。身体の動きはコミュニケーションの機能をもつ。文化によって同じ動作でも，違う意味をもつ場合がある。異文化交流では，注意が必要な視点である。

　聞き方の練習で，話しの内容で違うと思われるが，真剣な話しをきちんと

聞いてくれていると感じる場合は，どんな条件があげられるだろうか。その条件には，言葉以外の姿勢の要素も大きい。まず，聞き手の気持ちが相手に向いていることが大切である。そうでなければ，相手の話しの内容について聞き手は十分に反応していくことはできない。その気持ちが姿勢へ現れるのであるが，基本は疲れない姿勢で，相手に対するまじめな関心が表れるということであろう。

一般には，ときどきうなずき，少し前傾姿勢で，体を相手のほうに向けて，腕は組まずに，手は膝に乗せて，足を組まず，視線も相手の目や顔から首のあたりに向けている，といった姿勢があげられる。

⑤プロクセミックス

空間近接学のことである。対人距離には，密接距離，個人距離，社会距離，公衆距離があるといわれており，座り方やグループ内でどのような位置にいるかで，ある程度の関係を推測することができる（図3-2，3-3）。

面接では，距離の取り方について，対人距離が近い人について，親密な関係を欲しているのではないか，しかし時に相手に不安感を与えてしまう場合があるなどと伝えていくことがある。

⑥ソシオグラム

だれが好ましいか，好ましくないかを人と関係を記号や線で，図式化したものである。これによって，小グループの様子や孤立しがちな人などの状況を知ることができ，どう対応するかの参考になる。学級で用いることがある

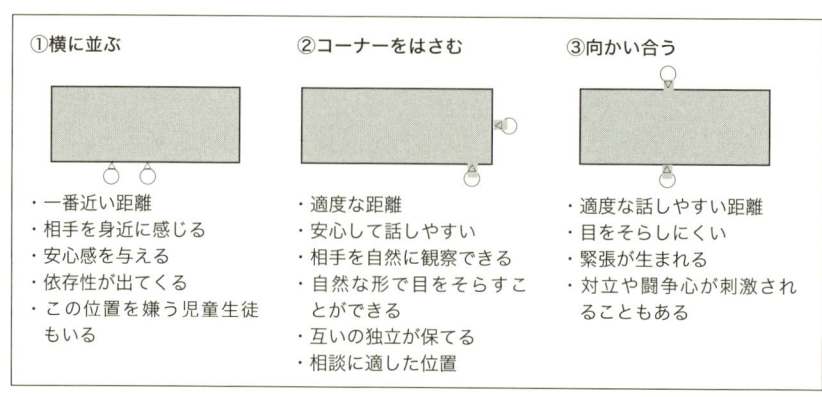

①横に並ぶ	②コーナーをはさむ	③向かい合う
・一番近い距離 ・相手を身近に感じる ・安心感を与える ・依存性が出てくる ・この位置を嫌う児童生徒もいる	・適度な距離 ・安心して話しやすい ・相手を自然に観察できる ・自然な形で目をそらすことができる ・互いの独立が保てる ・相談に適した位置	・適度な話しやすい距離 ・目をそらしにくい ・緊張が生まれる ・対立や闘争心が刺激されることもある

図3-2　座り方

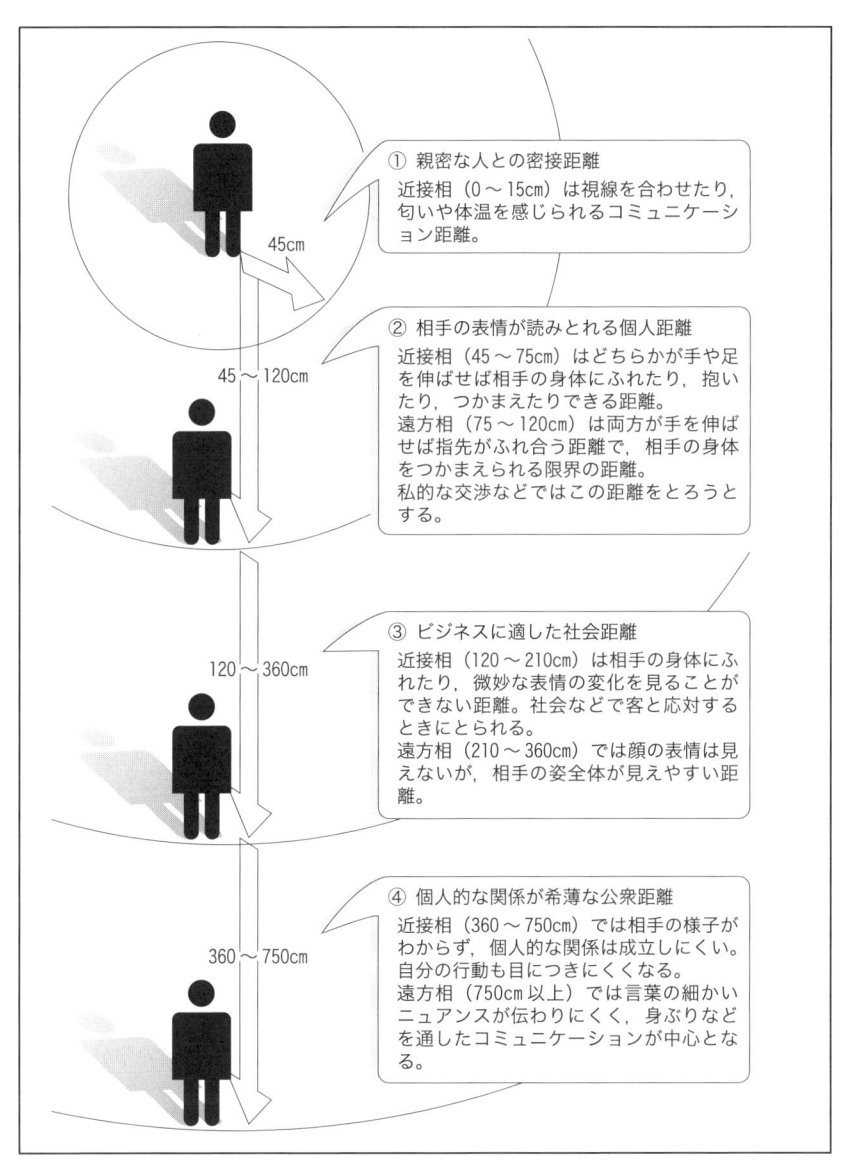

① 親密な人との密接距離
近接相（0〜15cm）は視線を合わせたり，匂いや体温を感じられるコミュニケーション距離。

45cm

② 相手の表情が読みとれる個人距離
近接相（45〜75cm）はどちらかが手や足を伸ばせば相手の身体にふれたり，抱いたり，つかまえたりできる距離。
遠方相（75〜120cm）は両方が手を伸ばせば指先がふれ合う距離で，相手の身体をつかまえられる限界の距離。
私的な交渉などではこの距離をとろうとする。

45〜120cm

③ ビジネスに適した社会距離
近接相（120〜210cm）は相手の身体にふれたり，微妙な表情の変化を見ることができない距離。社会などで客と応対するときにとられる。
遠方相（210〜360cm）では顔の表情は見えないが，相手の姿全体が見えやすい距離。

120〜360cm

④ 個人的な関係が希薄な公衆距離
近接相（360〜750cm）では相手の様子がわからず，個人的な関係は成立しにくい。自分の行動も目につきにくくなる。
遠方相（750cm以上）では言葉の細かいニュアンスが伝わりにくく，身ぶりなどを通したコミュニケーションが中心となる。

360〜750cm

図3-3　コミュニケーションに適した距離

が，プライバシーを守ることなど，実施と利用を慎重に行わないとかえって関係が混乱する場合がある。

3. 臨床場面での観察

①「面接室での観察」

どの席に座るか，家族面接の場合にどういった席順で座るか，また他者や周りへの関心，顔の表情，手足や体の動きの多少などを見る。繊細な感じ，しっかりした感じ，つらそうな感じなど，カウンセラー自身が相談者に対して感じる印象も大切である（表3-5）。

表 3-5　非言語的行動　　　　　　　　　　　　　　　　　　　　　　（春木，1987）

(1) 時間的行動	(1) 面接の予約時間（遅れて来る / 早く来すぎる） (2) 面接の打ち切り時間（打ち切りたがらない / 早く打ち切りたがる） (3) 肝心の話題に入るまでの時間 (4) 話の総量・グループ面接の場合は話の独占量 (5) 問いかけに対する反応時間（沈黙 / 無言）
(2) 空間的行動	(1) カウンセラーやほかのメンバーとの距離 (2) 座る位置 (3) カバンなど，物を置く位置
(3) 身体的行動	(1) 視線・アイコンタクト（凝視する / 視線をそらす） (2) 目の表情（目をみひらく / 涙ぐむ） (3) 皮膚（顔面蒼白 / 発汗 / 赤面 / 鳥肌） (4) 姿勢（頬づえをつく / 肩が上がったままこわばる / うつむく / 身をのり出す / 腕をくむ / 足をくむ / 半身をそらす） (5) 表情（無表情 / 顔をしかめる / ほほえむ / 笑う / 唇をかむ / 泣く） (6) 身ぶり（手まねで説明する / 握りこぶし / 肩をすくめる） (7) 自己接触行動（爪をかむ / 体を掻く / 髪をいじる / 鼻をさわる / 口をさわる / 指を組み合わせる） (8) 反復行動（貧乏ゆすり / 体をゆらす / 手による反復行動 / ボタン・服・ハンカチなどをもてあそぶ / 鼻をかむ） (9) 意図的動作（指さす /〈同意〉のうなずき /〈否定〉の頭ふり / メモとり） (10) 接触（注意をうながすために相手にさわる / 握手する）
(4) 外観	(1) 体型 (2) 服装（派手 / 地味 / 慎み深い / きちんとした着こなし / だらしない着こなし / アンバランスな着こなし） (3) 髪型（よく変わる / 変わらない / 手入れが行きとどいている / 手入れが行きとどいていない） (4) 化粧（有・無 / 濃い / 薄い / 若づくり / セクシー） (5) 履物 (6) 携行品
(5) 音声	(1) 語調（明瞭 / 不明瞭・口ごもる / 声をひそめる / よをよわしい / 抑揚がない / 子どもっぽい / どもる） (2) 音調（ハスキー / かん高い / 低い） (3) 話し方の速さ (4) 声の大きさ (5) 言葉づかい（正確 / 不正確 / かたい / やわらかい / ていねい / ぞんざい / 言葉づかいの一貫性）

②「グループ場面の観察」

グループ場面としては，病院・保健所のデイケア，居場所・たまり場，学級での様子などがあげられる。グループ内の状況をソシオグラム的に図式化することも行われる（図3-4）。コミュニケーションのあり方，まわりの状況をどの程度把握して対応するか，フラストレーション状況でどう対処するかなどもとらえることができる。時には，1対1での様子とグループでの様子がくい違うこともある。グループではさまざまな対人関係が求められるために，フラストレーションが高まり，孤立する場面ができたり，対処しにくい場合もある。そのため現場では，1対1でじっくり話しができる個人面接と並行して利用することが望ましい。

③「生活場面などでの観察」

生活場面や生活環境についての情報も重要な観察のポイントとなる。持ち物や服装から好みや趣味，問題状況を推測し，かかわりの参考にする。訪問した場合は，部屋は整頓されているか，清潔か，自室があるか，学級では机

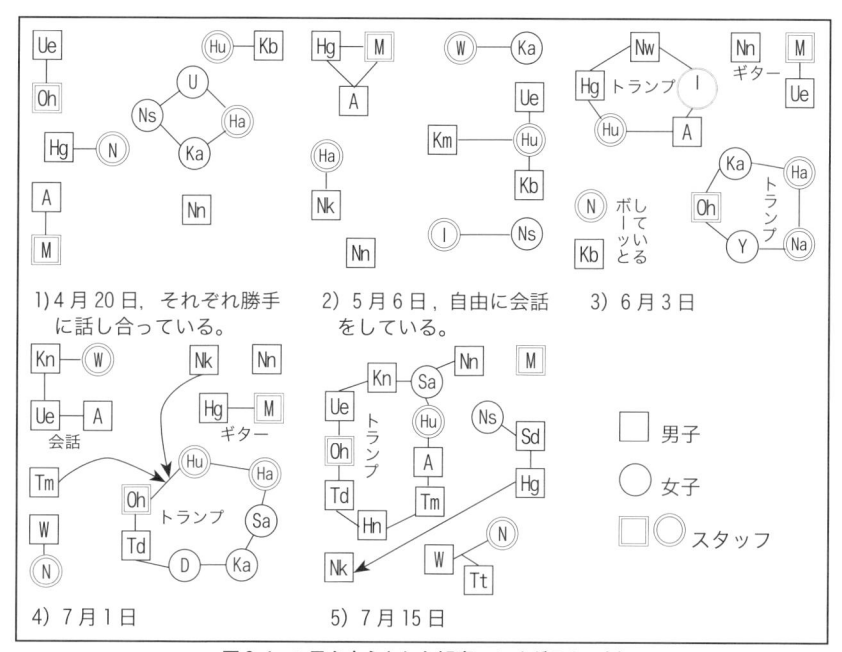

図 3-4　A君を中心とした観察ソシオグラムの例

（近藤卓，『登校拒否児の心理臨床』，乾吉拓他，『教育心理臨床』，1991，星和書店）

やロッカーの状況で落書き，キズや汚れがないかなどを視点にし，時には近隣の環境や地域環境の様子からの相談者への影響を類推することも考えられる。エコマップは，社会資源の状況を図にしたものであるが，援助計画を立てるのに参考とするものである。

④「特殊場面での観察」

夜間などの救急現場での観察，実験観察の場合や，家族療法では観察者からは見えるが，相談者からは見えないマジックミラーを通して観察することも行われる。本人の同意が必要であるが，ビデオで行動を録画しておくことも行われる。

4. 面　接

面接は，ただ会話を楽しむのではなく，目的に向かったまじめな会話である（ビンガム）といわれる。面接室や生活場面で行われる。一般に面接というと，自由に話しを聞いていく「非構造化面接法」のことをいうが，ある程度話の範囲を限定して聞いていく「半構造化面接法」，一定の基準にしたがって話しを聞いていく「構造化面接法」といったものもある。

非構造面接法には，時間と場所は決まっているが，それ以外は自由である「自由面接法」や時間や場所さえも自由な「生活場面面接法」がある（図3-5）。

面接の実際について述べよう。最初は，カウンセラーと相談者の信頼関係を築く。ロジャースの受容・共感，肯定的配慮，自己一致は有効である。信頼関係を築くことがそのまま治療になることがあり，信頼関係をどう維持するかが大きな課題になる場合もある。面接の枠組みを治療構造というが，医療機関，学校など相談者の状況と面接場面によって進め方が異なるので，状況を把握して有効な治療構造を構築していく必要がある。

医療機関では，面接の時間・場所・料金などの条件，カウンセラーにできること，カウンセラーの義務を伝える。インテークという初回面接で，相談者のおおまかな全体について，だれの意思で来たのか，問題・主訴は何か，カウンセラーに何を期待しているのか，相談者自身はどうしたいのか，いま

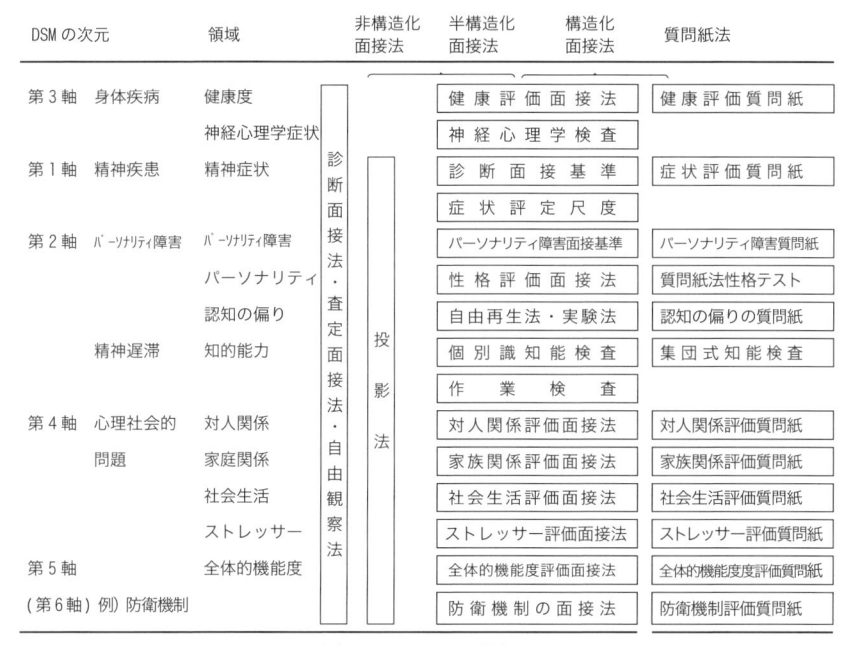

DSMの次元		領域	非構造化面接法	半構造化面接法	構造化面接法	質問紙法
第3軸	身体疾病	健康度	診断面接法・査定面接法・自由観察法	健康評価面接法		健康評価質問紙
		神経心理学症状		神経心理学検査		
第1軸	精神疾患	精神症状		診断面接基準		症状評価質問紙
				症状評定尺度		
第2軸	パーソナリティ障害	パーソナリティ障害		パーソナリティ障害面接基準		パーソナリティ障害質問紙
		パーソナリティ		性格評価面接法		質問紙法性格テスト
		認知の偏り		自由再生法・実験法	投影法	認知の偏りの質問紙
	精神遅滞	知的能力		個別知能検査		集団式知能検査
				作業検査		
第4軸	心理社会的問題	対人関係		対人関係評価面接法		対人関係評価質問紙
		家庭関係		家族関係評価面接法		家族関係評価質問紙
		社会生活		社会生活評価面接法		社会生活評価質問紙
		ストレッサー		ストレッサー評価面接法		ストレッサー評価質問紙
第5軸		全体の機能度		全体的機能度評価面接法		全体的機能度評価質問紙
(第6軸)	例)防衛機制			防衛機制の面接法		防衛機制評価質問紙

図3-5 臨床アセスメントの分類スキーマ

までの相談歴・治療歴，家族，性格傾向，時には同意を得て心理テストなどを行って情報を得る。それらをもとに，相談者の現状について心理査定（アセスメント）を行う。はじめてから1年以上経って，じつは～なんですといったことが語られることもあるので，アセスメントは慎重に行う必要がある。アセスメントにもとづいて，各種心理療法の技法のなかから方向をある程度決め，相談者に説明し同意してもらうか，選択してもらい対処する。その後も状況に応じてアセスメントと対処を行う。時にスーパーバイザーなどに検討してもらいながら進める。必要に応じてほかの職種や相談機関とも連携を取る。

　問題が相談者の納得行く形で解決するか，他の機関に移行するなどによって終了になる（図3-6）。

　学校でも信頼関係は大切であるが，相談者は心理テストや医療機関への紹介は抵抗感をもつことがあり，慎重な配慮がいる。また，児童・生徒には年齢的に言葉でのコミュニケーションが困難な場合もあり，遊び，運動，音楽，

絵やコラージュなどの非言語的なコミュニケーション方法を用いながら行う。

①半構造化面接

投影法などの心理テストも，ある範囲の内容について聞いていく半構造化面接といえる。切り貼りするコラージュは投影法でもあるが，治療にも役立ち，心理テストらしくないので抵抗なく行いやすい。

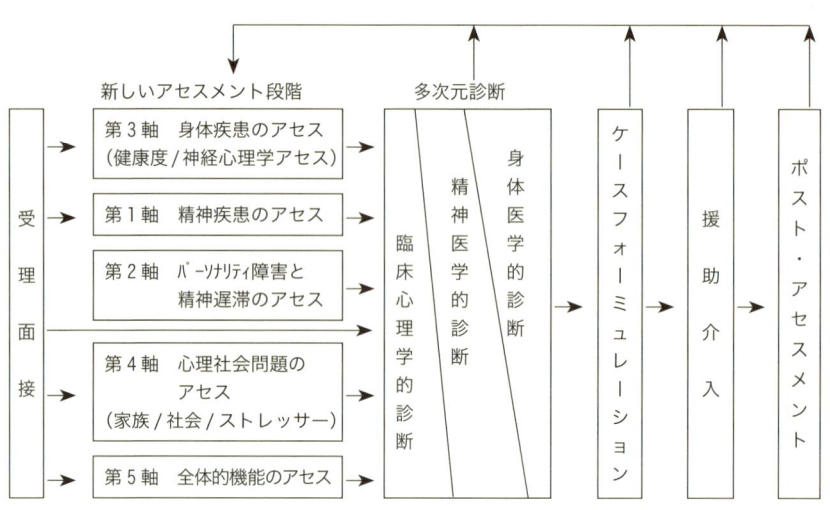

図 3-6　臨床心理アセスメントの実施手順と多次元診断のスキーマ

表 3-6　「陽性・陰性症状評価尺度（PANSS）」の症状項目

陽性尺度	総合精神病理評価尺度
P1. 妄想	G1. 心気症
P2. 概念の統合障害	G2. 不安
P3. 幻覚による行動	G3. 罪責感
P4. 興奮	G4. 緊張
P5. 誇大性	G5. 衒気症と不自然な姿勢
P6. 猜疑心	G6. 抑うつ
P7. 敵意	G7. 運動減退
	G8. 非協調性
陰性尺度	G9. 不自然な思考内容
N1. 情動の平板化	G10. 失見当識
N2. 感情的引きこもり	G11. 注意の障害
N3. 疎通性の障害	G12. 判断と知識の欠如
N4. 受動性/意識低下による社会的引きこもり	G13. 意志の障害
N5. 抽象的思考の困難	G14. 衝動性の調節障害
N6. 会話の自発性と流暢さの欠如	G15. 没入性
N7. 常同的思考	G16. 自主的な社会回避

表 3-7　Hamilton うつ病評価尺度　　　　　　　　　　　　　　　　　　　　　（北村，1988 を改変）

抑うつ気分（0-4）
　ゆううつ，厭世観，悲哀感を示す。泣く傾向
　(1) 悲哀感そのほかが認められる
　(2) 時に泣く
　(3) しばしば泣く
　(4) 極度のうつ状態
罪業（0-4）
　自責感。罪業観念。この病気は何かの罪である。罪業妄想。罪業幻覚
自殺（0-4）
　生きるだけの価値がないと思う。死んだほうがましだ。自殺念慮。自殺企図
入眠障害（0-2）
　入眠困難
熟眠障害（0-2）
　夜間おちつかず睡眠が途絶えがち
早朝幻覚（0-2）
　早朝幻覚しふたたび眠ることができない
仕事と興味（0-4）
　無能力感。無気力，優柔不断。興味に対して興味喪失。社会活動の減退。能率の減退。職場放棄（この病気のためなら4点をつける。治療，回復後も仕事をしないものは低い点をつける）
精神運動抑制（0-4）
　思考，会話，活動性の抑制。無感情。混迷
　(1) 面接時，軽度精神運動抑制
　(2) 面接時，明らかな精神運動抑制
　(3) 精神運動抑制が強く面接困難
　(4) 混迷状態
激越（0-4）
　不安をともなったおちつきのなさ
精神的不安（0-4）
　緊張，焦燥感，ささいなことに対する心配。懸念，恐怖
身体的不安（0-4）
　消化器系―放屁，消化障害
　循環器系―頻尿，頭痛
　呼吸器，生殖器，泌尿器系など各種
消化器症状（0-2）
　食欲減退。腹の重たい感じ，便秘
身体症状（0-2）
　四肢の倦怠感，頭痛，背中の重たい感じ，背痛，易疲労性，無力感
生殖器症状（0-2）
　性欲減退，月経異常
心気症（0-4）
　身体のことばかり考える。健康に気をとられる。くどくどいう態度。心気妄想
体重減少（0-2）
病識の欠如（0-2）
　(0) 病識あり
　(1) 病識の部分的欠如または疑わしい
　(2) 病識欠如
日内変動（0-2）
　症状が朝か晩かにより悪化する（どちらかを記入）
離人症（0-4）
　現実感喪失。虚無的な考え
パラノイド症状（0-4）
　疑惑的。関係念慮。被害妄想
脅迫症状（0-2）
　患者の苦にしている強迫観念，脅迫行為

表 3-8　Beck のうつ病自己評価尺度

```
A （ 0） 私は気分が沈んでいない
  （ 1） 気分が沈んでいる
  （2a） いつも気分が沈んで，悲しみからぬけ出せない
  （2b） ひどくつらくて不幸なので，たいへん苦痛である
  （ 3） ひどくつらくて不幸なので，もう耐えられない
B （ 0） 将来について特別悲観も失望もしていない
  （ 1） 将来に対して失望的である
  （2a） 将来に対する希望が何もない
  （2b） 悩みから解放されるときはこないと思う
  （ 3） 将来に対する希望はまったくなく，よくなることはないように思う
C （ 0） 自分のしてきたことに対して，失敗だったという感じはない
  （ 1） ふつうの人より失敗が多かったと思う
  （2a） いままで勝ちあることや意味あることはほとんどしてこなかったように思う
  （2b） 人生を振り返ってみると，失敗ばかりしてきたように思う
  （ 3） 私は人間として（親として，夫として，妻として）完全な落伍者だと思う
D （ 0） いまの生活にだいたい満足している
  （1a） ほとんどいつも退屈している感じだ
  （1b） 以前のようにものごとに楽しみがもてない
  （ 2） なにごとにも，もう満足感が得られない
  （ 3） すべてのことが不満である
E （ 0） とくに罪悪感はない
  （ 1） 私は自分が悪いとか，値打ちのない人間だと思いがちである
  （2a） ひどく罪悪感を感じる
  （2b） このごろいつも自分が悪いとか，値打ちのない人間だと思う
  （ 3） たいへんな悪人で，値打ちのない人間のように思う
F （ 0） バチがあたりそうだとは思わない
  （ 1） 何か自分に悪いことが起こるような気がする
  （ 2） 私は何かのバチにあたっているとか，あたりそうだと思う
  （3a） 私は罰せられるに値する人間だと思う
  （3b） 私を罰してほしい
G （ 0） 自分自身に失望はしていない
  （1a） 自分自身に失望している
  （1b） 自分が好きではない
  （ 2） 自分が嫌いだ
  （ 3） 自分を憎んでいる
H （ 0） 自分の弱点やあやまちはある程度許せる
  （ 1） 自分の弱点やあやまちは許せない
  （2a） うまくゆかないときは，いつも自分を責める
  （2b） 私はあやまちだらけの人間だと思う
I （ 0） 自分を傷つけようとする気持ちはない
  （ 1） 自分を傷つけたい気持ちはあるが，実行しないだろう
  （2a） むしろ死んだほうがましだと思う
  （2b） 自殺しようとする計画をもっている
  （2c） 私が死んだほうが家族にとってはむしろよいだろうと思う
  （ 3） できさえすれば私は自殺をしてしまいたい
```

②構造化面接

だれもが順にチェックしていくと，一定の診断が可能となる『精神疾患の分類と診断の手引き（DSM-Ⅴ）』，『国際疾病分類10版（ICD-10）』などの操作的診断基準が作成されている。それにそってすべての症状を確認していく質問をする構造化面接も作成されている（表3-6，3-7，3-8）。

第3節　パーソナリティ理解の方法Ⅱ：心理アセスメント，投影法1

1. 心理アセスメント

観察と面接以外の心理アセスメントには，さまざまな心理検査がある。

知能検査，発達検査のほかに，とくにパーソナリティについての検査を「性格検査」という。そのなかには，「投影法」と「質問紙法」がある。

おもな性格検査は，1950年代にできている。その後，行動特性アセスメント，精神症状アセスメント，認知特性アセスメント，パーソナリティ障害アセスメント，生活環境アセスメントなどが開発されてきている（表3-9）。

2. 性格検査の効用と限界

性格検査のみですべてを理解できるわけではない。観察や面接なども併用して理解が進むのである。施行の日時によっても検査結果は変化していくので，その結果に必要以上にとらわれないことも大切である。また，日をおいて検査を行い，変化を見ることもある。

性格検査は一般には手に入らない。理由は，専門職しか使用できない，検査の内容をみだりに公表しない，誤用悪用されないように配慮する，といっ

表3-9 種々の心理検査法の特徴　　　　　　　　　　　　　　（佐藤試案，1993）

心理検査法 \ 項目	実施不能の確率	実施所要時・分	整理・解釈要時・分	集団実施可否	情報の広い(W)深い(D)型	主柱的機能の有無	研究業績の量	初期習熟に要する年数	
ロールシャッハ法	3	1.30	3.00	×	WD	○	╫	5	投　影　法
TAT	4	1.30	3.00	×	WD	○	±	5	投　影　法
投影描画法	1	0.20	1.00	×	D	×	╫	2	描写法投影型
ベンダーT	1	0.20	0.30	×	D	×	±	1	描写法非投影型
SCT	3	1.00	1.30	○	W	○	＋	2	完成法投影型
言語連想法	2	0.30	1.30	○	WD	×	∓	2	自由連想法
MMPI（TPI）	4	1.30	0.30	○	W	○	±	2	臨床的整合型
矢田部ギルフォード	2	1.30	0.30	○	W	○	±	2	論理的整合型
EPPS	3	1.00	0.30	○	W	×	∓	1	二者比較型
WAIS・WISC	2	1.30	0.30	×	D	○	╫	2	知　能　検　査

た検査の使用について倫理基準があるからである。そのため，一般の人には縁遠いので，心理検査の考え方や見方が広まらず，性格の理解についての誤解が修正されないといった面がある。

　また，1960年代につくられた既成の検査を行うのみでなく，より現代に適合する内容に改定，開発を行っていくことが望ましい。MMPI，WISCなどは，現在修正されて用いられている。

　心理学は科学的なもので価値中立的であるが，検査の評価項目によってはマイナスイメージが含まれている用語を使用していることがある。検査を使用する者は，中立の態度でクライエントに接するのであるが，評価尺度の用語に嫌な感じを与える言葉が入っていれば，不信感を生むことがある。最近の人権擁護，ノーマライゼーションの流れのなかで，用語の見なおしも行われつつある。たとえば，「精神分裂症」という言葉は，現在，「総合失調症」と言い換えられて使用されているため，用語表現の見なおしを行ってよいと思われる。

3. 投影法 (projective method)

投射，投影，投映法などとも訳される。プロジェクターでスライドをスクリーンに映して見るように，心の内が外に現れることを意味している。刺激に対する反応が，ある程度自由な検査である。ロールシャッハ，TAT などの検査がある。

[1] ロールシャッハテスト

1921 年にヘルマン・ロールシャッハによって考案された，図版を用いる投影法心理テストである（図3-7）。実施方法・解釈法には，いくつかのスコアリング法がある。日本では片口法，阪大法，名大法，慶大法，包括システム（エクスナー），海外ではクロッパー法，ベック法，ピオトロスキー法，ラパポート－シェーファー法などがある。

研鑽をして使用できるようになるには数年を要するとされ，スコアリングがむずかしく，時間もかかるため，近年，コンピュータによる分析が可能なエクスナー法が注目されている。使用法は困難であるが，意識されにくい無意識面の理解ができるため，現在も重要なテストである。

〈実施方法〉
○**対象**　言語表現できる人なら実施可能である。
○**座席の位置**　向かい合う対面式（片口，ラパポート－シェーファー法）と同一方向を向く並列式（クロッパー，ベック法，包括システム），直角に座る直角式がある。これは，検査する人からの非言語的な影響を与えないことが求められるからである。
○**用具**　無彩色図版 5 枚，有彩色図版 5 枚の 10 枚で構成される。提示順に番号がついている。反応記録用紙，筆記用具も必要である。
○**教示**　「あなたに 10 枚の図版を見せます。何に見えてもかまいません。あなたに何に見えるか何のように思われるか言ってください。1 枚ずつ渡しますから，なるべく両手でもって自由に見てください。」
○**実施方法**　反応を聞く自由反応段階では，言語反応を逐語で記録し，反応

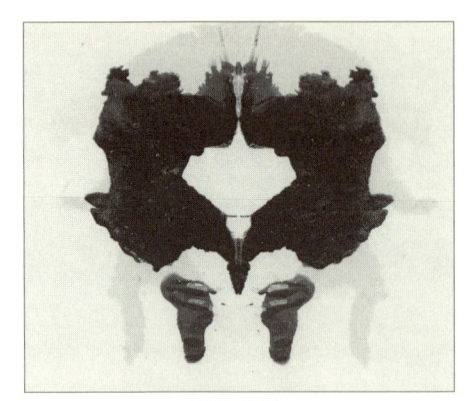

時間をストップウォッチで計測する。ただし，包括システムでは，反応自体が問題で，反応までの過程は推測しないので時間測定はしない。質問には制約はなく自由に任されていると伝える。

また，反応について質問し明確にするための質問段階でも言語反応を記録する。

○**解釈** 次の3つの要素に分けてスコアする。

①何を見たか（反応内容）：包括システムでは，指定された反応以外は個性記述的反応内容（Id）とされる。

②どこに見たか（反応領域）：全体を見たか（全体反応），一部を見た反応か（普通部分反応と特殊部分反応），空白部分を使ったか（空白反応）。

③どのような刺激からそのように見たか（決定因）：形の特徴のみからの反応（形態反応），色が関係している反応（色彩反応），黒・白・灰色が関係している反応（無彩色反応），動きのある反応（運動反応），遠近の立体感や材質感など陰影による反応（陰影反応）の5種類の分類がある。

模擬図版①

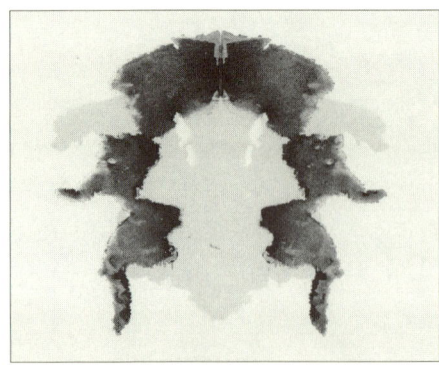

模擬図版②

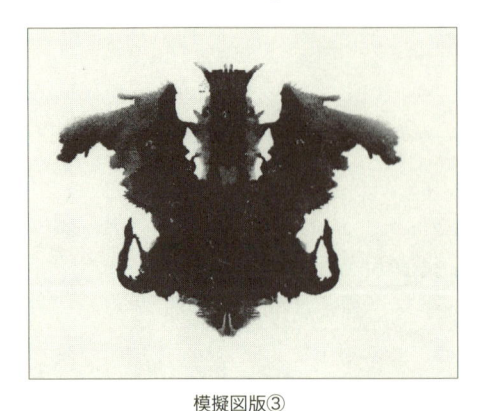

模擬図版③

図 3-7 ロールシャッハテストに用いる図版

○評価　図版とどの程度適合しているか，概念がどの程度分化しているか，どの程度統合されているかといった総合的な評価と，適切な内容の出現頻度についてのリスト表による評価を，形の質（形態水準）について行う。また，よく見られる反応かどうか（平凡反応）からも評価する。ロールシャッハは3人に1人を基準とし，片口法では6人に1人が基準である。

　　個々の反応の内容，図版ごとの分析など質的解釈については，経験者の指導を受けるほうがよい。反応数の多さ，反応時間の長さ，決定因間の比，スコアリング・カテゴリーの出現頻度などをもとにした量的解釈を行う。解釈仮説は検査手引きを参照する。

[2] 絵画統覚検査：TAT（thematic apperception test）

　1935年にモーガン，マレーによって「空想研究の一方法」として発表された。その後，1943年のTAT図版と手引き書が発行された。

　一連の絵画を見せ，自由な空想も入れた物語をつくってもらう。その物語には，抑圧された欲求，葛藤，コンプレックス，対人関係が投影されるという仮説にもとづいて分析，解釈するものである。

〈実施方法〉

○用具　TAT図版（29枚の絵，1枚の白図版），検査手引き，記録用紙，筆記用具，ストップウォッチを用意する。

　　マレーの原法では各10枚を少なくとも1日おいて2回にわたって実施する。しかし，数枚から10枚くらいの図版を使い，1回1時間ほどで終了するのがふつうである。

　　図版には，男子女子成人児童共通図版，男子成人少年用，女子成人少女用，成人男女用，少年少女用の区別がある（図3-8）。

○教示1　文学上のまたは創造性の能力を検査するものであると伝わるように注意がされている。1回目の教示「何枚かの絵を見せるので，できるだけ想像力をはたらかせて劇的な話をつくってもらいたいのです。絵のなかのできごとがどのようにして起こったか，いま何が起こっているのか，絵のなかの人は，何を感じ，考えているのか，このあとどのようになるのかを想像して，1枚について5分程度の話をつくってください。」年齢，知能，

TAT模擬例①

TAT模擬例②

TAT模擬例③  TAT模擬例④

図3-8　TATに用いる図版

表 3-10 欲求のリスト

A 対人関係 (interpersonal)
  親和 (affiliation)
    家族的親和 (family)
    友好的親和 (associative)
    異性的親和 (sexual)
  性 (sex)
  養育 (nurturance)
  援助 (succourance)
  顕示 (exhibition)
  承認 (recognition)
  支配 (dominance)
  拒否 (rejection)
  攻撃 (aggression)
    感情的 (emotional)
    社会的 (social)
    反社会的 (asocial)
  敬服 (deference)
  模倣 (similance)
  伝達 (exposition)
B 社会関係 (social)
  達成 (achievement)
  優越 (superiority)
  獲得 (acquisition)
  保存 (conservation)
  保持 (retention)
  秩序 (orderlines)
  組織 (organization)
  構成 (construction)
  理知 (understanding)
  認知 (cognizauce)
  遊戯 (play)
  変化 (change)
  興奮 (excitance)
  飲食 (nutriance)
  官能 (sentience)
  無活動 (passivity)
  自罰 (intragression)
C 圧力排除
  自立 (autonomy)
    自由 (freedom)
    抵抗 (resistance)
    反社会 (asocial)
  対抗 (counteraction)
D 防衛逃避
  防衛 (defensiveness)
  不可侵性 (inviolacy)
  劣勢回避 (avoidance of inferiority)
  非難回避 (avoidance of blame)
  危害回避 (harmavoidance)
  屈従 (abasement)
  隠遁 (seclusion)

表 3-11 圧力のリスト

A 社会対人関係
  親和 (affiliation)
  養育 (nurturance)
  性 (sex)
  援助 (succourance)
  敬服 (deference)
  褒賞 (gratuity)
  支配 (dominance)
  拒否 (rejection)
  攻撃 (aggression)
  競争者 (rival)
  獲得 (acquisition)
  保持 (retention)
  伝達 (exposition)
  模範 (example)
    プラスの影響（＋）
    マイナスの影響（－）
  認知 (cognizance)
  承認 (recognition)
B 環境
  災害 (disaster)
  運命 (luck)
  不幸 (affliction)
  欠乏 (lack)
  支持喪失 (insupport)
  強制課題 (imposed task)
  単調 (monotony)
C 内的
  挫折 (frustration)
  罪 (guilt)
  身体不全 (physical indequacy)
  心的不全 (mental indeqacy)
  身体危険 (physical danger)
  疾患 (illness)
  死 (death)

表 3-12 水準のリスト

現実行動 (behavior)
意図 (intent)
知覚 (perception)
感情気分 (feeling, mood)
身体感覚 (physical sensation)
期待 (expect)
思考 (thought)
特別状態 (special state)
  酩酊状態（アルコール，麻薬など）
  狂気（幻覚，妄想など）
白日夢 (day dream)
夢 (fream)

表3-13 解決様式リスト

肯定的	否定的
能動的	受動的
確定的	不確定的
現実的	空想的

表3-14 結末のリスト

幸福	不幸
成功	失敗
不定	非現実的

性格,おかれた状況によって,教示の内容を適当に変えてよいとされている。

○**教示2** 2回目の教示は「やり方は前と同じですが,今度はできるだけ想像力を自由にはたらかせてやってください。ふつうの現実を離れて神話や幻想的なお話やたとえ話のようなものができるか試みてみましょう。」

○**白紙図版の教示** 「この白紙図版で何を見るかやってみましょう。ここに何か絵を想像して,くわしくお話してください。」

○**分析**
- マレーの欲求－圧力分析法:欲求とは,人が環境にはたらきかける行動を引き起こす内部からの力のことである。圧力とは,人にはたらきかける環境から生じる力のことである。物語の主人公の欲求・圧力が,検査を受ける人の欲求と圧力を投影していると仮定して分析解釈する(表3-10, 3-11)。
- 水準分析:欲求と圧力がどういう水準ではたらいているかを分析する(表3-12)。
- 内的状態:物語のなかで明確に述べている感情や気分,身体感覚をリストアップする。
- 解決行動様式:欲求と圧力をどのように解決するかをリストアップし,分析する(表3-13)。
- 結末:物語の終わり方のリストアップをする(表3-14)。
- 生活領域:物語が家族,異性,社会(仕事,職業,学校),反社会(犯罪,非行)のどの領域に属している内容かを見る。
- 形式分析:テストに対する態度や絵を見て物語を作成しているときの態度,物語の形式的・構造的特徴,言語特徴,絵画刺激の物語への利用なども分析していく。

○**解釈** 本人の行動と生活にとって,どういう意味があるかを決定する。そのとき大切なのは,他の検査や分析・情報などを参照して解釈することである。

第4節 パーソナリティ理解の方法Ⅲ：投影法Ⅱ
（SCT，PFスタディ，バウムテスト，箱庭，心理劇，星と波のテスト，ゾンディテスト）

1. 心理劇

　1911年にJ. L. モレノが創案した，即興劇的な手法を用いた心理診断・集団精神療法である。即興劇のなかで役割を演じながら，気づき，カタルシスを得る。

　参加者は，主治療者である監督，補助自我といわれる治療スタッフ，主役などを演じる人，観客である。主役への参加は自由で，強制されない。1セッションはウォーミングアップ（リラックスさせて次のドラマの導入をする），ドラマ（演じる人に沿いながら劇場面をつくっていき，直面化や統合を図る），シェアリング（思いを分かち合うための話し合い）で構成される。

　ウォーミングアップの例は，みんなで輪になってボールが実際にあると仮定して，相手の名前をよんで，その人にボールを投げるゼスチャーをしながらやりとりする。ドラマの例は，軽い内容としては，イメージのなかでどらえもんの「どこでもドア」で好きなところに行く。その場所をイメージしてもらい，みんなでその場所の情景を人と椅子などで作成する。また，少し踏みこんだ内容としては，人生を振り返って重要な時点について，その情景を劇にする。家族，学校や職場でのつらい体験であったり，うまく伝えられなかったり，うまく対処できなかった未完の行為についての内容であることがある。その登場人物間の会話を，自分と他者の役割を交換して行ったり，時に自分を支える補助自我の役割の人に助けられながら気持ちを表現したり，整理していくといったものなどがある。

　丸めた新聞紙で椅子をたたいたり，ボールをマットに投げつけたりして激しく怒りを表出したり，泣いたりする場合もある。シェアリングは，後で，

場面をいっしょにつくってどう感じたかを，共感的に参加者にも話してもらうのである。

2. 箱　庭

　1929年にローエンフェルトが創始した児童の心理療法の世界技法を基礎に，カルフがユング心理学理論を用いて発展させたものである。日本では，河合隼雄が1965年に紹介している。

　砂を6〜7分目入れた54cm×72cm×7cm，外は黒，内は青色の箱にミニチュアを使って作品をつくらせる心理療法である。

　言葉を使用しにくい子どもなどの来談者が自由に表現でき，また無意識の面の理解ができる利点がある。

　解釈は，治療が終結したときに振り返って行われる。治療者は，作品の解釈を避ける。自己治癒の過程をともに歩む態度が大切である。しかし，作品を理解しようとしつつ進めることは大切である。どんなものを選んで，どこに置いたのか。その意味や象徴は何かをみていく。最初，混乱した状態から，しだいに自我の芽生えがみられ，それが統合されていくのが見られる場合がある。

3. ソンディテスト

　レオポルド・ソンディにより，1939年以降研究されてきた投影法検査である。実際には，ソンディ独自の深層心理学である運命分析学の資料を得るために考案されたもので，「実験衝動診断法」という。テストをする人の能力に左右されにくいため，精神鑑定や少年の鑑別にも利用される。運命には，自己の力ではどうしようもない強制運命と個人の力でコントロールできる自由選択運命があるという。

　運命分析学は，強制運命に悩む人を自由な選択運命の機能を回復させ，統合していくものである。

○テスト用具　　h：同性愛，s：加虐愛，e：てんかん，hy：ヒステリー，k：

表 3-15　衝動体系と衝動心理学的意義

4つの衝動圏	8種の衝動因子と疾病	衝動傾向とその衝動心理学的意義
I　性衝動：S (Sexualtrieb) 性的疾病の遺伝圏	1 同性愛：h 母性的欲求（エロス） 2 加虐愛：s 父性的欲求（タナトス）	h＋：個人的情愛、情緒的、小児的、柔らかい傾向 h－：集合的愛情、博愛、人間愛、文化的欲求 s＋：能動性、攻撃性、硬い傾向 s－：受動性、犠牲的、怠惰、文明的欲求
II　発作衝動：P (Paroxysmaltrieb) 発作的疾病の遺伝圏	3 てんかん：e 倫理的欲求 4 ヒステリー：hy 道徳的欲求	e＋：善、良心的、慈悲、アベルへの傾向 e－：悪、憎悪、激情、カインへの傾向 hy＋：自己顕示への傾向、賞賛欲、露出的 hy－：事故隠蔽への傾向、臆病、空想的
III　自我衝動：Sch (Ichtrieb) 分裂型疾病の遺	5 緊張病：k 所有への欲求 6 妄想病：p 存在への欲求	k＋：内閉性、理知的、物質的、形式的 k－：適応性、抑制的、否定的、拒絶的、破壊的 p＋：外向性、情緒的、精神的、熱狂的 p－：過敏、他罰的、好訴的、猜疑的
IV　接触衝動：C (Kontakttrieb) 循環性疾患の遺伝圏	7 うつ状態：d 探求と執着の欲求 8 躁状態：m 依存と離別の欲求	d＋：物質的価値追求、好奇心、不誠実 d－：保守的、誠実、倹約、粘着的 m＋：依存的傾向、快楽的、情緒的 m－：孤立的傾向、放浪性、冷淡

統合失調，p：偏執病，d：うつ病，m：そう病の8種の衝動欲求に対応する衝動疾患者の顔写真カード8枚を1組として，6組48枚のカードがある。

　実際の病状と写真には間違いがあり，k（カタトニー：katatonie）は，緊張病患者ではなく破瓜型，緊張型，妄想型の統合失調症の患者の写真であった。pの偏執病は，妄想型の統合失調症患者ではなく，パラノイア（偏執病）やパラフレニー（類偏執病）の患者の写真であった。

○**実施方法**　1組8枚の写真を見せて，どの2枚がもっとも好きで，どの2枚がもっとも嫌いであるかを選択させる。これを6組行う。次に，残り4枚から比較的嫌いな2枚を選ばせる。これを24時間以上のあいだを置き6～10回行う。解釈は，8つの写真は，8つの衝動ファクターを表し，それらは4つの衝動ベクターに属する。それぞれの衝動を肯定する＋反応，衝動を否定する－反応，正反対の衝動がある葛藤状態を示す±反応，衝動の解放と弱体による0反応によって分類する（表3-15）。

4. P−Fスタディ

ソウル・ローゼンツァイクにより1945年に紹介された。正式名称は「欲

求不満への反応を査定するための絵画－連想研究」である。TATにくらべて自由度も少ないため，ローゼンツァイクは半投影法とよんでいる。日本版は1956年に標準化された児童用P-Fが最初に出版された。

　ローゼンツァイクは，フラストレーションを「有機体が主要な欲求の充足を求める過程で，多少とも克服しがたい妨害や障害に出合ったときに生ずるのが欲求不満である。このような障害を表している刺激状況をストレスといい，これに対応する有機体の苦痛は緊張の増大とみなされる」と定義している。また彼は，フラストレーションのタイプ分けを行っており，ストレスの原因が有機体自身にあるか外部にあるかで，内部的・外部的に分け，フラストレーションに対する反応も他人を責める他責，自分を責める自責，だれも責めない無責に分類している。

　投影法の一種であるが，あいまい性が限られており，反応の多様性もそれほど広くないために，ローゼンツァイクは「半投影法」と称している。表現される心理が投影される水準は，3つに分類されている。意見水準は，自分の場合について考えている水準である。実際水準は，社会では実際にどうするのがよいか考えている水準である。暗黙水準は，無意識の態度・感情から反応している水準である。

　年齢によって児童，青年，成人用があり，4歳から実施でき，話さなくてもよいので，緘黙や吃音の子どもにも可能である。

〈実施方法〉

○**用具**　児童用・青年用・成人用の3種類がある。24の漫画風の絵場面で，どの場面にも2人の人が描かれている。軽い欲求不満場面となっている。左側の人が，右側の人に欲求不満になるような言葉をいっている。人物の顔の表情は省略されているのは，表情の印象で特定の反応を導かないようにするためである。場面は，他者や非人為的な障害が原因でフラストレーションが起きている自我阻害場面と，フラストレーションの原因が自己にあり，相手から非難を受けている超自我阻害場面がある（図3-9）。

○**教示**　「この人はどんなふうに答えるでしょうか」「最初に思いついた答えを書いてください」である。「あなたはどう答えますか」といってはならないことに注意する。また，順序にしたがって実施することも指示する。

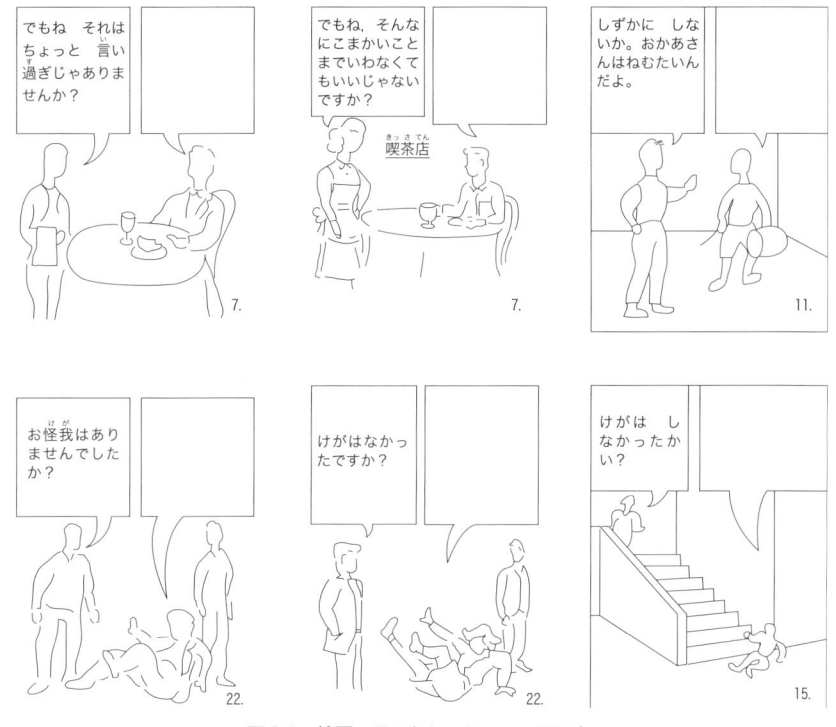

図 3-9　絵画フラストレーション・テスト
超自我阻害場面 (成人・青年：場面 7, 児童：場面 11) と
自我阻害場面 (成人・青年：場面 22, 児童：場面 15) の例 (林ら, 1987, 三京房)

これは，テストの前半と後半の反応を比較するためである。書きなおしには，鉛筆で線を引いて消すように教示する。これは，消された反応が重要な意味をもつためである。

○**解釈**　答えられた反応語を，アグレッションの型と方向の観点から分類して記号化する。ここでアグレッションとは「フラストレーションに対する反応」のことで，敵意的な攻撃よりも主張性と同じ意味である。はっきりと表現された言葉の意味でスコアする。動機などを考えてスコアしない。フラストレーションの型と方向で 3 タイプずつに分け，合計 9 タイプに分類する。フラストレーションの 3 つの型には，①障害優位型（O-D）フラストレーションが生じた障害にこだわる，②自己防御型（E-D）責任がど

表 3-16　フラストレーション反応の分類

(林ら, 1987 より)

アグレッションの方向 \ アグレッションの型		障害優位型（O-D）(Obstacle-Dominance)	自我防衛型（E-D）(Ego-Defense)(Etho-Defense)	要求固執型（N-P）(Need-Persistence)
他責的 (Extraggression)	E-A	E'（他責逡巡反応）(Extrapeditive)　欲求不満を起こさせた障害の指摘の強調にとどめる反応。「チェ！」「なんだつまらない！」といった欲求不満をきたしたとの失望や表明も、この反応語に含まれる。	E（他罰反応）(Extrapunitive)　とがめ，敵意などが環境のなかの人や物に直接向けられる反応。 E：これはE反応の変型であって，負わされた責めに対して，自分には責任がないと否認する反応。	e（他責固執反応）(Extrapersistive)　欲求不満の解決をはかるために，ほかの人がなんらかの行動をしてくれることを強く期待する反応。
自責的 (Intraggression)	I-A	I'（自責逡巡反応）(Intropeditive)　欲求不満を起こさせた障害の指摘は内にとどめる反応。　多くの場合，失望を外に表さず不満を抑えて表明しない。内にこもる形をとる。外から見ると欲求不満の存在の否定と思われるような反応である。したがって，失望や不満を抱いていることを外に表せないために，かえって障害の存在が自分にとっては有益なものであるといった形の反応語もこれであるし，ほかの人に欲求不満を引き起こさせ，そのためにたいへん驚き，当惑を示すような反応もこれに入る。	I（自罰反応）(Intropunitive)　とがめや非難が自分自身に向けられ，自責・自己非難の形をとる反応。 I：これはI反応の変型であって，いちおう自分の罰は認めるが，避け得なかった環境に言及して本質的には失敗を認めない反応。多くの場合，いいわけの形をとる。	i（自責固執反応）(Intropersistive)　欲求不満の解決をはかるために自分みずから努力をしたり，あるいは罪償感から賠償とか罪滅ぼしを申し出たりする反応。
無責的 (Imaggression)	M-A	M'（無責逡巡反応）(Impeditive)　欲求不満を引き起こさせた障害の指摘は最小限度にとどめられ，時にはほとんど障害の存在を否定するような反応が含まれる。	M（無罰反応）(Impunitive)　欲求不満を引き起こしたことに対する非難をまったく回避し，あるときにはその場面は不可避的なものと見なして欲求不満を起こさせた人物を許す反応。	m（無責固執反応）(Impersistive)　時の経過とか，ふつうに予期される事態や環境が欲求不満の解決をもたらすだろうといった期待が表現される反応。忍耐するとか，規則習慣にしたがうとかの形をとることが特徴的である。

こにあるかにこだわる，③要求固執型（N-P）欲求不満の解決にこだわる，がある。

　欲求不満の方向の3タイプは，①外責方向（E）自分以外の人，物，状況を責める，②内責方向（I）自分自身を責める，③無責方向（M）人を責めない，である（表3-16）。

5. バウムテスト

　1949年に，コッホにより作成された投影法心理テストである。バウムとは，ドイツ語で「木」を意味する。前提仮説として「描かれた木は自分自身の投影であり，画用紙のもつ空間は環境としての意味をもち，与えられた環境に自己をどう位置づけさせて自己を表すかが投影される」がある。紙と鉛筆で簡単にできる。3歳以上に適応可能である。

〈実施方法〉

○**用具**　画用紙の大きさはA4規格（210×297）である。鉛筆を使用する。
○**教示**　コッホによると，当初は「木を描きなさい」であったが，その後「一本の実のなる木を，できるだけ十分に描いてください（画用紙は全部使ってよろしい）」が用いられる。必要ならば，2回以上テストをくり返す。そのときの指示は「前に描いたのとは違った，実のなる木をもう一度描いてください」である。注意として「実のなる木が描けないときはどんな木でもよい。写生はしないように」と伝える。日本では「木を一本描いてください」と教示する場合もある。

　留意点として，時間は十分取り，幹・枝・葉・実をどの順序で書いたか，描き終わった後に，何の木か，この木についてどう思うかなどを質問する。

〈解釈方法〉

・樹木の形を分析する（形態分析）：これは，発達とともに形態が変化していく様子を見るものである。幹は1本線の幹から2本線の幹へと発達する。1本線の幹は，小学校以降にはほとんどみられない。幹の根元が直線で閉じられるケースも小学校以降は少ない。幹の上が直線で閉じられるケースは，小学校高学年以降ではほとんどみられない。枝は外界との関係を示す

が，一線の枝から2線の枝，枝の立体描写へ発達する，といったことである。
- 鉛筆の動きを観察する（動態分析）：性格によって鉛筆の動きが異なるため，そこから性格を読み取ることができる。筆の運びが不規則な場合は感情の優位を，規則的な場合は意志の優位を表す。力のつり合いが取れている場合には興奮性が低く，力のつり合いがとれていない場合は興奮性が高いことを示す。筆の運びが速い場合は，意志の活動性と感情が生き生きしている。ゆっくりの場合は，意志もゆっくりしていて感情は平静である。
- 樹木の紙面における配置（空間象徴）を読み取る：生活空間におけるみずからの位置づけ，対人関係の場でのあり方を推測できる。空間象徴の研究でグリュンワルトは，置きテストを行った。これは，空間象徴の実証テストである。小さい円盤と紙面を渡して，円盤は自分自身，紙面は自分の生活空間であると説明する。自分の円盤を，いま生活していると思う場所に置くように指示する。次に，どこからどこへ進むかの方向をつけさせる。それから自分の空間感情を語ってもらう。

多くの人が左下が原初，起源で自分は小さく幼かったと答えたという。グリュンワルトは，それらの研究から空間図式を作成した。バウムテストでも空間図式を解釈の補助に使用する（図3-10）。

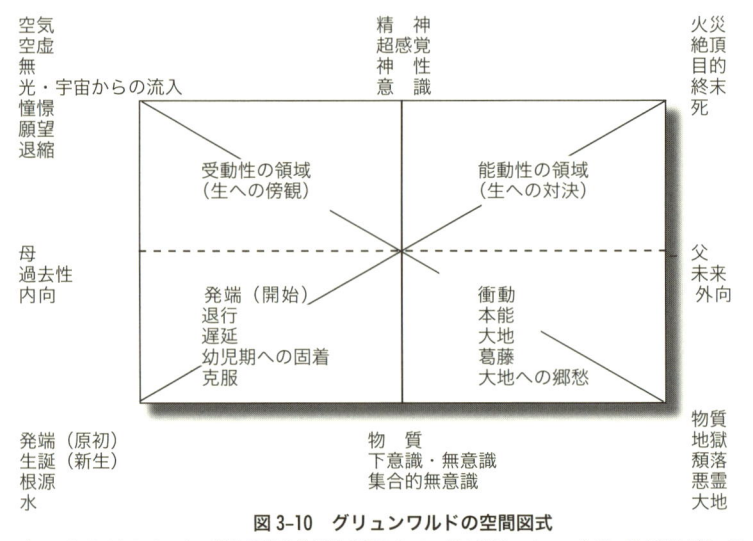

空気 空虚 無 光・宇宙からの流入 憧憬 願望 退縮	精　神 超感覚 神　性 意　識	火災 絶頂 目的 終末 死
	受動性の領域 （生への傍観）	能動性の領域 （生への対決）
母 過去性 内向	発端（開始） 退行 遅延 幼児期への固着 克服	衝動 本能 大地 葛藤 大地への郷愁	父 未来 外向
発端（原初） 生誕（新生） 根源 水	物　質 下意識・無意識 集合的無意識	物質 地獄 頽落 悪霊 大地

図3-10　グリュンワルトの空間図式
（コッホ「バウムテスト―精神診断学的補助手段としての樹木画テスト―」独語，改訂増補第3版 p.35）

6. 星と波テスト

ウルスラ・アヴェ＝ラルマンによってつくられた投影描画法テストである。A5判の紙の黒枠（15.4 × 10.5cm）に星空と海の波を描くものである。人格診断テストと発達診断テストとしても使用できる。

空間象徴と筆跡分析が理論的な背景である。描線の引き方により，筆跡のタイプ（線の性質；表3-17）と性格の関係を分類している。筆跡の乱れや極端な否定的形態，例として黒い固着，バラバラになった筆跡などは現在の心理的葛藤を表すとされる。

〈実施方法〉

○**教示**　「鉛筆で，海の波の上に星空を描いてください」と指示する。星と波以外のものは，たずねられたら自由に描くように伝えるが，指示的にほかのものを描くようにさせてはならない。

○**用具**　鉛筆以外の筆記用具の場合は筆跡の分析ができないため，鉛筆を使う。

○**時間**　時間の制限はない。急ぐように強制しない。リラックスした自由な雰囲気で行う。

○**解釈**　解釈は絵の分類，空間の構成，空間の象徴的な使い方，物の象徴，筆跡の分析の5つからなされる。まず絵の分類では，要点のみ，絵画的，感情のこもった，形式的，象徴的の型に分けて考察している。要点のみはたんに星と波だけが描かれているもので，与えられ

表 3-17　線の性質

	筆圧が弱い	筆圧が強い
鉛筆の持ち方：まっすぐ	繊細	鋭い
鉛筆の持ち方：ななめ	やわらかい	しっかりした

繊細	独：*zarter Struch*	＝ *druckschwach und schmal*
	英：delicate stroke	＝ weak pressuure, narrow
やわらかい	独：*toniger Struch*	＝ *druckschwach und breit*
	英：roned stroke	＝ weak pressure, broad
鋭い	独：*scharfer Strich*	＝ *druckschwach und schmal*
	英：sharp stroke	＝ strong pressure, narrow
しっかりした	独：*faster Strich*	＝ *druckschwach und breit*
	英：firm stroke	＝ storong pressure, broad

たテーマを処理するだけのドライな反応である。絵画的なパターンは，感情的に豊かな経験があり，それを表現し他者と共有しようとする人と考えられる。感情のこもったパターンは，情緒的な要素が優位に描かれる。感覚的で官能性に優れ情緒的なことを大切にする人と考えられる。形式的なパターンは，形式的で装飾的な要素が目立つ。かっこよくみせようとし，積極的に自己表現する人といえる。象徴的なパターンは，心の状態について象徴的な内容の印象が顕著に含まれている。

空間の構成では，調和している場合は洗練された性質を示す。単純，均等に配置された場合は環境に適合したい人を示す。規則的な配置がある場合は，規則を重視し衝動を抑圧しがちな人かもしれない。不調和な場合は，心的な葛藤があったり，秩序への反抗などの現れといえる。

空間の象徴的な使い方では，空と海のバランスの関係はどうか，強調されているところはどこかを見ていく。空が優位の場合は，知的，精神的な面を強調しているとされる。海が優位の場合は，感情面を重視してきたと推測される。

物の象徴は，そこに加えられて描かれる月，雲，島，船，岩が何を示すかなども参考にしていく。

第5節　パーソナリティ理解の方法：標準検査法

1. MMPI（ミネソタ多面的性格検査）

ミネソタ大学のハサウェイとマッキンレイにより1939年に開発された人格目録である。尺度には，テストを受けるときの態度の偏りを測定する妥当性尺度，パーソナリティの特徴を測る臨床尺度，とその後に開発された追加

尺度の3種類がある。1989年に改訂され，MMPI-2が作成された。追加尺度には，不安尺度として単独でも使用されるMASや，アルコール尺度（MAC）がある。

日本では1963年に阿部らにより，日本版MMPIが刊行された。その後，1993年に田中らにより，MMPI新日本版が実用化されている。カード式と冊子式があるが，冊子式のなかには項目と解答が一体化しているAタイプと項目と解答が別のBタイプがある。

対象は，文字が読める16歳以上の人となっている。日本版では，15歳以上である。詳細にわたって質問項目があるので，時間や労力がかかるデメリットはあるが，詳しい鑑別には重要なテストである。

〈実施方法〉

○教示　「あてはまる」または「だいたいあてはまる」場合は○印，「あてはまらない」または「あまりあてはまらない」場合は×印を書き込んでください。もしどうしても決められない場合は，空欄のままでもよいのですが，できるだけどちらかに決めて，空欄が10個以上にならないようにしてください。そして，現在の気持ちや意見を書くことと回答に善し悪しがないことも伝える。

○項目　項目は550項目で妥当性尺度は4種，臨床尺度は10種である（表3-18，3-19）。

○解釈　MMPI-2では，妥当性尺度のなかの，「どちらでもない」という回答を疑問尺度としていたが，その疑問尺度を削除している。MMPI‐1では疑問尺度は30点を越える場合は解釈しない。妥当性尺度のなかの虚構尺度（lie scale）は，好ましくみせようとする態度を見るもので，高得点の場合は自分を防衛し，守りたい態度を示唆する。頻度尺度（frequency）は，質問に逸脱して答える傾向を見るものである。でたらめに答える，質問文章が理解できない，検査に抵抗する，詐病，悩みをおおげさに訴える場合などに高くなる。

なお，尺度の用語として使用されているもののなかで，精神分裂病の部分を統合失調症尺度と変更する。

反応から人格や行動の特徴を推論していくためには，実施時の行動観察

表 3-18 項目内用の主題による分類　　　　　　　　　（『MMPI ハンドブック』より引用）

分類項目	項目数	分類項目	項目数
1. 一般的健康	9	14. 性についての態度	16
2. 一般的神経症状	19	15. 宗教についての態度	19
3. 脳神経	11	16. 政治についての態度―法律と秩序	46
4. 運動と協応動作	6	17. 社会についての態度	72
5. 感受性	5	18. 抑うつ的感情	32
6. 血管運動, 栄養, 言語, 分泌腺	10	19. 軽躁感情	24
7. 循環呼吸系統	5	20. 脅迫状態	15
8. 消化器系	11	21. 妄想, 幻覚, 錯覚, 関係念慮	31
9. 生殖泌尿器系	5	22. 恐怖症	29
10. 習慣	19	23. サディズム・マゾヒズム傾向	7
11. 家族婚姻	26	24. 志気	33
12. 職業関係	18	25. 男女の性度(男性傾向, 女性傾向)	55
13. 教育関係	12	26. 自分をよく見せようとする態度	15

表 3-19 MMPI尺度名, 略記号、コード番号

	番号	尺度（日本語訳）	原文名	略記号	番号
臨床尺度	1	心気症尺度	Hypochondriasis Scale	Hs	1
	2	抑うつ尺度	Depression Scale	D	2
	3	ヒステリー性尺度	Hysteria Scale	Hy	3
	4	精神病質的偏倚性	Psychopathic Deviate Scale	Pd	4
	5	性度尺度	Masculinity Femininity Scale	Mf	5
	6	偏執性尺度	Paranoia Scale	Pa	6
	7	精神衰弱性尺度	Psychasthenia Scale	Pt	7
	8	統合失調症尺度	Schizophrenia Scale	Sc	8
	9	軽躁性尺度	Hypomania Scale	Ma	9
	10	社会的向性尺度	Social Introvert-Extrovert Scale	Si	0
妥当性尺度	1	疑問点	Question Score	?	
	2	虚構点	Lie Score	L	
	3	妥当性得点	Validity Score	F	
	4	K点	K(correct) Score	K	

も参考にする。解釈の基本は，基礎尺度の高さと尺度の間の関係である。妥当性尺度からどの程度推論できるかを確認する。次に，尺度全体の高さから適応状態や病態水準（統合失調，うつなどの内因性，心因性の区別）を，尺度の最高得点と2番目の尺度，場合によっては3番目の尺度も考慮した組み合わせにより，人格・行動特徴を2数字高点コードの仮説により推論する。

2. 矢田部ギルフォード性格検査（YG）

　アメリカのギルフォードらが考案した人格目録を参考に，京都大学の矢田部達郎らが特性論にもとづいて作成した性格検査である。120問の項目からなっており，12の性格特性が測定できる。比較的時間もかからず実施しやすいので，就職時の心理検査などで多用され，一般人にもよく知られているテストである。

　抑うつ性（D）尺度：悲観的気分，回帰性（C）尺度：気分の変わりやすさや不安定さ，劣等感（I）尺度：自信のなさや自己評価の低さ，神経質（N）尺度：心配性や傷つきやすさ，客観性の欠如（O）尺度：空想性や主観性，協調性の欠如（Co）尺度：不満感や不信感，愛想の悪さ（Ag）尺度：攻撃性や衝動性，一般活動性（G）尺度：心身の活発さや活動性，のんきさ（R）尺度：気軽さ，思考的外向（T）尺度：思索や反省，熟慮，支配性（A）尺度：リーダーシップ，社会的外向（S）尺度：社交性の12尺度である。前の6尺度は情緒安定性，後半の6尺度は向性を示す（表3-20）。

　小学生，中学生，高校生，大学・一般用の4種がある。

〈実施方法〉

○教示　注意事項として，「日ごろのありのままの自分を考えて，ありのま

表 3-20　矢田部－ギルフォード性格検査で調査される 12 の性格特性

S	社会的内向	恥ずかしがり，隠とん性，社会的接触を避ける傾向
T	思考的内向	瞑想的，反省的，自分または他人を分析する傾向
D	抑うつ性	陰気，悲観的気分，罪悪感の強い性質
C	回帰性傾向	著しい気分の変化，驚きやすい性質
R	のんきさ	気軽のんき，活発，衝動的な性質
G	一般的活動性	活発な性質，身体を動かすことが好き
A	支配的でないこと	社会的指導性のないこと，服従的
I	劣等感の強いこと	自信の欠乏，自己の過小評価，不適応間が強い
N	神経質	心配性，神経質，ノイローゼぎみ
O	客観的でないこと	空想的，過敏性
Ag	愛想のないこと	攻撃的，社会的活動（ただし，この性質が強すぎると社会的不適応になりやすい）
Co	強調的でないこと	不満が多い，人を信用しない性質

まふつうに答えてくだされればよいのです。楽な気持ちでやってくだされば
よろしいのです。結果に良い悪いはありません」などを読んでもらう。次に，
作者の言葉を読み上げ，回答のしかたを説明する。練習問題を行ってから，
質問項目を検査する人が読み上げて回答をしてもらう。質問項目の内容に
ついての質問には，説明を加えずに△印をつけるように指示する。項目を
読む早さは厳密ではなく，相手の状況に合わせて決める。1項目について
5〜10秒程度の間隔でよい。

○整理方法　採点は○2点，△1点で，●印と▲印は採点しない。これは，
最初の判断のほうが信頼性が高いと考えられるからである。各尺度の粗点
を算出し，それをプロフィール欄に男女別に転記する。最後に線で結んで
プロフィールを描く。

○判定と解釈　A，B，C，D，Eの5型を基本としたタイプに分ける。

　A型（平均）

　B型（不安定不適応）情緒的の不安定で，活動的であるが，環境によって
　　は非行などに向かいやすい。

　C型（安定適応消極）おとなしく控えめ，持続性や安定性を必要とする仕
　　事に合う。

　D型（安定積極）調和的，適応的，安定的な行動をとる。ただし，自己を
　　よくみせようとして答えた場合もこのタイプに入るので注意する。

　E型（不安定不適応消極）不安定で悩むことが多く，非社会的な行動をと
　　りやすい（表 3-21）。

表 3-21　Y-G 検査プロファイルの 5 典型　　　　　　　　　　　　（辻岡による）

典型	英語名	型による名称	因子		
			情緒安定性 D C I N	社会適応性 O Co Ag	向性 G R T A S
A型	Average Type	平均型	平均	平均	平均
B型	Black List Type	右寄り型	不安定	不適応	外向
C型	Calm Type	左寄り型	安定	適応	内向
D型	Director Type	右下がり型	安定	適応または平均	外向
E型	Eccentric Type	左下がり型	不安定	不適応または平均	内向

3. CMI（コーネル・メディカルインデックス）

コーネル大学のブロードマンとウォルフらによって，1955年に考案された精神と身体面の両方について調査する健康診断のためのテストである。日本では，1972年に日本版が作成されている。日本版では，身体的自覚症として男子16，女子18項目が追加されている。医療では，神経症患者の判定に使用される。とくに心気症，不安神経症，ヒステリー，抑うつ神経症の判別には有効とされる。しかし，恐怖症や強迫神経症の判別はむずかしいとされる。

対象は，14歳以上の青年，成人，老人である。質問内容が理解できる人ならだれにでも施行できる。

〈実施方法〉

○**教示**　特別な教示は必要ではない。しかし，意識的に回答をゆがめないように協力的に行うような教示をする。

○**判定基準**　自覚症プロフィール，深町の神経症判別基準，特定の精神的自覚症項目による精神的不健康状態の判定の3つで行う。

・自覚症プロフィール：神経症者は訴えが精神面と身体面の両面に広くみられる。器質的疾患者は，身体的自覚症項目の特定器官系に訴えが集中する。

・神経症判別基準：深町はC（心臓脈管系），I（疲労度），J（疾病に対する関心）の項目の総数とM～Rの精神的訴え総数の関係から領域をIからIVまでに分けて判別図を作成した。Iは5％の危険率で正常，IIはどちらかといえば正常，IIIはどちらかといえば神経症の傾向が強い，IVは5％の危険率で神経症とされる（図3-11）。

・特定の精神的自覚症項目による判定：憂うつ，希望がない，自殺傾向の質問に「はい」の答えがあれば，抑うつ神経症やうつ病の診断に利用できる。神経症の既往，精神病院入院既往，家族精神病院入院既往に「はい」と答えがある場合は，領域I，IIに入っていても注意が必要である。当時の病名や現在の状況を聞いていくことで理解が深まる。易怒性に「は

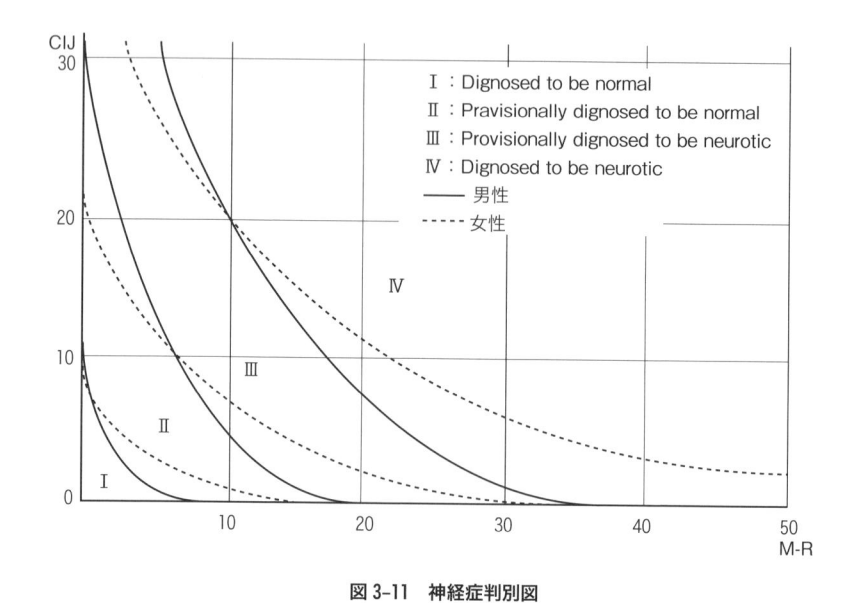

```
CIJ
30

         I : Dignosed to be normal
         II : Pravisionally dignosed to be normal
         III : Provisionally dignosed to be neurotic
         IV : Dignosed to be neurotic
         ── 男性
         ---- 女性

20              IV

         III
10
      II
   I
 0
    10    20    30    40    50
                              M-R
```

図 3-11　神経症判別図

い」がつく場合は，たんに怒りやすいのか，性格異常や精神病質的傾向なのか調べるてがかりになる。強迫観念，理由のないおびえに「はい」がつく場合は，恐怖症や強迫神経症患者の可能性がある。

4．MPI（モーズレイ性格検査）

アイゼンクが，1959年に発表した性格検査である。特性論的立場から見いだした独立の因子，「内向性-外向性尺度（E尺度）」と「神経症的傾向尺度（N尺度）」を測定する。その後，ジェンセンにより MMPI の虚偽発見尺度（L尺度）とアイゼンクの予備項目を入れて80項目の検査を作成した。日本版 MPI は，ジェンセンの検査をもとに 1964 年に出版されている。

〈実施方法〉

○**教示**　質問項目について，「はい」「?」「いいえ」のどれかを○で囲ませる。内容についての質問には，いっさい答えてはいけない。項目中の表現を変えたり，文章の説明をしてもいけない。

○**解釈**　判定カテゴリーとチャートにより判定する。E・N 得点で，それぞ

れ＋０－の３つのタイプに分け，合計９つのタイプに判定される。また，L尺度についても性別に＋０－で判定する。「?」の回答が20以上の場合は，再検査するほうが望ましい。

5．向性検査

ユングは，心的エネルギーの作用方向で内向型と外向型に分類した。この考えにもとづいた質問紙法として作成されたのが「向性検査」である。日本では，淡路・岡部式向性検査が広く使われる。内向型は情緒の表現は控えめ，思慮深い，ひとりの行動を好む，ナイーブで繊細な面がある。行動の原則は，自分の興味や価値を中心にする。

外向型は，情緒の表現は自由で活発，実行力がある，交際範囲が広い面がある。行動の原則は，外部の環境や事情に影響される。

ただしユングは，内向・外向ともに人のなかに存在しており，相対的な優劣の度合いが違うとしている。向性検査では，内向・外向は一次元の延長のどこかに位置づけられて，二律背反的になってしまうデメリットがある。

6．エゴグラム

交流分析の創始者のエリック・バーンの考え方をもとに，デュセイが開発したものである。デュセイは，人は３つの自我状態をもっているとし，機能面からさらに自我状態を５種類に分類した。CP（規律的な父親的な状態），NP（養育的な母親的な状態），A（理性的で客観的な大人の状態），FC（自由で生き生きした子どもの状態），AC（協調的に合わせる子どもの状態）である。この自我状態の全体を理解しやすくグラフにしたものが「エゴグラム」である。

日本で質問紙法として標準化されたものに，東大式エゴグラムがある。これは，変化させたい機能の改善方法などもわかるようになっている（表3-22）。自分自身でも判断でき，改善方法もわかるので，使用しやすいテストである。

○**解釈** プロフィールから類型化して各パターンを解釈する。グラフで一番

表3-22 TEG5要素の現れ方（行動パターン）早見表

	アドバイス	マイナス面（得点が高い場合）	プラス面	平均	プラス面	マイナス面（得点が低い場合）	アドバイス
CP	完全主義者なので疲れやすい　相手の立場を認める気持ちの余裕をもち，仕事や生活を楽しむようにする	タテマエにこだわる　不完全さを許さない　批判的である　何事も自分の思う通りにしないと気がすまない	理想を追求する　良心にしたがう　ルールを守る　スジを通す　義務感，責任感が強い努力家	CP	おっとりしている　融通性がある　こだわらない　のんびりしている	何を考えているのかわからない　いいかげんである　義務感，責任感が弱い	自分の立場や役割を考え，自分の意志で行動する　自分の意見をはっきりさせ，自己主張してみる
NP	自分と相手の関係をできるだけ客観的に考え，おせっかいや過干渉にならないように注意する	過度に保護，干渉する　他人の自主性を損なう　他人をあまやかす	相手に共感，同情する　世話好き　弱い者をかばう　奉仕精神が豊か	NP	さっぱりしている　淡白である　感情的にならない	冷たい　自分勝手である　相手に共感，同情しない	できるだけ相手に思いやりをもつように努力する　ふだんから友人を大事にしたり，動物を飼ったりするとよい
A	能力は高いが，ともすると自分の判断だけで行動する　チームワークや周囲との強調を心がける	機械的である　打算的である　人間性に乏しい　冷徹である	理性的である　合理性を尊ぶ　沈着冷静である　事実にしたがう　客観的に判断する	A	情緒豊かである　純朴である　お人よし　屈託がない	現実無視　計画性がない　自分勝手である　考えがまとまらない	できるだけ合理的な考えをする　うまくいかなくてもイライラせず，できることを確実に手がける
FC	気分にむらがある　できるだけ後先を考え，冷静さを心がける　ひと呼吸おいて行動するとよい	自己中心である　わがままである　動物的である　感情的である　気が短い	天真爛漫である　好奇心が強い　直感を尊ぶ　活発である　創造性に富む	FC	おとなしい　妥協性がある　イイ子である　慎重である　素直である	おもしろ味がない　暗い印象を与える　意欲がない　恨みがましい　おどおどしている	気持ちが内にこもらないようできるだけ陽気にふるまって気持ちを引き立てる　スポーツ，旅行，食べ歩きもいい
AC	あれこれ考えず，まず行動してみることで，自信をつけていく	遠慮がちである　依存心が強い　我慢してしまう　自主性に乏しい　感情が内にこもる	協調性に富む　妥協性が強い　イイ子である　従順である　慎重である	AC	健康的である　快活である　あけっぴろげである　積極的である　自発性に富む	わがままである　自己中心である　一方的である　近寄りがたい印象を与える	時には自分を抑えて，周囲の人をほめたり，妥協したりする気持ちの余裕をもつ

高いスコアから優位タイプを見る。CP優位タイプは理想が高く，独善的，頑固で，懲罰的，他者否定的。NP優位タイプは優しく共感的，世話好き，他者肯定的。A優位タイプは論理的，合理的で冷静，局外中立的。FC優位タイプは遊び好きの行動派，自発的で創造的，自己肯定的。AC優位タイプは甘えん坊で依存的，他者に合わせる，自己否定的。次に低い自我状態の性質を合わせてみる。その他の自我状態の高低を考えて総合的に判断する（図3-12）。

①CP優位タイプ
・理想が高く独善的
・頑固で懲罰的
・他者否定的
（他人はOKでない）

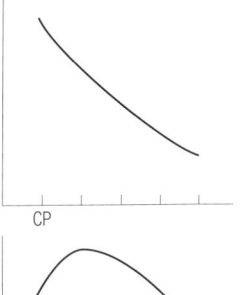

②NP優位タイプ
・気が優しく共感的
・世話好き
・他者否定的
（他人はOKである）

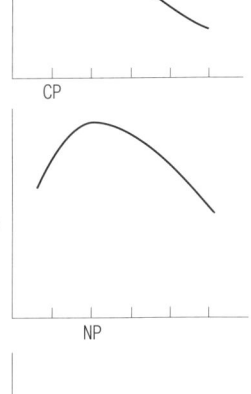

③A優位タイプ
・頭脳明晰で論理的
・合理的でクール
・局外中立的

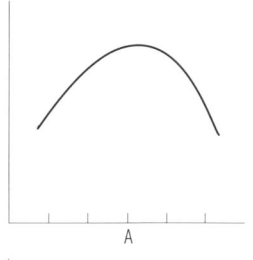

④FC優位タイプ
・遊び好きの行動派
・自発的で創造的
・自己肯定的
（私はOKである）

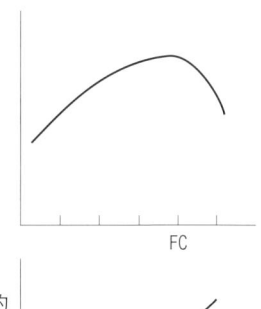

⑤AC優位タイプ
・甘えん坊で依存的
・他者順応
（自分がない）
・自己否定的
（私はOKでない）

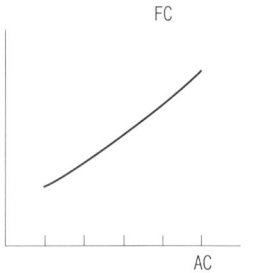

図3-12 エゴグラムの基本パターン（Dusay, 1977）

ワーク1　占いで他者を理解する

　パーソナリティを考えるうえで、無視できないのがさまざまな占いである。数年前に流行した動物占いや、各種の雑誌の巻末には必ずといっていいほどみられる星座占い、あるいは名前占いなど、私たちの身近にはじつに多種多様な占いがある。

　さまざまな占いを集めて、それを分析してみよう。

「各自の好みの占いを紹介し合う。その理由やエピソードを発表しあう。」
「それらの由来や根拠などを調べてみる。」
「複数の占いの結果を一覧表にしてみて、結果の共通項や相違点を列挙してみる。」

　　　　　　　　　　　　　　　　　　　　　　　　　　　　（大島なつめ）

第4章

発達的に理解する

第1節　発達の理解

1. 発達とは何か

　発達とは，生まれてから死ぬまでの，ある一定の方向をもった，身体的，認知的，社会的能力の変化の過程である。発達に関して，よく議論される問題が3つある。1つは，遺伝的要因か環境要因かの問題である。2つめは，発達的変化は連続的なのか段階があるのかの問題，そして3つめは，パーソナリティは変化するのかどうかといった問題である。

　この章においては，第1節で発達とは何かを概観し，第2節，第3節においては，それぞれ，乳児期から子ども時代，思春期から老年期までの発達を記述する。第4節，第5節においては，パーソナリティ形成の要因を理解するために，動機づけ，情緒，思考，言語，知能といった基本的心理作用について説明を試みる。そのなかで，上記の質問に対する答えを探っていくことがこの章の目的である。

2. 遺伝も環境も

　パーソナリティはどのようにつくられるかという問題は，古くから議論され研究されてきた。遺伝的に規定されているのか，あるいは環境によってつくりあげられるのかが議論の中心である。実証的なデータとして，別々に育てられた一卵性双生児の縦断的研究が，この問題にある程度の答えを提供している。すなわち，育った環境がかけ離れていても性格が似ているというのは，遺伝子のはたらきが人間の行動を，巧みに，また複雑に支配していることを示している。しかしながら，同じ家庭で育てられた一卵性双生児におい

ても，期待されるほどそっくりに育つわけではない。つまり，別々に育てられた双子でも，同じ家で育てられた双子でも，似ている度合いに変わりはないのである。いっしょに育てられた一卵性双生児の性格テストの相関係数は，0.50 程度であったという。

また，同じ親に育てられた兄弟で，まったく性格が違う兄弟も多いことが経験的に知られているが，これはどのようなことを意味しているのであろうか（35 頁コラム参照）。たとえ同じ親のもとで，同じ家，同じ学校，同じクラスに通ったとしても，環境要因がまったく同じ状況はありえない。生まれ落ちたときから，育てにくい子，育てやすい子はいるもので，親のその子に対する対応がおのずと違ってくることもあるだろう。出生順位の違いなども家庭環境の違いといえるであろう。親の養育態度と性格についての研究も盛んである。とくに母親は，ほとんどの子どもにとって，はじめて出会って対人関係を結ぶ重要な人物であるため，母親との関係のあり方がパーソナリティ形成に重要な影響をおよぼすという理論は，精神分析の前提となる理論となっている。

一方では，行動主義心理学者のワトソンは，生まれたての赤ん坊を与えたらどんな人物にでも育ててみせようというほど，環境学習の重要さを強調した。しかしながら，現実にはほかのさまざまな要因，とくに社会化の過程で属する文化や社会の影響などが大きく，親の態度が子どもの人格におよぼす影響については，行動社会学的に明らかな実証的データはほとんどない状態である。

現在では，遺伝と環境というよりも，生まれと育ちによって人格が形成されるといういい方が多く用いられるようである。生まれはすなわち遺伝子の影響であり，育ちは環境要因であるが，母親の胎内での環境要因が遺伝子に影響をおよぼす場合もある。一般的には，遺伝子がその固体の潜在的能力を規定し，環境，育ちが，その能力が花開くかどうかを決定する要因として重要であると考えられる。

双生児法で明らかになったことは，パーソナリティのうち，知能や基本的な気分，気質といったものがより多く遺伝子によって決定されるのに対し，パーソナリティの細かい特質などは，環境によって変化する割合が大きいと

いうことである。ただ，生まれも育ちも独立して作用しているのではなく，相互に干渉しあって同じ方向に向かって強めあっているといえる。つまり，遺伝的に知能の高い子は，文化的に恵まれた環境に生まれることが多いといったことである。

3. 発達の規定要因

　発達を規定する遺伝・環境要因に関しては，初期経験の重要さはよく知られていることである。

　アヒルやカモなどの雛(ひな)は，孵化(ふか)して一番はじめに目にした対象に対して愛着行動を示す。つまり，人工的な環境で生まれて人間をはじめて目にした雛は，人間を親だと認識し，人間の後を追いかけ，成長してからは人間に性的な接近を試みるという。動物行動学者のロレンツは，このような行動を「刷り込み」とよんだ。そしてこのような学習は，特定の時期に行われ（臨界期），それを過ぎると起こらなくなること，いったん刷り込まれるとやりなおしがきかないことなどを報告している（後の研究者によってそれは絶対的なものでないことから敏感期とよばれるようになった）。

　より人間に近い動物，サルなどにおいても，ほかのサルと引き離して育てると，後になって社会適応に障害が生じる。つまり，引きこもったり，自傷行為を行ったり，過度に攻撃的になったりするというのである。ただサルの場合は，健全なサルといっしょに遊ばせるなどの過程で，正常な社会行動を回復することもありうる。ヒトにおいても，生育初期に固体にとって必要な環境条件が与えられず，正常な経験が与えられないと，パーソナリティに偏りが生じる。これらは，オオカミに育てられた子やアベロンの野生児などの報告によって明らかになった。発見されてから手厚い保護と忍耐強い教育が熱心に行われたが，ついに正常な人間としての成長はとげられず，早死にしてしまった。

　これらの例をみても，発達において，いかに初期経験の重要さがはたす役割が大きいかが理解できるであろう。しかし，同時に人間は，アヒルなどにくらべてひじょうにやりなおしのきく存在であるのも事実である。初期経験

の重要さとともに人間の成長，変化の可能性も強調しておきたい。

　正常な発達を阻害する環境要因には，まず胎児の環境があげられる。ニコチンやアルコールの影響は，とくに深刻である。これは，身体の発育ばかりでなく，神経系への影響も大きく，ひいては知能，性格に対する影響も考慮に入れなければならない。

　次に，生後，乳幼児を取り巻く環境要因がある。乳幼児にとって，養育者の暖かい応答的な環境は不可欠なものである。ホスピタリズムに代表されるように，たんに清潔で，栄養的，物理的に必要が満たされているというだけで子どもは成長しない。子どもの発する要求に対して，暖かく応答する環境がなければ，心身の発達に支障をきたす。子どもの養育者に対する心理的な結びつきを愛着とよぶ。ボールビーは，愛着を感じている養育者から引き離されることによって起きる「マターナル・ディプリベーション」の深刻な影響について報告した。

　養育者に対して安心した愛着をもっている子どもは，養育者のもとで安心感を得ながら，ときどき離れて探索行動に出る。不安な愛着態度を示す子どもは，探索行動に出たがらず，養育者から離れることができない。また，不安を回避する愛着態度を示す子どもは，平気で養育者を離れて探索行動を楽しむ。このような行動パターンは，子ども時代を通じて一定であり，後の適応にも関連しているとされる。安心した愛着を示す子どもは，満足した，好奇心の強い幸福感の高い子に育つ傾向が強く，不安な愛着を示す子どもは，貧困やストレスの多い社会，家庭環境のなかで放任されたり，虐待されたりする場合にみられることが多いとされる。

　また，発達の過程において，徐々に自立していくことが成長とされるが，子どもの自立をはばむ，たとえば過保護といった環境の有害性についても議論が盛んである。これは，子どもが養育者から離れて活動できる段階になっても，養育者の強い不安のために，子どもが自分の成長を放棄して養育者を支える現象である。マーラーは，これを「母子の共棲関係」とよんだ。このような対人相互過程は，かかわる人びとの心理的な問題によって，不健康な関係を慢性化させてしまう危険性をもつ。

　エリクソンは，発達に応じて解決，学習すべき課題が存在し，それぞれの

段階において克服していくことが発達にとって不可欠と考えた。たとえばそれは，乳児においては基本的な信頼関係であり，青年期においては自我同一性の確立といった課題である。これらについては，第2節，第3節で詳しく述べることとする。

4. ピアジェの発達段階説

　ピアジェは，乳幼児の認知の発達過程における行動観察を通じて発達段階説をとなえた。彼の功績のひとつは，行動主義心理学者が，人間は環境からの刺激に対して応答している存在だとしてきたことに対し，子どもはたんに応答しているのみならず，積極的に環境にはたらきかけている存在であることを明らかにしたことにある。子どもは，たんなる刺激をそのまま受け止めるだけではなく，子どものまわりの世界や経験に意味づけすることによって一般的な原則をつくりあげようとするのである。たとえば，コップに水の入った絵を描かせてみよう。コップが傾いたときにも，水面はコップの底と平衡に描かれる（図4-1）。このような現象は実際には起こりえず，子どもは見たことがないはずである。つまり，知覚的な情報として学習されていないにもかかわらず，子どもはコップのなかの水面はコップの底に平行なラインで保たれると推論するのである。

　ピアジェは，認知の発達を4段階に分けた。そしてこの段階は，決められた順に現れ，次の段階に進むためには前の段階の課題を獲得している必要がある，また，それぞれの段階には認知過程の質的な違いが存在するとした（ピアジェ，1983）。

　まず，2歳児までの感覚運動期において，子どもはさまざまな感覚運動機能を獲得していく。つまり，視覚や聴覚が発達し，おっぱいを吸ったり，何かを蹴ったり，手を伸

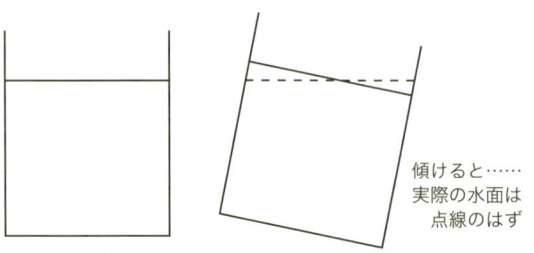

図4-1　コップに入った水に対する子どもの絵

傾けると……
実際の水面は
点線のはず

ばしたり，はいはいから立ち上がって歩けるようになっていく。ピアジェは，赤ん坊は言語や象徴をもたないで，たんに意味のない音を出しているだけと考えた。また，対象物の永続性，つまり目の前のものが一時的に隠されても，そのものは存在するという概念は獲得されていないとした。これについては近年，ほかの実験場面によっては，赤ん坊は隠されたおもちゃを探しまわる行動を示し，この例によって対象物の永続性を認識していることが明らかになってきた。また，赤ん坊は，はじめは自他が未分化の状態にあり，おっぱいを飲む自分と与える母親という区別もつかない状態から，自他の区別，自意識というものが芽生えるようになる。

　2歳から6歳ころまでを「前操作期」とよぶ。操作とは，子どもが外界を認知していく際に用いる試行錯誤の認知の枠組みのことであり，スキーマともよばれる。このころになると，子どもは言語を獲得し，考えたことを言葉や象徴で表現できるようになる。この時代の特徴的なことは「自分中心性」である。これは，大人のいう自己中心性というネガティブなパーソナリティ特性ではなく，ただ世界をとらえる枠組みの視点が，自分からというひとつの方向しかもてないことによる。他人はどのように見ているかという視点がもてないため，自分の欲求が満たされたら満足である。この自分中心性は，発達の過程で子ども時代を通じて減少していく。

　次は「具体的操作期」である。このころになると，頭のなかで具体的な状況における情報処理が可能となってくる。たとえば，目の前に同じ大きさの2つのコップに同じ量の水が入っているのを確認させた後，ひとつのコップの水を細長い形のコップに目の前で移して，水の量はどうなったか子どもにたずねる。前操作期の子どもは，水面が高いからという理由で細長い形のコップに入っている水のほうが多いと答えるのに対し，具体的操作期の子どもは，同じ量の水がたんに別のコップに移されただけだから同じ量であることの認識ができる。また，論理的思考も可能となってくる。4歳の前操作期の子どもに，ぬいぐるみのクマは夜どうしているかと聞くと，遊びに疲れて寝ると答えるが，7歳になると，生きていないものは寝たりしないこともわかっている。

　「抽象的操作期」に進むにしたがって，目の前で起こったことしか理解で

きない段階から，想像力をふくらませてものごとを仮定して理解することができるようになり，ついには頭のなかだけで抽象的な思考も可能となってくる。これらが達成されるのは，平均的に12歳ごろであるといわれる。ものごとを仮定，推論して考えられるようになる，つまり，科学的思考が可能となるのである。問題解決場面において，具体的な手がかりなしに可能な手段を考え，もっとも適切なものを選び，解決に向かって整理された考えをひとつずつ検証していくことが可能となる。

　ピアジェは，子どもの認知過程の発達研究に大きな貢献をしたが，いくつかの批判もある。そのひとつは，個人差にあまり注目しなかったことである。また，乳児の認知能力は，ピアジェが観察したものよりもっと大きいことが報告されている。物体の恒常性の認知については，実験条件を変えることによって，3ヶ月の赤ん坊でも認知しているという研究報告がある（ベイラージェンとデボス，1991）。また，ピアジェは，赤ん坊は象徴的な思考が不可能としたが，それに対して，9ヶ月の赤ん坊でも同じような形をした飛行機と鳥の区別をしているという報告もある。はじめの時期を「感覚運動期」とよんだが，それに対しても議論がある。すなわち，運動機能に障害のある子どもの研究を通じて，このような認知の発達が運動機能に規定されているわけではないことが明らかになってきたのである。したがって，この時期は「知覚分析期」とでもよぶほうがふさわしいだろう。

　ほとんどの発達心理学者は，ピアジェは段階を強調しすぎていると結論している。認知機能の現れる順番はほとんど正しいといえるが，段階というより連続性をもったものではないかともいわれている。また，個人のなかでも実験場面が変わると，前操作期であったり具体的操作期の思考が可能であったりと，結論づけるのが困難な場合が生じてくる。さらに，認知能力がどのように測定されるかによって結論も変わってくる。

　ピアジェの残した業績は大きいが，これらの議論によって，人間の認知能力の複雑さと潜在的可能性の大きさを示唆される。それは成長した大人だけではなく，赤ん坊の時代にでもあてはまることなのである。

5. パーソナリティの恒常性

　赤ん坊は生まれつきの性格をずっともちつづけるのであろうか。成長するにしたがって，性格は変わるのであろうか。ウイリアムジェームズは，ほとんどの者は30歳くらいまでにパーソナリティが固定し，その後変化することはないとした（1892）。しかしながら，成長してパーソナリティが激変し，別人のようになるケースも報告されている。トラウマとなるような経験をすることによって，パーソナリティが変化することが多いことが研究によって明らかとなっている（フィスクとチリボガ，1990）。

　パーソナリティが変化するかどうかの議論は，パーソナリティをどのように測定するか，またいつの時代と比較するかによっても結論が変わってくる。たとえば，高校時代に社交的であるか，非社交的であるかを測定して，年をとったときと比較すると，非社交的だった高校生はたいてい非社交的な年寄りになっていることが多い。しかし，ある年齢群のパーソナリティ特性を平均して調べてみると，異なった結果が得られることがある。つまり，ある対象群において，30代の不安傾向の程度は，60代になっても変化がなかったが，活動レベルは平均的に低下していたという。高校生は自分のことを話したり笑ったりすることは少ないが，年齢を重ねると自分自身のことを冗談にして話せるようになる。このように，集団として年齢とともに変化するパーソナリティ特性もある。

　性格は変化するかどうかの議論には，単純に答えることはできない。変わらないという結論は，上記のような相関を調べる手続きで行われているのに対し，変わるという結論は，集団の平均値的な傾向を調べることによって得られているからである。個体のなかでの変化は，発達的な変化は見られるものの，基本的なパーソナリティは，特別なトラウマのような経験がないかぎり一定である可能性が高い，といえるのではないだろうか。

第2節　パーソナリティの形成：
　　　　乳幼児から子ども時代

1. 知覚・運動能力の発達

　生まれたばかりの赤ん坊は，どのように世界を認識しているのだろうか。どのようにものを見，音を聞き，感じているのであろうか。最近では胎児の認知能力の研究も盛んであり，母親の胎内で聴いた音楽を記憶しているといった報告や，あるいは出生時の体験を記憶している子どもの報告もある。しかしながら，50年前までは，新生児は目が見えないと信じられていたのである。それは，赤ん坊は見たり聞いたり考えたりしたことを表現する手段としての言語をもたないために，その能力は過小評価されてきたためである。

　実験方法が開発されるにつれて，赤ん坊は，1ヶ月そこらで，すでに養育者とそうでない人間の区別をしており，3ヶ月になると人間の顔の表情に特別な関心を示すということがわかってきた。さらに，7ヶ月になると，幸せな表情と驚いた表情の区別ができているとされる。

　距離の感覚に関しては，2ヶ月の赤ん坊でもすでに認知ができているようである。これは生来のものか，あるいは経験によって学習されたものかの判断はむずかしい。もし，生まれてすぐの赤ん坊に距離感覚がそなわっているとしたら生来の能力といえるだろうが，どのような進んだテクニックをもってしても，現在のところ，生まれたての赤ん坊のその能力の測定は不可能である。大きさの恒常性についての認識も，4ヶ月の赤ん坊ではかなり認識されているようである。つまり，近くにあるものは大きく，遠くにあるものは小さく認識されるが，近くに来るときにそのものが急に大きくなるわけではないという認識はそなわっているらしい。

　赤ん坊の聴力の研究はたいへん興味深い。赤ん坊は，1ヶ月のころからす

でに,「パ」と「バ」の音の違いを認識し, 6ヶ月になると, そこで話される言語の基本的な音の認識をし, その言語で使われる音と, 使われない言語の音の認識が可能だという。たとえば, 6ヶ月の赤ん坊が英語圏で, インド人の養育者に育てられるときに, 英語のエフと, ヒンズー語にあるエフに近い音の区別を認識するという。ただし, その区別は後に英語しか使わない環境におかれると, 10ヶ月までにその能力は失われるとされている。

触覚は, 赤ん坊にとって保護や愛情につながる重要な感覚である。生まれてすぐに, ほおをつっつくと, そちらの方向を向くという反射がある。おっぱいを捜して吸いつくための基本的な反射行動であろう。においに関しても, 6週間やもっと以前の段階から, 母親とほかの人間のにおいの識別をしているという。また, 味覚に関しては, 生まれつき甘さに対する好みをもっているらしい。つまり, 母乳のほのかな甘さに対する好みは, 成長していくために不可欠な要因であり, 生まれてすぐの赤ん坊でももっている感覚である。

要約すると, 研究方法が進化すればするほど, 新生児の知覚認知能力が明らかにされ, その能力は驚くべきものであり, 外界を探索し生き残っていくための能力が準備されていることに感嘆するほかない。

2. 認知, 言語能力の発達

いままでみてきたように, 赤ん坊は驚くべき認知能力をもっており, ただ外界の刺激に受身的に反応しているだけではなく, 意味をもってとらえようとしている。それは学習されたものというより, そなわっている能力と考えられる。細かい認知の発達過程は, ピアジェの発達段階説の節において説明したが, 赤ん坊は科学者のように, 記憶して意味づけすることにより, 外界を探索し認識しているのである。

ここでは, 言語の獲得に関して, 学習理論, 生まれつきのものであるとする理論, また, 認知論の立場からの理論を説明することとする。

まず, 行動主義心理学者が説明する「学習理論」である。それによると, 子どもは言葉が話されるのを聞いて模倣し, 正しいときには褒美を与えられて言葉を獲得していく。つまり, 正しく表現されたときには, ほほえみや食

べ物など自分が意図したことが達せられることによって，その行動が強化され学習していくというものである。学習理論は論理的で明快であるが，それですべてを説明しきれない。たとえば，幼児言葉というものは，大人が話している言葉ではなく，幼児が言葉を獲得していく途上で話す言葉であるが，それは模倣によるものとはいえないであろう。また，大人が正しい言い方を褒美によって強化するという考え方も，経験的には必ずしも正しくない。実験によると，大人は対象物や名詞の誤りは正すことが多いが，文法的な誤りは正さない傾向にあることもわかっている。大人は，幼児の誤った表現のしかたもかわいらしさから正さずにいることも多いが，幼児は遅かれ早かれ正しい表現を学んでいくのである。

　言語の獲得は生まれつきそなわった能力であり，適切な環境におかれたら必ず言葉を獲得していくものであるという説もある。チョムスキーによると，言葉は学習するものではなく，身体の成長と同様に起こるものであり，適切な栄養と環境要因がそろえば発生してくるように，生まれつき組みこまれているものである。この理論は，さまざまな文化においても言葉の発生獲得が同じような時期に起こり，幼時の初期言語が似たようなものであるという事実によって裏づけられる。

　認知論者によると，言葉の獲得は認知の発達による。つまり，子どもはでたらめな音を発して褒美をもらえるのを待っている存在ではなく，膨大な音の洪水のなかで，推論し仮説を立て，試しながら学んでいくというのである。また，水と太陽が与えられたら花開く植物のように生まれつき能力がそなわっている存在ではなく，言葉の世界を探索していく小さな科学者のような存在である，とされる。

　要約すると，言葉の獲得は単純なものではなく，基本的には学習理論にもとづいているが，生まれつきの獲得能力もたしかにそなわっており，さらに問題解決行動のような積極的な認知能力にもおおいに関係しているということであろう。この原則は言語能力のみならず，認知の発達全般にいえることであろう。

3. パーソナリティの発達

　パーソナリティの発達過程で重要な概念は，社会化，つまり社会的存在として生きていくために必要な動機，価値観，知識，行動などを獲得していくことである。社会化の過程は，これまで説明してきた知覚，運動能力，認知能力などの発達におおいに規定されている。歩けるようになった子どもは，探索行動が可能となり，新しい環境に応答的に反応して，ますます社会的な行動が可能となる。記憶力が増すにつれて，自分のなじみのある人物，風景などを認識し，親や兄弟と親しい関係を形成していくことが可能となる。過去のできごとを記憶するようになると，思い出して未来の行動を決定できるようになる。また，他人の視点を理解するようになると，自分中心のものの見方から開放されるようになる。自分の性を理解するようになると，どのような行動が期待されているか観察して行動するようになる。

　パーソナリティのなかでも，気質といわれる基本的なものは，成長しても一定に保たれ変化しないとされている。ケーガンらは，乳児の気質を4ヶ月，14ヶ月，21ヶ月と追いかけて調査した。その結果，新しい環境を怖がり，消極的なタイプの子どもはずっとそのような気質を示し，反対に積極的な子どもはつねに積極的であったという（1988）。近年，このようなパーソナリティを規定する遺伝子が発見され，日本人には，この新しい環境を開拓していく積極性をもたらす遺伝子が，欧米人に比較してひじょうに少ないことが報告されている。

　自己概念，つまり自分はどのようなものであるかは，乳児のころから発達する。新生児は自己の概念をもたないが，2ヶ月から6ヶ月もたつと養育者と自分との区別がつくようになる。自己概念のなかでも重要なのは，自己認識とよばれる自分自身のイメージをもつことである。ルイスとブルックは，赤ん坊の頬に口紅で赤いしるしをつけて鏡をみせ，鏡に映った像が自分であると認識できるかどうかの実験を行った。12ヶ月までの赤ん坊は，ただぼんやりと鏡の像を見つめるだけであったが，21〜24ヶ月の赤ん坊の4分の3は，鏡を見て自分の頬の赤いしるしにさわったという結果を得ている。彼

表 4-1　エリクソンの発達段階と各課題　　　　　　　　　　（Erikson, 1957 にもとづく）

段階	年齢	課題または構成要素	基礎的活力	心理・性的段階
1. 乳児期	0～1.5	基本的信頼－基本的不信	希望	口愛－呼吸, 感覚－運動
2. 早期児童期	1.5～3	自律性－恥と疑惑	意志力	肛門－尿道, 保持－排泄
3. 遊戯期	3～6	自発性－罪悪感	目的性	幼児－性器, 侵入－包括
4. 学齢期	6～12	勤勉－劣等感	適格感	潜伏期
5. 青年期	12～20	自我同一性－役割拡散	忠誠	思春期
6. 初期成人期	20～40	親密さ－孤独	愛	性器愛期
7. 成人期	40～60	生産性－停滞	世話	
8. 成熟期	60～	自我統合－絶望	英知	

らは，鏡の像が自分であると認識しているのである。

　またエリクソンは，人生の8段階における自己概念の発達について説明している（表4-1）。ここでは，はじめの4段階についての説明を行うことにする。後の4段階については，次の節で説明する。第一段階は，養育者が食べ物や暖かさ，愛情といったものを提供することによって得られる，基本的な信頼感を獲得する時期である。第二段階は，歩きはじめた幼児が独立して行動できるようになる時期である。この時期に幼児は，自分で何かできるという自信をつける。第三段階になると，大人の助けなしで行動を計画，実行できるようになる。第四段階は学齢期であるが，学業スポーツ，また社会的活動においてさまざまなスキルを身につけるようになる。これに失敗すると劣等感をもつようになる。

4. 人間関係の発達

　乳幼児にとってもっとも重要な人間関係は，親との関係である。赤ん坊は，8～9ヶ月になると人の区別ができるようになり，親や世話をする人物に手を伸ばして愛着を示すが，見知らぬ人物に対してはしなくなる。人見知りとよばれる現象である。親が離れようとすると，泣いて抗議する行動もみられる。10ヶ月にもなるとはいはいができるようになり，親のそばから離れないように移動することが可能となる。

子どもの要求に応答的で世話をする親に対して，子どもは安心した愛着を示すといったことが見られるが，よい親としてもうひとつ重要な要素がある。それは，子どもに対して変わらないスタンダードを示し，確固とした規範をもち，必要に応じて子どもを支配していることである。研究によると，愛情深いことに加えて，権威的な親が，よい子育てを行っているという。このような権威的な親は，子どもの個性を尊重し，愛情深く，子どもが自分の意見をいうことを許している。しかしながら，はっきりした親の価値観をもち，つねに変わらずそれを示すことによって子どもはしたがわざるをえない。このような親をもつ子どもは，自分に自信があり，能力が高く，満足しており，社会的に責任感があるとされる。それに対し，親の規範に意見をいう余地もなく，ただしたがわせようとする親に対しては，子どもは不幸せで信用できず，社会的にもうまく機能することができない。権威的という言葉は，このような2つの性格をもちあわせるが，疑問の余地なしに強制的に従順を要求する場合と，自分の意見をいう機会があり，愛情をもってしたがうようになる場合とでは結果が違ってくる。
　もうひとつの極端な例は，子どもの意志を尊重し，自由にさせるという場合である。子どもの決定にまかせるというが，実態は放任であり，子どもは自分の要求のコントロールができずに社会生活に適応することができない。このような環境で育つと，子どもっぽく，セルフコントロールができず，先にあげた権威的な親のもとで育つ子どもと同様に探索行動に出ないとされる（サントロックら，1989）。
　兄弟との関係も重要である。概して上の兄弟が満足した安心感をもつ子どもである場合には，下の子どもが生まれた場合にも脅威を感じることなく，上手に適応するようである。最近のもっとも興味深い発見は，同じ親から同じ環境で育った兄弟は，性格がまるで正反対であることが多いということである（ダン，1991）。遺伝的要因から考えると，もっとも似ているはずであるにもかかわらず，なぜそのようなことが起こるのであろうか。
　それは，同じ親でも子どもによってあつかいが違っており，兄弟によって違った環境がつくられ，また家庭以外のところで，兄弟は違った経験をするからである。さらに，自己を確立する段階において，他の兄弟のようになら

ないようにする力がはたらくためだとされる。したがって，潜在的に似ている個人どうしが，努力して違ったものになるように試みるのである（35頁コラム参照）。

　成長するにつれて，親や兄弟より友人との関係が重要となってくる。小学生のころは親が重要であるが，中学生のころになると，何か問題があったときにも，親ではなく友人に相談するケースが多くなる。友人関係も，成長につれて深まってくる。はじめはたんなる共通の興味や活動の仲間といったものから，忠誠心や信頼関係といったものが介在してくるようになる。よい友人関係は，他の人びとに対しての積極的な人間関係に対する態度に影響を与えるということである。他人を助けたり，励ましたり，協力したりするといった愛他的な人間関係は，ピアジェによると，自分中心的な視点しかもたない幼児には不可能であるが，実際にはそのような行動を示す幼児もいる。研究によると，母親が頭をぶつけたしぐさをした場合に，抱きしめたりなでたりという愛他的な行動を示す1歳児が半分以上であったという。子どもの成長にしたがって愛他的な行動が多くなると考えられるが，実際は必ずしもそうではない。

　3歳から9歳にかけて，認知の発達は大きく，他者の視点をもつ能力は発達するにもかかわらず，愛他的な行動の増加は見られない。愛他的な行動を示すのは，愛他的な行動を示す親から学習する場合がある。と同時に，困った人やみじめな人に対する共感，同情を感じやすいといった，肉体的，気質的な条件といった要素も，愛他的な行動に関係している。

　気質はパーソナリティのなかでも生涯変わりにくい特質であるが，このように考えると，愛他的な行動も生涯あまり変わらない行動傾向であるといえるかもしれない。

第3節　パーソナリティの発達：
　　　　思春期から青年期・老年期まで

1．身体，認知面の変化

　思春期は，生殖が可能になる時期であり，さまざまな肉体的な変化が急激に起こる。女性においては，女性ホルモンのはたらきで体は丸みを帯び，胸がふくらんだり陰毛が生えたり，月経がはじまったりする。このような変化に対して，女性はとまどいをともなった喜びといった複雑な感情を経験することが多いといわれている。脂肪がついてふくよかな体つきになることは，スリムであることに美意識を感じる時代においては，必ずしも喜ばれないことである。また，月経にともなう月経痛や，月経前症候群といわれる落ちこみ，不安定な感情といった心理的な反応は，歓迎されることではない。男性においては，声変わりや夢精を経験することに，やはりとまどいと恐れを感じることが多いといわれる。

　大人になってからの肉体的変化は，思春期のように劇的な変化ではないが，しわが増えたり白髪になったりすることは，自己イメージに大きな影響をもたらす。女性は50歳くらいまでに月経が止まり，更年期を経験する。ホルモン状態が不安定になり，人によっては更年期障害という不定愁訴を訴えることとなる。一般に信じられているように，女性が生殖機能を失うことに対してネガティブな感情をもつことはなく，むしろうつや不安定さは，中年女性の心理的にストレスの多い状況に関係しているものであると報告されている。男性も，20人に1人くらいでその時期にうつや疲労など経験することがあり，男性の更年期とよばれる。それもまた，ホルモンレベルとの関連はなく，たんに生活上のストレスに関連したものであるという研究結果が報告されている。

認知面の変化としては，記憶力，思考における変化がある。年をとると記憶力が衰えるといわれるが，実験によると，短期記憶については若い人と差はなかった。差があったのは，長期記憶の再生場面であるが，これも，その内容を文脈のあるものにした場合は，年齢による差は認められなかったという。年齢による差異は，おもに情報処理のスピードによるものと考えられる。したがって，スピーディな判断力と行動が要求されるような場面では，年齢によるハンディが考えられる。たとえば，自動車の運転などにおいては，75歳以上の事故にあう確率は，10代の若者なみである。これには，視覚，聴力の衰えなども関連しているだろう。

思考や知能においては，新しい場面での問題解決行動などは10代をピークに衰えるといわれるが，知能のなかでも，結晶的知能とよばれる言語機能などは，成年期を通じて発達しつづけるとされる。これは，文化，教育的環境の影響を強く受けるものであるからであろう。

2．道徳性の発達

コールバーグは，道徳的な発達を査定するために，ジレンマになる場面を想定し，被験者がどう答えるかその理由を分析することにより，道徳性の発達段階を提唱した（表4-2）。これはピアジェの発達段階説と並行的であり，成熟するにしたがって具体的な段階から，より抽象的な思考が要求されるようになる。

表4-2　コールバーグの道徳性発達段階

レベル1　無道徳のレベル
ステージ1　罰を回避し，権威に服従することを基準とした道徳的判断をする段階
ステージ2　報酬や利益を求めることを基準とした道徳的判断をする段階
レベル2　観衆的道徳性のレベル
ステージ3　よい子として周りに認められることに基準を置いた道徳的判断をする段階
ステージ4　社会的秩序を維持することに基準をおいた道徳的判断をする段階
レベル3　自律的道徳性のレベル
ステージ5　社会的契約に基準をおいて道徳的判断をする段階
ステージ6　普遍的な倫理原則に従って道徳的判断をする段階

はじめの段階は，他人が決めた規則にしたがうことに道徳的価値を見いだす段階である。第一段階は，罰を逃れようとする段階である。第二段階は，見返りを期待して行動する段階である。次の段階になると，他人との関係のなかでつくられた，内的な基準にしたがう段階となる。第三段階は，他人を喜ばせたい，よい人間になりたいというものであり，第四段階では，社会的規範としての法律にしたがうというものである。その次に，個人のもつ抽象的概念の善悪にしたがって判断する段階がくる。第五段階では，法律にしたがうことが，その社会にとって最善であるという判断にもとづいた行動をする。第六段階は，たとえ個人的な基準が社会の要請するものと違っていても，個人的な価値観にしたがうという段階である。

　10歳から12歳くらいまでは，第一あるいは第二段階であることが多く，多くの若者は思春期から第三，四段階の道徳性を示す。しかし，大人になっても第五，六段階に達する者は少ないという。道徳的に高い段階の個人は，政治的にはリベラルで，家族の死といったひじょうに大きな喪失に対しても，生産的，積極的に自信をもって行動することが知られている。また，個人の道徳性に影響の一番大きいのは両親の影響であると報告されている。

　コールバーグの道徳性は，正義感といった狭い概念にもとづいているため，もっと女性的な，思いやりや人間関係に関する概念も道徳性に含まれるのではないかという主張がある。もっともな意見であるが，研究者によると，道徳性に関しては，女性も男性も同様な反応を示し，男性と女性の道徳判断が異なっているとはいえない。男性は正義感を強調し，女性は人間関係を大切にするといわれるが，研究において性差は見られなかった（マトリン1993）。

3. 性役割行動

　思春期から青年期へと成熟するにしたがって重要な，性役割について，ここでは職業，結婚，子育ての3つの観点から考察してみたい。

　職業に関しては，はっきりと性役割がみられる。看護師や秘書はほとんど女性の職場であるのに対し，エンジニア，大工などは男性の多い職業種である。職業選択の際に，男性のほうが女性よりステレオタイプに影響されてお

り，女性的な職業を選ばない傾向があることが報告されている。それには，女性の収入が少なく，昇進への可能性も低いという事実も関係していると思われる。女性は，男性ほど職業選択に関してステレオタイプの性役割に影響されないが，家事に関してはどんなに専門的な仕事をしていても，それを行わなければならないという意識が存在するようである。したがって，男性とまったく同じレベルの専門的な仕事をこなしながらも，家では家事をする女性が多く，しないことに罪悪感を感じるという。

　結婚している個人は，結婚していない個人より幸せだと感じているという報告がある。驚いたことは，夫の満足度と妻の満足度は関係がないということである。ほとんどの婚姻関係において，はじめの1ヶ月がもっとも幸せであったと報告されている。子どもを育てている時代はあまり満足感がないが，子どもが家を出ると，夫婦だけの生活にもどって親密さが復活するというアメリカの報告がある。日本の夫婦関係においては，子育ての終わった妻から申し出る離婚が増加していることを考えると，文化的な考察が必要であろう。離婚が増加していることも家族関係を考えると問題である。夫婦にとっても子どもにとってもひじょうに大きなトラウマとなるからである。離婚に際して，肉体的感情的に傷つく男性が女性より多いという報告がある。

　それでは，安定した結婚生活をつづける要因は何であろうか。第一に教育レベルの高さ，第二に経済的な問題がないこと，第三に結婚年齢が少なくとも20代以降であること，第四に結婚前の出産がないこと，第五は結婚前の交際期間が長いこと，第六に幸せな結婚生活を送っている両親がいること，となっている。

　最近は，結婚しないで独身でいる個人も多い。理由として，とくに女性は独立心とキャリア志向をあげることが多いが，独身者は既婚者とくらべて社交的でなく，魅力がなく，信頼がおけないという研究報告がある（マルストローム，1981）。しかし，独身者も既婚者と同様な社会適応をしているという報告もある。

　子育てにおいても性役割が存在する。新生児に対して同じような時間接したとしても，母親はミルクをやったりオムツを代えたり，いわゆる世話をするのに対し，父親は遊び相手としてかかわる場合が多いとされる。

4. 自己概念・アイデンティティ

　自己概念，つまり自分自身についてもっている考えや感じ方は，自分とは何かというアイデンティティの問題として，パーソナリティを形成していく段階で思春期には大きな問題となる。
　エリクソンは，誕生から死にいたるまでの発達段階で出会う特別な課題を8つの段階に整理して，アイデンティティを獲得していく過程と考えた（表4-1，132頁参照）。この理論は，エリクソン自身が生涯アイデンティティの問題で格闘してきたなかで出てきた理論である。5つめの段階の青年期は，アイデンティティの危機とよばれる段階であり，自分とは何か，自分はどこに向かっているのか，という問題に直面する。第二次性徴における劇的な肉体の変化とともに，抽象的思考が可能となり，職業や学業での進路を決定しなければならない時期で，おおいに揺れ動く時期である。6つめの段階になると，パートナーの選択と職業選択が大きな課題となる。7つめの段階は，子育てと次世代に伝える影響，社会的責任が大きくなる時期である。8番めの段階は人生を振り返る時期であり，成しとげたことに対して満足感を感じるか，絶望に陥るかに分かれる。
　中年の危機とよばれる時期がある。40歳前後に自分がすでに若くないことを自覚し，人生を振り返って自分のアイデンティティを問いなおすために不安定になるのである。年をとっていくことに耐えられないという認識をもつ個人は，職業を変えたり，離婚，再婚して若い配偶者を得たり，新しい人生をはじめようとの努力がみられる。センセーショナルなケースが注目されるが，中年期の危機といった科学的な根拠はない。
　大人を対象としたアイデンティティの研究において，ウイットボーネは，アイデンティティの問題は価値観に大きく関連していることを報告している。つまり，家庭生活が大切だと考える個人は，アイデンティティを家庭での役割におくし，仕事でどれだけ達成したかが大切だと考える個人は，熱心にはたらき，よく仕事をするといったアイデンティティをもつということである。
　また，それと関連して，他人との関係のなかで自分をどのように規定する

かをめぐって，文化の違いを示している。北米やヨーロッパにおいては，自分が他人と違う個性的な人間であることに価値をおき，自分はだれとも違っているというアイデンティティをもつのに対し，アジア，アフリカ，ラテンアメリカでは，他人と相互依存した人間関係を好み，他人と協調してうまくやっていくことにアイデンティティの焦点がおかれる。

人間関係に関しては，思春期は，親との関係が悪化する時期と信じられているが，アメリカの研究報告によると，反対に，むしろよい関係を保つ時期だという。個人差の多い問題ではあるが，一般的に信じられていることと事実とのギャップがあることを念頭におく必要がある。わが国の例に関しては，今後の研究が待たれる。

友人関係に関しては，子ども時代と同様に，同じ関心や趣味のもち主に魅かれるが，思春期においては，価値観やパーソナリティ，態度の似たものが親しくなっていくという。これは，自分中心の思考からぬけ出して，他人のことが配慮できるようになっていくために，より深い友人関係が得られるようになる結果であろう。友人関係は，大人になって年を重ねていくうちに変化していく。年配の男性は，若者より他人に対する配慮と思いやりが，女性は忍耐力が増し，友人を受容していくようになるとされる。また，人生における満足度は，友人との人間関係と関連しているとの報告がある。

5. 年を重ねることと死の受容

年をとることに関しては，健康や能力を失い，経済的にも貧困となり，みにくくなるといったネガティブなイメージがつきまとう。また，親しい友人や家族を失い，死への恐怖もつきまとうとなると，悲観的になってしまいがちである。うつ状態から自殺する高齢者が多いとの報告もある。上手に幸せに年をとる秘訣はなんであろうか。老化現象としての健康の衰えはまぬがれないことであるが，すばやい行動がとれないとなげくより，ゆったり優雅に生活できる，他人にリラックスした態度で接することができるといった，積極的な視点の導入が必要であろう。経験の長さと深まり，おちつき，成熟といったものは若者には見られない財産だといえる。

研究によると，年齢そのものは人生の満足度との関連はない。年齢が高くなればなるほど，個人差がひじょうに大きくなっているのが特徴的である。人生に満足している指標としては，まず，身体的健康度，2番めに友人や社会的支援，3番めに自己決定できると感じているかどうかがあげられている。老人ホームにおいて，過ごし方やルールなどを自分たちで決定できるようにした場合に，高齢者たちは，より幸福で社交的，独立し，寿命まで延びたという。手厚く世話をするという考え方から，高齢者が自分たちのやり方で自分たちのサービスを決定していけるように，責任をもたせて運営していくという考え方が必要である。

　また，助けてもらうより，他人に対する奉仕，サービスなど責任をもって他者のために何かを行うことが，高齢者の幸福感に貢献しているという報告がある。自己決定能力と，他者に対する奉仕，これが，人間の幸福感にかかわる重要なパーソナリティ特性といえるのではないだろうか。

　死に対する態度としては，だれでも恐怖をともない悲観的になってしまうことはまぬがれない。問題なのは，むしろそのようなネガティブな感情表出が抑圧された場合である。死にいたる病におかされた個人は，その時期が近いことを自覚しているため，近親者が気遣って告知しないと，人生の最後の貴重な時間に誠実なコミュニケーションができないことに対して心理的負担を感じているという報告がある。キューブラー・ロスの研究によると，死を受容するまでに，否認，怒り，取引き，うつ，受容といった段階を経験するとされているが，ほかの研究によると，ただ悲しみとうつ状態であるとされている。個人差の大きい問題であろうが，高度な医療を駆使した延命よりも，ホスピスで痛みのコントロールをしながら，自然なこととして死を受け止めていく，尊厳に満ちた態度が，死んでいく人にとっても残されるものにとってもなぐさめとなるであろう。

第4節　動機づけと情動

1. 動機とは

　動機づけ，情動とは，個人が特定の行動を選び，はじめ，つづけ，ある目的に向かって遂行する過程のことである。われわれは，なぜ特定の行動をとるのだろうか。動機づけには，パーソナリティや価値観などによる個人差もあるが，ヒトとして普遍的な生物的，基本的な情動もある。愛情や怒りといった感情や，社会的に認められたいという欲求など，認知機能の発達した人間にはさまざまな動機が存在するが，まずはじめに，基本的な食欲と性行動について概観しよう。そのうえで，より高度な達成動機，自己実現動機について記述することにする。

2. 食　欲

　どのようにして，おなかがすいた，あるいは食べたいといった衝動が起きたりするのだろうか。食欲は，人間の基本的，生理的欲求にもとづく動機であるが，それが健康的なレベルでコントロールされないために，肥満や摂食障害といった問題が蔓延している。ここでは，まず肉体的なメカニズムの説明を行い，その後，現代人の病といわれる肥満と食行動異常の心理について述べることとする。

　食欲をつかさどるのは，体内のホメオスタシスをつかさどる脳幹の視床下部であり，そこには飢えを感じて食べはじめたり，満腹を感じて食べるのをやめたりする指令を出す中枢が存在することが明らかになっている。しかしながら，食欲の動機づけはもっと複雑である。血糖値や血液中の化学物質濃

度，胃中の食物量のみならず，社会的状況も関与している。つまり，おなかがいっぱいになっても，デザートが出てくるとまた食べられるといったこともありうるし，いつも食べる時間になると反射的に食べたくなったりするという，習慣的に条件づけられた動機も存在する。ストレス性のやけ食い，あるいは食欲不振など，情緒的なものの関与も大きい。ストレスにさらされると，脳内の快感物質であるセロトニンが消費され，そのレベルを上げるために食欲が増すというメカニズムも知られている。また，さまざまなフラストレーションを食欲でおき換えるというメカニズムも存在しているようである。たとえば，愛情欲求を食欲におき換えて過食するために，さびしい女性は太るといわれるように，である。

　肥満を解消するためのダイエットが盛んであるが，減量しても5年以内に95パーセントの人がもとの体重にもどるというデータがあるほど，ダイエットはむずかしい。太っている人がそんなに多く食べていないのに太っているとか，やせの大食いといった人びとがいるのは事実である。これは，スタンカードら（1990）の双子の研究で明らかになったように，遺伝的要因が，太りやすいかそうでないかに関与している割合が大きいことを示している。つまり，新陳代謝の高さが遺伝的に受け継がれるからではないか，という理論である。また，「セットポイント理論」においては，大人になってからの体重を一定に保つメカニズムが，体内に存在するという説明がなされている。しかも，肥満した人がダイエットするために摂取カロリーを減らすと，新陳代謝がますます低くなり，やせにくく太りやすい体質になってしまうのも事実である。

　このように，ダイエットが困難であるにもかかわらず，社会的にスリムな体型を保つことが奨励されており，とくに若い女性にとっては，スリムな体つきは憧れであるために，極端なダイエットによる食行動異常が広く存在する。毎食カロリーが気になって計算せずにいられなかったり，食べ過ぎた後で罪悪感におそわれたり，食べたらはき出すことを習慣にしている人たちもいる。やせることで自分の価値が増すように感じ，太るくらいなら死んだほうがましだとダイエットをつづけていくうちに，拒食症になり，精神，肉体とも障害が生じてしまうケースもある。思春期で，自分の容姿が気になった

り，親からの自立を求め，アイデンティティを模索しているうちにダイエットにはまるケースも多い。極端なローカロリーの食事から一変して過食に陥り，罪悪感と自尊感情の低下からうつ状態になり，社会適応が困難になるケースもある。また，食事やスタイルのことが頭から離れないといった症状をもちながら，社会適応をほどほどに保っている女性は，多く存在するようである。しかしながら，社交や仕事などより体重コントロールが優先するようになると，さまざまな支障が生じるようになる。

　食欲よりも，美しくありたい，異性をひきつけたい，社会的に認められたい，セルフコントロールの能力をつけたいなどという動機づけのほうが，社会的存在である人間には大きいようである。しかしながら，飢餓実験において明らかになったように，長期間にわたる低カロリー摂取は，うつ状態や焦燥感を引き起こしたり，生理的にも過食衝動を引き起こしたりする。拒食症や過食症にならないまでも，生理的な空腹感を感じなくなったり，食べた量と無関係に食欲が起こるというのは決して健康とはいえない状態である。適切な身体活動やストレスマネージメントなどを通して，健康で正常な食欲が回復することは，健康なパーソナリティに必要なことである。

3. 性行動

　性行動に対する動機づけは，身体的発達によるホルモン作用に大きく影響されているが，個人のもつ価値観，道徳意識も関与している。認知機能の発達したヒトの場合は，生理的に規定されるといっても，ほかの哺乳類と違って発情期というサイクルではなく，接触や視覚的な刺激といった外的な要因によって規定される部分が大きい。

　援助交際という売春行為の低年齢化，10代の妊娠中絶率の増加など，性風俗の乱れが著しいなかで，エイズのような性感染症の蔓延が危惧されている。女性は強制されて性行為に臨むときに快感が大きいといった俗説から，ボーイフレンドや配偶者によるレイプが見られる。性行為は，成熟した男女が，お互いの関係のなかで不安や心配，罪悪感がなく，同意して行うときに快感と喜びがともなうものである。援助交際をしている中学生から，行為そ

のものは嫌いだが，抱かれたい，自分をいたわってやさしくしてもらいたいという欲求を聞くことがある。また，自己嫌悪から自分の価値を見いだせないときに，自分の体を必要として喜んでくれる異性がいることで自尊感情を保つというケースもあり，何人と経験したかがその価値基準となっている場合もある。また，セックスレスカップルも大きな社会問題になりつつある。つまり，安定した婚姻関係内における性行動の希薄化と，いわゆる不倫関係などに見られる婚姻外での性交渉，不特定多数との関係などにおいて，性感染症のみならず，家族の問題や婚姻関係のあり方が問われている。

　セクシャルハラスメントも近年議論されるようになってきた。仕事や学業の場において，上の立場にあり，権力をもつものが，下の立場にある異性に対して性的行為をほのめかして半強制的にしたがわせることなどが観察される。被害者は，自分に落ち度があったのではないかと自分を責め，だれにも相談できずに泣き寝入りが多いと聞く。被害者を責めるような社会的雰囲気を変革し，被害者の告発を暖かく受け止め，しかも加害者に対してきちんと社会的責任を問う社会が待ち望まれる。

4. 達成動機

　いままでみてきた食欲と性行動については，生理的，肉体的な要因が大きく関与していたが，社会的，文化的に好ましいとされる目標に到達しようとする過程，つまり達成動機においては，より社会的，認知的な要因の関与が大きい。達成動機の高い人は，学業においても仕事においても優れた業績を成しとげる。達成することそのものが動機づけになり，達成することによって得られる結果に満足して楽しむようになる。達成動機の高い個人はまた要求水準も高く，成功の原因を自分の能力や努力といった内的な要因に帰属させて考え，自尊感情も高まる。失敗した場合にも，努力など，自分のコントロールできるものに原因帰属させ，達成行動は持続される傾向がある。

　達成動機に関して，男性にくらべて女性のほうが，成功することに対する恐怖があると信じられてきた。つまり，成功することによって，男性の競争意識，対抗意識を刺激し女性らしい魅力が落ちるため，男性から好かれる

ことを選んで成功を回避するといった理論である。最近の研究によると、この成功への恐怖は、ジェンダー間で差がないことが報告されている。男性でも女性でも、成功することへのためらいは、伝統的にその性役割とみなされないキャリアにおいて、同じようにみられるという（ハッキホーセンら、1985）。男女差がみられるのは、自信についてである。達成できるかどうかの自信は、男性において比較的一定であるのに対し、女性は他人の意見で左右されることが多いとされる。

動機づけには、「内発的動機づけ」と「外発的動機づけ」がある。そのもの自身を行うことに楽しみを見いだすのが内発的な動機であり、報酬など外的な条件によって動機づけられるのが外発的動機づけである。問題なのは、内発的動機づけのある行動に対して、外的な報酬などを与えると、内発的な動機が弱まるという現象である。お手伝いを喜んでやっていた子どもにお駄賃をやるようになると、お駄賃がないとやらなくなるといった例で説明されよう。このことから、報酬によって一時的な動機を高めることはできるが、長い目で見ると反対の作用のほうが大きいことがわかる。

5. 自己実現の動機づけ

マズローの欲求階層説によると、生理的安全を求めるといった基本的な欲求が満たされると、愛と所属への欲求、さらに承認と尊重、自己尊重の欲求へと発展する（図4-2）。そして最後には、自分自身の能力の最善を尽くし、成長していくという自己実現の欲求が現れてくるという。自己実現のレベルにおいては、こころよい緊張感が経験され、行動すること自体が目標となり、次つぎと次元の高いものを求めるようになる。マズローは、歴史的に自己実現した人物として、リンカーンやアインシュタインなどをあげている。自己実現は、パーソナリティの到達するひとつの目標であり、次のような特徴をそなえている。

①自己受容
②他者受容
③自分以外のものにかかわっていること

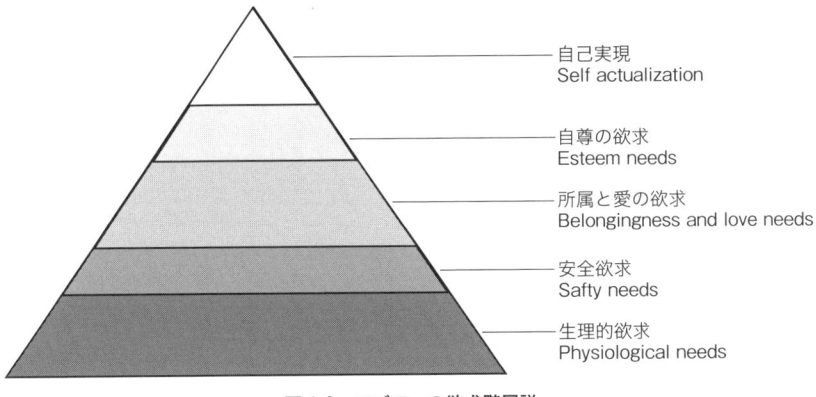

```
        自己実現
        Self actualization

      自尊の欲求
      Esteem needs

    所属と愛の欲求
    Belongingness and love needs

   安全欲求
   Safty needs

  生理的欲求
  Physiological needs
```

図4-2 マズローの欲求階層説

④行動や感情が自発的であること
⑤自分自身より，問題やその解決に焦点をあてること
⑥安楽への圧力に対抗すること
⑦創造性があること
⑧他人に対して紋切り型ではなく柔軟に評価すること
⑨はっきりした価値観をもっていること

などである。

　マズローは，自己実現の欲求は，それより低次元の欲求が満たされたときにのみ現れるとしたが，フランクルは，自分の強制収容所体験のなかから，基本的欲求が満たされていないところにおいても現れる自己実現，他人や人生に対して現れる肯定的な態度を人間の尊厳として記録している。

6. 情動・感情

　ヒトは感情的な動物であるといわれる。ここではまず，生物的な情動である恐れと怒り，そして不安について説明しよう。恐れは，危険物や外敵におそわれたときに生じる感情であり，逃走行動がとられる。恐れ，恐怖の対象が明確な場合には，一過性の強い情動が引き起こされるが，対象が明らかでない場合には，持続的で不快な，不安とよばれる情緒を経験する。怒りは，自分の領域に対して，身体的，行動的，言語的な侵害があったときに経験さ

れる情動である。危険に対して消極的な対応が恐怖であり，逃走につながるが，怒りは，より積極的な対応である攻撃につながる。これらの感情をつかさどる脳内の部位は，ひじょうに近いか，重なっていることが知られている。社会的存在であるヒトにおいては，このようなネガティブな感情表出の抑圧が行われており，ほかに向かうはずの情動が，自罰，自傷的行為におよんだり，直接的な行動におよばないことが多いため，抑圧された怒りなどが身体症状として現れて心身症となったりすることも知られている。

このように，情動と身体症状は関連があるため，情動の測定にしばしば血圧，心拍数などの身体的指標が使われることがあるが，結果は必ずしも信頼できるものではない。

嘘発見器は，興奮すると自律神経が刺激されて手のひらに汗をかくことから，皮膚電気抵抗を測定することにより，真実を語っているか嘘をついているかを判定する機械である。しかしながら，厚顔無恥で感情コントロールのできる強者もいれば，小心でドキドキしながら真実を語る者もいるため，信頼性は必ずしも高くない。情動を認識するもうひとつの指標は表情である。これは，文化によって規定される部分より普遍的な要素が多いことが知られている。本当の笑顔とつくり笑いは，目の表情によって識別できる（図4-3）。

主観的な幸福感は，QOLなどでも測定されるが，ポジティブな感情が，認知のプロセスによい影響を与えることが知られている。コメディを見たり，キャンディをもらったり，食事をふるまわれたりして，よい感情になってい

つくり笑い　　　　　　　　　　本物の笑顔

図 4-3　本物の笑顔とつくり笑い

る実験群は，コントロール群にくらべて記憶力や創造性が増すこと，問題解決能力が増すことなどが実験的に明らかになっている。

第5節　思考，言語，知能

1. 問題解決と創造性

　認知の発達を各ライフステージごとにみてきたが，認知のなかには知識の獲得，保存，再生，そしてその知識をいかに利用するかという過程が含まれる。ここでは，知識を使って結論を導き出す精神的機能である思考について学ぼう。これは，パーソナリティに大きく関係する分野である。
　心理学的にいえば，思考は次の3つに分かれる。ひとつは「メンタルイメージ」とよばれるもので，たとえば道の説明などを，心のなかで思い描いて地図をつくり，把握するというものである。ここでは，記述された情報を地図に翻訳するという作業が行われる。次は「問題解決」であり，これにおいては，独立した情報をいかにして目的到達のために組み合わせるかという作業になる。最後に，「意思決定」である。それは異なった情報源からのさまざまな情報を組み合わせて選択，判断するということである。このような思考過程を行うときに，われわれは2つの方法を組み合わせている。ひとつはトップダウン方式，これはいままでに蓄積されている知識や経験にもとづく概念や期待であり，もうひとつはボトムアップ，目の前にあるもの自体から得られる感覚情報にもとづいて判断するものである。
　何も先行経験のないように思える赤ん坊でさえ，スキーマとよばれる認知の枠組みをもっており，驚くほど現実的な認知機能をもっていることをみて

きた。トップダウン方式によれば，先行経験から類推することによって，われわれは膨大な情報処理から解放され，時間，エネルギーを最小限にして思考している。その過程では，重要な情報とそうでない情報を瞬間的に選択しているのである。しかしながら，そのような過程のなかで失われる情報も大きい。例として，次のような問題をやってみよう。

> 問題１：あなたがバスの運転手になったと想像してみてください。はじめのバス停で，6人の男性と2人の女性が乗りました。次のバス停では，2人の男性が降りて1人の女性が乗りました。次には2人の男性が降りて1人の女性が乗りました。その次のバス停では，3人の男性が乗ってきて3人の女性が降りました。次に1人の男性が降り，2人の女性が乗り込みました。さらに次のバス停で，2人の男性が降りて，新たに3人の男性が乗りました。そして最後に，1人の女性が降りました。さて，運転手の名前はなんといいますか？

このような問題を出されると，ほとんどの人は自動的に乗客の数を数えはじめる。クイズに詳しい人は，バス停の数を数えるかもしれない。数に集中することによって，記憶に残っていない情報を聞かれると困ってしまう。まだ答えのわからない人は，注意深くもう一度問題を読んでほしい。わからない人は，トップダウン方式の思考が優位であるといえる。

さて，問題が与えられたときには，何が問題であるかを把握することが，はじめのポイントとなる。受験の国語や英文読解で，はじめに設問を読んでから長文を読むようにすると，ポイントが絞れてわかりやすいといった経験があるであろう。上記の問題も，問題は何かを知れば，答えは容易にわかるはずである。しかしながら，問題は何かということでさえ，過去の経験から勝手に想像してしまう場合も多い。このこと自体は悪いことばかりではなく，やはり思考の時間，エネルギーを短縮することに役立っている。ある程度，過去の経験からの類推によって問題の把握も容易になる。バスの問題も，過去に，「バス停はいくつだったでしょう」とやられた経験をもつ人は，「今度はその手に乗らないぞ」と覚悟して問題を読んだはずである。しかし，そうは問屋がおろさなかったが。先行経験や情報を利用することは，問題解決にとって有用な方法であるが，それにこだわりすぎると，重要な情報を見落と

すことがある。

　問題の何かが把握されたら，次に問題解決の戦略を立てる。数学の問題なら数式を立てる。問題が複雑であれば，考えられるすべての組み合わせを書き出して表にし，ひとつひとつ検証していく。また，絵や図を描くことによって情報を視覚的に把握すると，問題解決が容易になることがある。このような戦略は，問題の性質によって何が一番ふさわしいかが異なり，戦略の選択もまた一種の意思決定である。よく行われることは，複雑な問題を小さなステップに分けてひとつひとつ解決しながらゴールに向かう方法である。戦略の立て方も過去の経験を参考にするが，それにこだわりすぎるとまた失敗する可能性があり，柔軟な思考も要求される。

　では，専門家や，優れた問題解決家はどのような戦略を使っているのかみてみよう。まず，問題解決に優れているものは，長期記憶において通常よりもたくさんの記憶を保持していることがあげられている。また，メンタルイメージによって，抽象的なものを具体的なモデルにすることが得意であり，適切なモデルに翻訳する。また，問題の性質そのものの理解に優れており，表面的な問題だけでなく，その問題の背後にある関係や意味をとらえることにより分析が適切である。さらに分析や決断の速度が速く，同時に2つの違った可能性の判断も瞬時にやってのける。そのうえ，問題解決行動そのものについての判断もしており，メタ認知とよばれるが，自身の能力，経過などの認識が適切であり，自分の手に負えるかどうかの判断も適切であり，この問題解決をつづけるべきかどうか，いつ降りるかどうかの判断にも優れているとされる。

　創造性とは，問題解決行動において，過去にみられないほど質の高い解決法を見いだすことである（アイゼンク，1991）。意表をつく発見は多いが，それが質の高いものであるかどうかが評価されなければならない。アイスクリームのてんぷらはすばらしいが，ニンニクのチョコレートがけは成功しなかった。創造性は知能と関係があるが，知能の高さだけで創造性は生まれない。不確実性に耐えられる性格特性や，創造的な仕事に対する動機づけの高さといったパーソナリティが必要である。また，それを認める社会的環境も重要な要因であると指摘されている。興味深いことに，仕事が評価されることが

わかっていると創造性は低下する。もっとも創造性が高まるのは，評価されない状況で1人で仕事を行うときであることが実験で明らかになっている。

2. 意思決定

われわれは，日常生活を行ううえで，たえまなく意思決定を行っている。意思決定とは，不確かな状況のなかで何かを選択していくことを要求されるものである。証拠がほとんどないなかにおいて，最善の決断をしていくためには，他の認知機能と同様に，蓄積された知識を結びつけたり，応用したりする必要がある。意思決定において，いかにも合理的に正しい決定をしているようにみえながら，人間はさまざまな間違いをおかす。しかも，正しくない判断に対してそれを認めようとしない傾向がある。

論理的に考えをつきつめて決定するやり方を「アルゴリズム推論」という。また，反対に自分の経験や勘に頼って決定するやり方を「ヒューリスティック」「発見学的」とよぶ。ここでは，われわれが自分のひらめきや思いつきで判断しておかす意思決定における過ちについて，心理学的にみていくことにしよう。

問題解決の際において問題となったことは，過去の経験や情報に頼りすぎることであった。意思決定を行う際にも，人は過去の経験やもっている情報から推論を下す。たとえば，身近な例やよく知っている環境のなかでしか考えないことによるミスがある。どのようなときでも，よく知っているとか，慣れている，やったことがある，というやり方を真実と無関係に最善の方法だと判断する傾向がある。また，最近起こったことがらの例を最重要視して過去の重要な例を軽視する傾向もある。アメリカで起こったテロ事件の直後は，アメリカは危険な国だと判断して渡米をとりやめたが，時間がたつにつれて，客観的な危険度と関係なくそのような意識は変わっていき，旅行者も増加したという事実がある。

また，事例そのものをよく観察しないで，典型例やステレオタイプ的な判断で間違いをおかすこともある。限られた先行経験だけから判断し，将来的な可能性を軽視することもある。さらに，認知の枠組みフレームや，言語，

シンボルによって影響を受けることもある。

このように，われわれは意思決定において過ちをおかすことが多いにもかかわらず，自分の決断を過信しがちである。またこのような傾向は，専門家より初心者において多くみられる。なぜそのようなことが起こるのであろうか。ひとつには，われわれの知識は狭く限られているにもかかわらず，それを認識していないことによる。また，いろんな証拠があるときにも，自分の決断を支持するものにのみ目が向きがちで，反対するものは無視する傾向があるためでもある。このような事実を認識していることによって，より正しい決断が下されるようになることか期待される。

3. 言　語

言語は認知の道具であると同時に，社会的行動でもある。会話のなかで，話し手は聞き手がどのように受け止めているかを推測し，共通理解をめざす。また，会話にはコミュニケーションのルールがあり，はじめ，終わりの挨拶や言葉があり，情報伝達だけではない社会的役割がある。

ウォーフ（1956）は，使用する言語の性質によって思考パターンに影響があることを示した。たとえば，日本語にはプライバシーという言葉はなかったし，英語には甘えにあたる言葉がない。この事実から，アメリカ人と日本人の思考の差違が説明される。談合，根まわしなどにあたる英語を探すのもむずかしく，英語圏にはそのような習慣や行動,概念がないことを示している。

2ヶ国語を流暢にあやつることをバイリンガリズムという。これは，文化的に公用語と母国語が異なっていたり，仕事や学校で違う言語を使用する場合などにみられる。バイリンガルになることについて，1ヶ国語しか使用しない場合にくらべて，概念学習や言語の習得に遅れがみられるのではないかという議論があった。それは，過去の研究において，社会階層の差などが考慮に入れられていなかったためである。交絡変数をコントロールした結果，そのような悪影響はなく，むしろ好ましい影響が明らかになってきた。つまり，バイリンガルの子どもは1ヶ国語しか話さない子どもと比較して，学業成績もよく，精神的に柔軟な対応をするというものである（パールとランバ

ルト，1962)。さらに，第一言語の理解が，ひとつの言語しか使用しない場合より深く，言葉の使い方やニュアンスを理解している。また，思考が柔軟であるために創造性も高く，非言語的知能テストでも高得点であるという結果が出ている。難点をひとつあげるならば，ひとつしか言語を使用しない群にくらべると，言語の使用において多少時間がかかるということがある。しかしながら，これはそれ以外のメリットで補って余りあることであろう。

4．知　能

　人間の精神機能のうち，知性にあたるものを「知能」とよび，情感や意思などを性格と称する場合が多い。ここでは，それらをあわせてパーソナリティとよんでいるが，知能とは，知的行動の基礎にある認知機能のことであり，実際的問題解決能力，言語能力，社会的有能さといったさまざまな側面を含む。知能の測定のために知能テストが考案され，知能指数が測定される。それは，精神年齢を暦年齢で割ったものである。

　知能や性格テストといったものが雑誌などでもときどき行われているが，心理学的，科学的に査定するためには，次の3つの要素が重要なキーとなる。まず，ひとつめが標準化である。心理学的なテストは，正式に施行される前に，ある程度以上の大きな集団を対象として何度もテストがくり返され，その平均値などがあらかじめわかっている。それを基準に，知能が高い低いといった判断が可能となるのである。一度テストが標準化されると，実施する際にも標準化された同じような状況で施行されなければならない。たとえば，心理テストではないが，大学入学試験なども同じ条件で受けなければ正しい結果は出てこないため，質問に答える内容などについても厳重にコントロールされている。そうすることによって，得点や標準偏差などが意味をもつ数値となってくるのである。

　次に信頼性の問題がある。体重計に乗るたびに目盛りが違うところをさす場合には，その結果を信用できない。いつも一定の数字を示す場合にのみ，私たちはそれを信頼することができる。心理学のテストも同様であり，被験者がテストを受けたときに，つねにほぼ同じスコアを示さなければならない。

しかし，心理的なものは，体重よりも不安定で変わりやすいのも事実である。完全に一致することはないにしろ，高い相関がみられることを期待する。

最後に妥当性である。これは，テストで測定しようとすることが結果として得点に反映しているかどうかをいう。知能を測ろうとするテストであるにもかかわらず，知性ではなく恥ずかしがりやである，慎重である，といった性格特性によって得点が変わってくるようでは妥当であるとはいいがたい。

知能とはどのように定義され，どのように測定できるのかについては，多くの議論がある。立場によって言語性を重視したり，あるいは問題解決能力を重視したりする。興味深いことに専門家は，たんに学業に現れてくるような側面のみならず，社会生活を送るうえでの能力も重視していることである。

発達を考える本章のはじめに提出した議題，つまり，遺伝か環境かの問題は，知能においてはかなり遺伝的な優位が報告されている。また，知能テストの結果は一生を通じてかなり一定であることも報告されている。

知能はひとつの概念であるのか，それともたくさんの要素から成り立っているのかについては，今日でも議論がつづいている。因子分析という統計的手法によって，知能をいくつかの要素に分解してとらえる方法が試みられている。ギルフォードにいたっては180もの分類をしているが，今日では，たいていの心理学者が，ガードナーの7因子説（1988）を支持するだろう。それは次のようなものである。①言語能力，②論理的・数学的思考，③空間的思考，④音楽的思考，⑤身体調節的思考，⑥対人関係的思考，⑦自分自身に対する理解，の7つである。ひとつの分野に優れている個人は，たいていすべての分野に優れているという場合が多いとされる。

民族による知能の差については，微妙な問題であるが，たいていの知能テストが，白人の中産階級を対象に標準化されている場合が多いために，比較は困難である。テストの妥当性の問題があるために，この問題については断定することはできないだろう。女性のほうが言語的能力に優れ，男性は数学的，空間的能力に優れているという俗説は，あながち間違いではない。統計的にはわずかながら優位な差が出ている。

ワーク1　きょうだい何人？　～KJ法～

●クラス全員を見渡し、「長男長女グループ」「中間子グループ」「末子グループ」「一人っ子グループ」に分かれて、グループで特徴をまとめてみよう。

〈用意をするもの〉
・名刺程度の大きさの用紙（人数×5枚程度）
・ワークシート

〈手順〉
① まずグループメンバーそれぞれが、名刺程度の大きさの紙に自分の特徴を1枚にひとつずつ書く（5枚程度）。
② 書き終わったら、それぞれが書いた紙を用いてグループメンバー全員で特徴をグループ分けする。
そして、その特徴にタイトルをつける。
③ ワークシートにそのタイトルを書き出し、内容をまとめる。
④ ワークシートができあがったら、それをもとにグループの特徴を話し合う。
⑤ ワークシートを用いて、グループごとに発表する。　　　（田中順子）

〈ワークシート例〉　A4判用紙程度

〈一人っ子〉　グループ

特徴1：○○○○○○○○○○
....
....
特徴2：○○○○○○○○○○
....
....
特徴3：○○○○○○○○○○
....
....

ワーク2　ビバリーヒルズ高校白書に見る地域性・国民性

●自分が育った地域の特徴をあげて、語り合ってみよう。
・気候は？＿＿＿＿＿＿＿＿＿＿＿＿＿＿＿＿＿＿＿＿＿＿＿＿＿＿＿＿＿
・言葉（方言、あいさつなど）は？＿＿＿＿＿＿＿＿＿＿＿＿＿＿＿＿＿＿

・習慣、行事は？＿＿＿＿＿＿＿＿＿＿＿＿＿＿＿＿＿＿＿＿＿＿＿＿＿＿
これらの環境要因は、その地域のパーソナリティにどのような影響を与えていると考えますか？

●「ビバリーヒルズ高校白書・青春白書」を見て、地域性・国民性について考えてみよう
「ビバリーヒルズ高校白書・青春白書」（原題：Beverly Hills, 9P0210）は、アメリカで1990年10月～2000年5月まで第10シーズンにわたって放映された人気テレビドラマである。ミネソタ州ミネアポリスからカリフォルニア州ビバリーヒルズに引っ

越してきた双子の兄妹（兄：ブランドン，妹：ブレンダ）が新しい土地での習慣や人間関係にとまどいながら成長していく過程が描かれている。彼らは，五大湖に近いアメリカの中北部に位置し，寒暖の差の激しい気候の土地ミネソタで伸び伸びと育った。そんな彼らの引越し先は，ビバリーヒルズ。1年中温暖なロサンゼルスの郊外に位置し，いわずと知れた高級住宅地。転校先のウェスト・ビバリー高校には高級車を乗りまわすお金持ちの子女ばかりで当惑してしまう。また，ドラマのなかであつかわれる題材は，恋愛はもちろんのこと，アメリカだけにとどまらず世界の若者が直面するであろう社会的問題（妊娠，人権問題，ドラッグ，エイズ，銃など）である。こうした一連の物語から，地域性，あるいは国民性などの特徴を見いだしてみよう。　　　（田中順子）

〈作品データ〉　原題：Beverly Hills, 90210　制作：Spelling Television Torand Production Inc. 放送：1990年10月～2000年5月（アメリカ）

ワーク3　私のライフライン

●今までの自分自身を振り返り，自分のライフラインを完成させよう。
〈手順〉
①まず，横に一本の線を書く。そこに自分のできごとの目盛りを線の上にふっていく。
②その目盛りを基準に，線の下に家族のできごと，そのときの自分の感情などを書き加えていく。

〈例〉

誕生　幼稚園入園　小学校入学　中学校入学　高校入学　大学入学　現在

③書き終えたら，振り返ってみよう。
　・目盛りの間の部分はどのように生活していたのか。
　・自分のできごと，家族のできごととの関連性はあるか。
　・いまの自分の特徴は，どこで形成されたのか。　　　など

④現在から，将来の自分（死にいたるまで）を想像して書いてみよう。
⑤ワークを振り返っての気持ち，考えたことを書いてみよう。　　　（田中順子）

COLUMN

■行動パターンと身体の病気との関係■

人間の行動特徴と，身体の病気に関係があることを知っていますか。「タイプA行動パターン」と「タイプC行動パターン」といわれる行動特徴があります。

【タイプA行動パターン】

タイプA行動とは，1950年代にアメリカの医師．フリードマンが心臓病の危険因子として発見しました。心臓病の外来で待合室の患者のイスが，異常に早くすり切れていることから発見されたそうです。心臓病患者は，少しの時間を待つことにストレスを感じ，すぐに立ち上がれるように浅く腰掛けている人が多かったのです。

行動的特徴としては……
- 敵意性
- 競争性
- 時間切迫
- 精力的活動
- 完璧主義

【タイプC行動パターン】

タイプC行動パターンとは，ガンになりやすい行動的特徴として，研究されています。

この特徴は，免疫機能の低下やガン細胞の増殖に関与されているといわれています。

行動特徴としては……
- 怒りや不安などの情動表現を抑制する
- 自己主張しない
- 無力感や絶望感に陥りやすい

どちらも強くストレスを感じやすい性格傾向です。ストレスをうまく解消できないと，ホルモン分泌や自律神経に影響を及ぼし，免疫力を低下させてしまうといわれています。そのため，病気になる可能性が高くなるのです。

（花岡陽子）

一部引用
参考文献，『臨床心理学キーワード』，坂野雄二（編），2000年，有斐閣双書

第5章

パーソナリティの偏りを理解する

第1節　健康なパーソナリティ

1. 健康なパーソナリティの指標

　パーソナリティの偏り・異常を考えるために，まず，健康な望ましいパーソナリティとはどのようなものか考えてみよう。

　はたして，望ましいパーソナリティという普遍的なものが存在するのだろうか。人間はみなそれぞれ個性をもち，1人ひとり違っているからこそ価値があり，自分自身になること，個性的であることが強調される。とくに，カウンセリング理論の来談者中心のアプローチにおいては，クライエントがありのままの自分になることが目標とされ，カウンセラーは，それを助けるために傾聴に専念し，行動変容を直接目的としたアドバイスや積極的なはたらきかけをしないことがよしとされているほどである。

　そこでは，人が，自分自身に誠実に自己一致するときに，積極的に望ましいあり方で生きていけるようになるという，性善説にも似た信念が前提となっている。

　健康なパーソナリティ，カウンセリングで目標とされるパーソナリティは，立場によって微妙に強調点が異なっているが，次の3点であると要約されるであろう。

　①正常であること。
　②適応していること。
　③成長していること。

　正常であることについては，とくに精神医学的モデルのなかで発達してきた概念であるが，何が正常で何が異常であるかは，なかなかむずかしいところである。

2. 量的な異常と質的な異常

　医学モデルにおいては，異常という概念が次の2つの観点から論じられる。ひとつは統計学的な観点から，分布上の偏り，つまり数が少ないという意味での異常であり，平均値からの偏りという意味である（量としての異常）。この場合，虫歯や近視など，望ましい状態ではないにもかかわらず，平均的な観点からいうと，たんに多数派であるという理由によって正常ということになる。

　パーソナリティに関していえば，たとえば，新人類などという言葉が出てきて久しいが，近年数量的に数が増してきたためか，その性格・行動パターンについて議論されることも少なくなってきた。いつのまにか，新人類といわれた行動パターンを示す人口が多数派になってきたために一般化してしまい，とりたてて議論するほどの概念ではなくなってきたのであろうか。ここに，量としての勢力を増すと正常とみなされるという傾向をみることができよう。

　もうひとつの例として，近年注目される精神的虐待，共依存という概念がある。これは不健康で破壊的な人間関係でありながらも，一般の人びとのなかで，必要悪というような認識があることもいなめない。専門家がその破壊性をいかに強調しようとも，慣れっこになっているために，異常性を感じないという傾向がある。

　人格の異常さを議論するときには，目に見えるような指標があるわけではないし，社会・文化的な価値観もかかわってくるために，時として，その判断は困難となる。また，パーソナリティの異常について語るときには，個性的な人びとをマイノリティだからという理由で異常というレッテルを貼り，差別してしまう危険性もともなっている。量的な観点で異常を判断する場合には，このようなことを考慮に入れなければならない。

　異常をとらえるもうひとつの観点は，質的なとらえ方である。いかに患者が多くても，虫歯や近視というのは，健康な快適な機能を失って治療や矯正が必要であるという意味で，異常であるとみなす観点である。精神医学的な

立場からみれば，たとえば戦争中の集団虐殺(ぎゃくさつ)などの心理は，人間の生命尊重という大前提をおかしているがゆえに，どんなに多くの人間が理由を正当化してかかわったとしても，病的な精神状態であると考えられよう。

パーソナリティの正常さとは，社会適応の観点から，常識的な多数の人びとから偏りすぎていないことも考慮に入れなければならない概念である。しかし，もっと重要なことは，絶対的で質的な観点から，自他ともに破壊的な行動に駆り立てられていないかどうかが，正常・異常を見分けるキーワードになるのではないだろうか。

3. 適応しているパーソナリティは健康的か

次に，適応の概念について考えてみよう。人間は，自分を取り巻く環境との相互作用のなかで生活を営んでいる。望ましいパーソナリティの指標として適応があげられるのは，この環境とうまく調和して生きていくことの大切さを示しているからであろう。

社会的不適応は，本人自身が苦痛を感じるものと，まわりが迷惑をこうむるが，本人はいたって平気という場合がある。どちらの場合も，健康とはいいがたいパーソナリティであるが，本人自身が不適応を苦痛と感じながらも属する社会に適応できない場合には，環境を変えることによって，生き生きと健康になる場合もありえる。また，不健康な社会，たとえば人間の基本的権利をも認めないような社会において，その社会規範にしたがって適応するほうが健康であるのか，信念を貫いて孤立するほうが健康といえるのか，見方や状況によって，どちらのパーソナリティが健康といえるかは，議論になるところであろう。

そういう意味では，パーソナリティの健康さに対して適応という概念は，相対的な判断基準でしかありえないともいえよう。だからこそ，過適応の問題が，精神保健の分野で大きな議論となってきているのである。適応は，社会的存在としてある程度身につけるべき社会的スキルであるが，適応の過程で，自分自身の個性を押し殺して環境に合わせることを優先していくと，結果としてかえって不健康となっていく場合がある。生きがいを感じられなか

ったり，自分自身として生きていない不全感などから，身体症状を呈するケースもあるほどである。心身症などがその具体的な例であろう。

適応の概念は，価値観も関係してくる微妙な問題ではあるが，自己実現と適応のはざまで，どうバランスをとっていくかがポイントとなるであろう。

4. 成長するパーソナリティ

成長という観点から，健康なパーソナリティを考えてみよう。WHOの健康の定義の改定案として提案されたように，健康とは，たんに疾病がないというだけではなく，望ましい方向へ向かっていく，ダイナミックな視点からとらえるべきである。

この観点から説明すれば，健康なパーソナリティとは，どんな偏りや不健全さをもちあわせていても，自他を生かす積極的な方向への意志，努力がみられるものと定義できるのではないだろうか。どのような方向へ向かっていくのかについては，第4章5節の，自己実現と自己超越の項を参考にしていただきたい。

また，人格の成長を発達的な観点からとらえると，自立していることというのも重要な点である。自己，他者双方に対して受容的で適応しているとしても，それが自由な意志をもって選び取られた行動であり，パーソナリティであるかどうかは吟味しなければならない点であろう。いかに理想的なパーソナリティにみえたとしても，それがだれかの命令に忠実にしたがっているというだけの結果であるとしたら，それを健康なパーソナリティといえるかどうかは疑問である。

現実的に考えると，完全な健康状態が存在しないように，完全なパーソナリティも存在しないはずである。理念として掲げることはできるであろうが，われわれは，その方向をみずから選択し，変化していく過程にこそ，成長というパーソナリティの好ましさの指標を掲げることができるであろう。

5. 偏ったパーソナリティのもつ創造性

次に，狂気と創造性について考えてみよう。健康なパーソナリティという概念は，精神保健の分野では目標とされるべきものであるが，俗に天才と狂気は紙一重といわれる。あまりにも健康で好ましい適応を示す人物は，現状に満足して，創造的な活動に駆り立てられることはないのであろうか。創造的な天才は，その能力を生かすために精神保健を犠牲にしなければならないのであろうか。

ジョンホプキンズ大学のジャミソン教授は，19世紀末から20世紀はじめにかけて，傑出した芸術家とその主治医，友人たちによる記録を分析した結果，作家，芸術家，作曲家とその直系家族は，気分障害を起こして自殺する確率が高いことがわかったと報告している。躁うつ病患者と創造的な才能をもつ人には共通点があるらしい。うつ状態のときに深く鋭く問題を掘り下げ，躁状態のときに超人的な集中力で創造的な仕事を完成させるというのである。

図5-1は，作曲家ロベルト・シューマンの作品を年代別に配列したもので

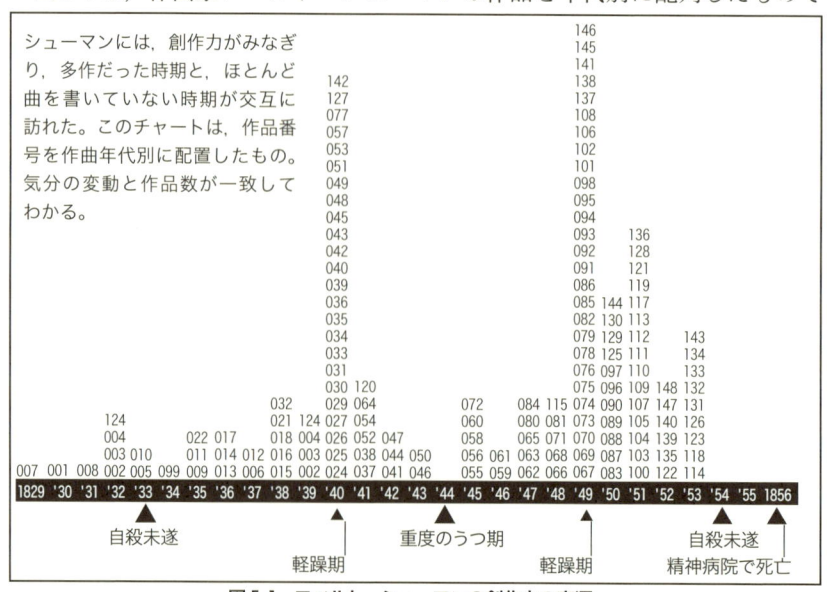

```
シューマンには，創作力がみなぎ                    146
り，多作だった時期と，ほとんど                    145
曲を書いていない時期が交互に          142         141
訪れた。このチャートは，作品番       127         138
号を作曲年代別に配置したもの。       077         137
気分の変動と作品数が一致して         057         108
わかる。                            053         106
                                   051         102
                                   049         101
                                   048         098
                                   045         095
                                   043         094
                                   042         093    136
                                   040         092    128
                                   039         091    121
                                   036         086    119
                                   035         085 144 117
                                   034         082 130 113
                                   033         079 129 112  143
                                   031         078 125 111  134
                                   030 120     076 097 110  133
                           032 029 064  072    075 096 109 148 132
              124          021 124 027 054 060 084 115 090 107 147 131
    004       022 017  018 004 026 052 047 058 080 081 073 089 105 140 126
    003 010   011 014 012 016 025 044 050 065 071 070 088 104 139 123
007 001 008 002 005 099 009 013 006 015 002 024 037 041 046 056 061 068 069 087 103 135 118
'1829 '30 '31 '32 '33 '34 '35 '36 '37 '38 '39 '40 '41 '42 '43 '44 '45 '46 '47 '48 '49 '50 '51 '52 '53 '54 '55 1856
       ↑                    ↑               ↑              ↑                    ↑
     自殺未遂               軽躁期         重度のうつ期       軽躁期              自殺未遂
                                                                          精神病院で死亡
```

図5-1 ロベルト・シューマンの創作力の変遷

ある。これをみると，気分と創作力の関係がはっきり読み取れる。シューマンの両親はうつ病であり，親戚も2人自殺している。シューマン自身も2度，自殺未遂を起こし，精神病院で生涯を終えた。

自殺したり，精神の機能が崩壊にいたるような場合に関しては，病気であるがゆえに，介入，治療が必要であることはいうまでもないが，気分の波が大きいといったような性格の偏りになってくると，はたして治療や人格の変容が必要であるかどうか議論になるところであろう。臨床心理学的観点から，つねに治療する権利と，ありのままに生きる権利ということが問われている。

6. 偏ったパーソナリティと神経症の違い

次に，人格の偏りと神経症の違いについて考えてみよう。神経症，ノイローゼという言葉はまだ一般的に使われているが，アメリカ精神医学会の診断基準であるDSM-Vにおいては，神経症という用語を使用しなくなり，「不安障害」，「気分障害」といった用語に置き換えられている。

神経症の概念を確立したのはフロイトである。神経症の古典的な定義は，①表している心身の障害に対して器質的な所見が見いだされないこと，②その精神症状が精神病ではないということ，③心身の症状が心因の関連で左右されること，が記載されている。

神経症が，精神障害という言葉で語られるようになった背景には，社会・文化的な変化による病態像，アプローチ，治療法の変化がある。つまり，古典的な記述にあてはまる患者が減り，神経症と精神病の境界例が増えてきているということ，また，精神科ではなく心理カウンセラーなど，心理臨床のアプローチを求めることが多くなってきたこと，SSRIなどの新薬の登場によって，生物学的基盤から薬物療法が重視されるようになってきたことなどがあげられよう。

パーソナリティ障害と，いわゆる神経症的な人格のもち主の一番大きな違いは，神経症的な人びとが，自分の内的な不安や罪悪感に苦しむのに対して，パーソナリティ障害の患者は，自分の葛藤や衝動を対人関係のなかにもち込んで処理しようとするため，周囲の者がひじょうに苦労するというところで

あろう。

7. パーソナリティの機能水準

「パーソナリティの機能水準」という言葉は，精神分析の世界で用いられる用語であるが，神経症，精神病，人格障害の病態水準を，その防衛機制という観点から説明しているところから，「パーソナリティ障害」の概念を用いると理解しやすいので，ここで紹介しておこう。

カーンバーグは，パーソナリティ水準を3つに分けている。「神経症的パーソナリティ構造」「境界パーソナリティ構造」「精神病的パーソナリティ構造」である。

このなかで，境界パーソナリティ構造について，①原始的な防衛機制を用いること，②アイデンティティの障害をもつこと，③自我の現実検討機能が保たれていること，があげられている。神経症的なパーソナリティのもち主は，抑圧を中心とする神経症的防衛機制を用いるのに対し，境界パーソナリティ構造をもつ者は，原始的理想化，否認，投影同一化などの防衛機制を用いて周囲のものを巻きこむ場合が多い。しかし，現実検討機能が保たれているということは，どんなに退行しても，精神病的な現実検討の狂いは生じていない，つまり，パーソナリティのゆがみが強く示唆されるということである。

たとえば，最近問題となるストーカー行為のなかに，境界性人格障害の特徴がよく現れている。彼らは，人格的に安定していないために，対人関係をうまくコントロールできない。助けてくれそうだと思うと相手を理想化し，少しでも自分の要求が通らないと急に相手をこきおろしたりする。自分の感情，衝動を抑えることができないために，イライラしたり，うつ状態になりやすくなったりするだけでなく，それを解消するために，性犯罪，薬物依存，自傷行為などの行為によって周囲を巻きこみ，自分の都合のいいようにコントロールしようとする。見捨てられることを極度に恐れ，注目されたいために衝動的な問題行動をくり返すのである。時には，ストレスによって一過性の妄想や解離性障害が見られることもある。症状が激しいために，精神病が疑われることもあるが，一時的な混乱で，ストレス反応の域を出ないために，

精神病とは違うアプローチが必要になる。

8. 健康・成熟したパーソナリティの5尺度

　狩野力八郎は，パーソナリティの健康を測る機能水準の尺度として，次の5項目をあげている。

　一番めは，他者との内的関係の深さや安定性である。争いや葛藤が起こったときに，相手の身になって考えられるかどうか，葛藤を乗り越えて人間関係を保ち，そこから成長していく能力があるかどうかである。二番めは，愛情対象に対するアンビバレンスに対する耐性である。相手の人物のいろいろな側面を認識し，愛と憎しみの葛藤に耐えていけるかどうかについての能力である。三番めの尺度は，相手に対する思いやりがあり，罪悪感を体験できるか，分離，抑うつ的な気分に耐えることができるか，喪失体験をどのように切りぬけるか，である。四番めの尺度は，自己概念の統合の程度である。最後の尺度は，自己概念と実際の行動パターン，理想の自己と現実能力がどの程度一致しているか，不一致であればそれに対してどのように対処しているか，である。

　これらを考えると，パーソナリティの機能水準は，すなわち，パーソナリティの成熟度を表すということもできよう。これらの尺度は，人間関係のなかで明らかになってくるものであると同時に，臨床場面においては，面接や各種投影法の心理検査によって査定できるものである。

第2節 パーソナリティの障害

1. 人格障害と精神疾患

　パーソナリティ障害，あるいは人格障害をどのように定義するかは，正常と異常をどこで区別するかと同じくらいむずかしい問題である。パーソナリティの偏りについては，個人差もあるけれども，ほかの精神科疾患と違うのは，その人格の偏りによる不健康な認知行動が，持続的，恒常的につづくことである。感情障害や不安障害といった精神障害では，その症状がおもに心因反応としてストレス下においてエピソード的に起こる。ここがパーソナリティ障害と区別される診断基準になるであろう。

　また，病態水準という考え方でながめると，人格障害は，神経症といわゆる精神病との境目あたりと考えられるであろうか。ボーダーライン人格障害は，まさにそのボーダーライン上と考えられるために命名されたものであろう。個々の症状そのものは神経症レベルのものであり，現実検討もできるのであるが，その回復，治療のむずかしさと，一過性ではあるが幻覚，解離といった精神病様の症状が見られることがある。症状のしつこさは，反応性，心因性というより，何か内因的なもの，脳の器質あるいは機能的な障害が疑われる。

2. さまざまな人格障害

　人格障害のカテゴリー分類については疑問視する意見も出ているが，2013年の DSM-Ⅴにおいては，次のように10の人格障害が分類されている。
　① 妄想性パーソナリティ障害：他人の動機を悪意のあるものと解釈する，

不信と疑い深さが特徴的である。対人関係を重んじるわが国では，個人主義の発達した欧米にくらべて対人関係で緊張を感じる人は多い。自分が受け入れられているのか，どう思われているのかが気になり，不安でいっぱいになる状態が高じて被害妄想的となり，激しい嫉妬と怒りに駆られる。結果として孤立してしまい，ますます妄想が激しくなっていくというパターンである。文化的な要因として，ストレートでないコミュニケーション，ダブルバインドのコミュニケーションなどによって，不安を増幅させられるという環境についても考慮が必要であろう。病気だという意識がないために，治療は困難である。

② **スキゾイドパーソナリティ障害**：社会的関係からの遊離，交わらない人びとである。

③ **統合失調型パーソナリティ障害**：親密な関係で急に不快になったり，奇妙な行動をとる，認知的知覚的な歪曲が特徴である。

④ **反社会性パーソナリティ障害**：他人の権利を無視して侵害する人びとである。青少年の凶悪で不可解な事件が多発しているが，これらの事件を起こす青少年には，このようなパーソナリティ障害をともなっている場合が多いのではないだろうか。このようなパーソナリティ障害には，無責任で人間関係の暖かさを嫌い，否定して非協力的な態度をとり，暴行窃盗，虐待などの反社会的な行動が見られる。罪悪感をもたず，自分の行為を正当化し，裁判所などの強制的な治療プログラムにも抵抗する。

⑤ **境界性パーソナリティ障害**：対人関係・自己像・感情の不安定さと衝動性が特徴である。近年増加しており，治療の困難さからも注目されているパーソナリティ障害である。詳細については後で述べることとする。

⑥ **演技性パーソナリティ障害**：感情的で，人の注目を浴びたいという強い要求がある。関心をもたれたい，注目されたいという欲求自体は，誰にでもある健全なものであるが，他人の関心や愛情を引きつけたいあまりに，病気になって実際に声が出なくなったり，歩けなくなったりする。かつてはヒステリーとして神経症に分類されていたが，感情の起伏が激しく，いつもドラマチックな主人公を演じていなければアイデンティティの確認ができない。

⑦ **自己愛性パーソナリティ障害**：賞賛されたいという欲求と，他人に対す

る共感の欠如が特徴的である。自分は人なみ以上に優れているという自己誇大感があり，それに向かって努力している。そのために，たえず周囲からの賞賛や特別あつかいを得ようとするが，うまくいかないときはそれを否認しようとする。特徴的なのは，理想的な自分になるためには，ほかのすべての感情や欲望などを犠牲にできる貪欲さがあるということである。したがって，他人の感情や思惑には無関心で，平気で自分のために利用搾取(さくしゅ)する自己中心的な人間である。他人の苦労に共感したり，感謝したりすることがない。他人との境のない人間関係のなかで，世話や教育など親密に相手のために尽くしているようにみえる場合も，このような自己愛性パーソナリティ障害がみられる。じつは，この相手は肥大した自己の延長であり，それに対して自己愛を満たしているだけなのである。そのことは，相手が支配されたり，権利を侵害されて傷ついていることに配慮もせず，自己正当化するところで病理が明らかになる。

⑧ 回避性パーソナリティ障害：社会的制止，否定的評価に対する過敏さが特徴的である。したがって，拒否されるのではないかと恐れ，人間関係を結ぶことを避け，引っ込み思案で自信がもてないでいる。

⑨ 依存性パーソナリティ障害：従属的でしがみつく，依存的要求が過剰である。

⑩ 強迫性パーソナリティ障害：秩序，統制，完全主義にとらわれる性格である。

このように記述してくると，やはり人格障害を特性論的に把握したほうがわかりやすいという印象がある。第一の特性は，自己中心性，共感のなさ，第二の特性は，他者あるいは環境をコントロールしようとする。第三の特性は，対人関係の過敏さ，あるいは放棄といったように読み取れる。今後，因子分析などを通して，人格障害の概念がより明らかになっていくことを期待している。

3. 境界性パーソナリティ障害

もともと境界例という言葉は，神経症と精神病の境界線上にあるケースと

表 5-1　境界性パーソナリティ障害の診断基準（DSM-Ⅴ）

> 対人関係，自己像，感情の不安定および著しい衝動性の広範な様式で成人期早期に始まり，さまざまな状況で明らかになる。
> 以下のうちの 5 つ（またはそれ以上）で示される。
>
> 1) 現実に，または想像の中で見捨てられることを避けようとするなりふりかまわない努力。
> 2) 理想化と脱価値化との両極端を揺れ動くことによって特徴づけられる不安定で激しい対人関係様式。
> 3) 同一性障害：著明で持続的な不安定な自己像や自己観。
> 4) 自己を傷つける可能性のある衝動性で，少なくとも 2 つの領域にわたるもの。
>   （例：浪費，性行為，物質濫用，無謀な運転，むちゃ食いなど）
> 5) 自殺の行動，そぶり，脅し，または自傷行為の繰り返し。
> 6) 顕著な気分反応性による感情不安定性。
>   （例：通常は 2〜3 時間持続し，2〜3 日以上持続することはまれな強い気分変調，いらいら，または不安）
> 7) 慢性的な空虚感。
> 8) 不適切で激しい怒り，または怒りの制御の困難。
>   （例：しばしばかんしゃくを起こす，いつも怒っている，取っ組み合いのけんかを繰り返す）
> 9) 一過性のストレス関連性の妄想様観念，または重篤な解離性症状。

いう意味で用いられていたが，現在は人格障害の一概念として臨床単位に数えられている。これが人格障害の一概念なのか，境界性症候群ととらえるべきかについてはいまだ議論の余地がある。境界性パーソナリティ障害は，75 パーセントが女性であるという特徴をもつ。

　DSM-Ⅴの診断基準で明らかなように（表 5-1），見捨てられることを極端に恐れるため，大切な人が 2，3 分遅れてきただけでパニックになったり，1 人でいることに耐えられなくて相手を引きつけるために自殺未遂をすることまである。自分のめんどうをみてくれそうだと思った相手を理想化したり，少しでもそれが十分でないと感じると相手をこき下ろすようになる。この対人関係の不安定さは，治療関係にももち込まれるため，治療が困難である。自己像や自我感情も不安定で，突然変化する。衝動的な自己破壊的な行動が見られ，対人関係のストレスに極端に反応して，一過性の妄想や解離性障害が起こることもある。慢性的な抑うつ状態，空虚感に悩まされている。

　境界性パーソナリティ障害は，人格障害を代表する病態であり，演技性，自己愛性，依存性，など他の人格障害の特徴もあわせもっている。自我同一性の悩みを抱えた青年が，一時的に境界例のような特徴を表すこともあるが，

COLUMN

■映画に見る精神障害「17歳のカルテ」■

　映画が描きだす世界は，現実とは異なるからこそ私たちを魅了するともいえる。しかし，一方で，まったくありえないようなできごとや，出会ったことのないような人物ばかりが描かれていては，リアリティが感じられない。事実は小説より奇なり，という言葉もあるように，物語られるものには現実以上の事実が含まれていることも少なくないのである。

　1967年，ごくふつうのアメリカのティーン・エイジャーだった17歳のスザンナ・ケイセンは，混乱と不安にさいなまれ，自分の周囲で急激な変化をとげる社会に意味を見いだそうと必死だった。そして彼女は，アスピリンを大量に飲み自殺を図った。スザンナに下された診断は，ボーダーライン・パーソナリティ・ディスオーダー（境界性パーソナリティ障害）。

　スザンナは，父の友人である医師のすすめで，両親の了解のもと，クレイムア病院に送られることになった。入院同意書にサインしたスザンナは，みずからの意志によってその世界へと足を踏み入れることになった。

　入院したスザンナは，そこで同世代のさまざまの少女に出会う。顔に火傷の傷を負ったポリーは，両親からアトピーの原因である犬を捨てるようにいわれ，自らの顔の発疹にガソリンをかけ火をつけた。スザンナのルームメイトのジョージーナには，空想虚言癖がある。デイジーは甘やかされて育ったパパっ子で，いつも自室のドアに進入禁止の張り紙をして，ローストチキンしか食べず，下剤で排便をする。そして，2週間ぶりに保護されてもどってきたリサは，反抗的でエキセントリックな魅力をもち，脱走常習者であり病棟のリーダー的存在だった。

【スザンナ】　境界性パーソナリティ障害（borderline personality disorder）

　対人関係，自己像，感情の不安定および著しい衝動性，成人期早期にはじまる。

主な症状：・見捨てられることに異常に敏感になり，対人関係が不安定
　　　　　・浪費，過剰なセックス，無謀な運転，暴飲暴食など自分を傷つける行為
　　　　　・自殺の行動，素振り，脅し，手首を切るなど自傷行為のくり返し
　　　　　・イライラ，不安，慢性的な空虚感
　　　　　・激しい怒りにかられ，それを抑えることができない

原因：患者の母親自身が境界症候群的障害をもっていることが多い。母親自身に見捨てられることへの強い不安感があるため，自立しようとする子どもを精神的に応援できず過度に拘束したり，分離していく子どもの不安に対して適切な愛情が注げない。そのため子どもは，支配や母親の愛情を感じられないという状況におかれ，混乱，自身も見捨てられることに非常に敏感になり，抑うつが

生じる。
【リサ】 反社会性パーソナリティ障害 (antisocial personality disorder)
　他人の権利を無視し，侵害する．悪事に関する悔悟の念がまったくない．
主な症状：・社会的規範に適合できず，犯罪を犯す
　　　　　・自分の利益や快楽のために人をだます
　　　　　・身体的な喧嘩，暴力をくり返し，自分および他人の安全を考えない
　　　　　・良心の呵責の欠如
　　　　　・15歳以前の行為障害(家出，盗み，放火など)
原因：小児期あるいは早期青年期よりはじまり成人後もつづくので，遺伝による生
　　　来性のものか，人生の早い段階で環境により生じるものと考えられる
【ジョージーナ】　空想虚言癖 (fantastic pseudology)
　架空の事を細部にわたって，いかにも真実らしく語る．
主な症状：・空想し物語るうちに自分の嘘を真実と思いこむ．
　　　　　・空想された架空の立場，役割に，心からなりきって行動する
　　　　　・現実との矛盾に直面すると，比較的容易に改善する点が妄想とは違う
【デイジー】　神経性大食症 (bulimia nervosa)
　無茶食いをくり返す．
主な症状：・食べることを止められない
　　　　　・体重の増加を防ぐために，嘔吐の繰り返し，下痢・利尿剤・浣腸など
　　　　　　の不適切な利用をくり返す
　　　　　・体型の変化に過敏に反応する
　　　　　・自傷行為や自殺の危険性がある
原因：もともと気分の障害や不安症状が存在している場合が多い．そうした精神状
　　　態を解消しようとして大食(過食)に走ると考えられる．
【ポリー】　外傷後ストレス障害 (PTSD)
　あやうく死ぬようなできごとを体験した後，強い恐怖，無力感，戦慄に襲われる．
主な症状：・外傷後できごとについての恐ろしいことを反復して見る
　　　　　・外傷後できごとのフラッシュバック
　　　　　・外傷後できごとのきっかけを暴露されたときの心理的苦痛，生理的反
　　　　　　応
　　　　　・外傷に関連した思考，感情，会話，活動，場所の回避
　　　　　・仕事，結婚などの正常な一生を期待しない感覚
原因：生命を脅かす非常に強いストレス因子が原因．

(映画「17歳のカルテ」パンフレットより)

(花岡陽子)

人格障害の場合は，恒常的にこのような症状が見られる。幼児虐待をする母親の衝動性などに，この人格障害が疑われる場合がある。治療のためには，安定した治療関係と治療環境がもっとも大切である。不安症状や抑うつ症状に対しては抗不安剤や，抗うつ剤が使われることが多いが，気分障害と違って，これだけで症状が軽快することはあまり期待できないようである。

4. 人格障害と対人関係

　人格障害をもつ人は，安定した人間関係をもつことがむずかしいのがふつうであるが，興味深いことに，互いに人格の偏りを補い合いながら長い関係を続けることがあるという。ボーダーライン・カップルとは，カップルのどちらかが境界性パーソナリティ障害をもちながらも，相手とある種の安定した関係を長年続けられるカップルのことである。ボーダーラインどうしのカップルは，きわめてむずかしい関係であろうが，自己愛パーソナリティ障害と，境界性パーソナリティ障害のもち主は，一定の安定した関係が継続されることがある。また，依存性パーソナリティの女性と，自己愛パーソナリティの男性も，女性のしがみつきが，男性の自己愛を満たしてうまくいく場合があるという。このようなカップルは，理想化したりドラマチックな愛憎劇をくり返しながら，不安定のなかの安定を際限なく続けていくようである。

　似た概念に，「共依存」という概念がある。これは，もともとアルコール依存症の臨床のなかから出てきた概念である。アルコール依存症の周りにいる献身的な妻や女性が，結局アルコール依存症を助長していたというケースがこれにあたる。共依存のなかにあるのは他人に必要とされていたい欲求であり，よく観察すると自己中心的な不安や支配欲から，虐待にも耐えているという図式が見えてくるのである。愛情という名を借りて相手を支配する快感から，苦しみながらも関係を絶てないでいる。教育熱心で献身的な母親と，依存的な子どものなかにもこのような共依存関係が見られる。これらは，不健康な対人関係であり，人格の成長がない。そのような関係のなかで安定してしまうと，新たな変化や介入はきわめてむずかしいものとなる。

5. 心的外傷と解離性同一性障害

多重人格という言葉や，PTSDという言葉を聞いたことがあるだろうか。二重人格，多重人格は，人格障害というカテゴリーではなく，DSM-Ⅴにおいては，解離性同一性障害とよばれている。そして，これが心的外傷，トラウマの後に起こりやすいということから，PTSDについてもふれておくこととする。

まず「解離」とは，精神医学の用語で，意識，記憶，同一性あるいは知覚といった，通常は一貫性をもって体験されるものがまとまりがなくなった状態をいう。ストレスフルな状況を思い出せなくなったり，現実感覚がなくなったり，自分は何者かという同一性に混乱が生じるのである。ジキルとハイドや，24人のビリー・ミリガンという本などで，世間的にも認知されるようになった。同一人物が，2つ以上の異なる人格を有するものである。通常，それらの人格は独立しており，それぞれに固有の行動様式や社会的交流をもち，それぞれの人格においてはほかの人格の記憶がない。人格交代は突然，一過性であり，コントロールできないとされている。

PTSDとは，「心的外傷後ストレス障害」といい，生死にかかわるようなできごとの後に生じる心の病のことであるが，最近では，心的外傷を，いじめやセクハラなども含めて考えるようになってきている。思い出したくないのに，その場面がフラッシュバックとして幻覚，悪夢のような形で現れ，精神的苦痛から無気力状態に陥る。そして，その苦痛から逃れるためか，自分が自分でなくなるような感覚（離人症）や記憶喪失（解離性健忘）が起こることがある。したがって，解離性同一性障害の発生に，PTSDがかかわっているのではないかとする説が出てきたのである。

6. パーソナリティの破壊

健全なパーソナリティが，マインドコントロールというかたちで意図的に破壊されることがあり，社会問題となっている。マインドコントロールは，

洗脳とよばれることもあるが，実際に思想改革やカルトとよばれる新興宗教などで，拷問に似たかたちで計画的に行われるものだけでなく，現代社会にはもっと洗練されたさまざまな形でパーソナリティの破壊が行われている。

　ピアプレッシャー，社会的同調行動など，本来自分の意図した行動ではなく，社会的影響を受けて変化していくものには，好ましいものとそうでないものが見られる。ここでいうパーソナリティの破壊は，好ましさを基準とするのではなく，自立しているかどうかをまず考えたい。

　たとえば，自己啓発セミナーや臨床心理的なグループワークなどに参加して，積極的により生き生きとしたパーソナリティに変化したとする。これは，ある意味では，それまでのパーソナリティの枠組みが変化したともいえる。「古い自分が死んで新しい自分になった」という表現が使われることもある。みずから洞察にいたり，みずからの意志で積極的な方向に変化したことは，成長とよぶことができよう。しかし，似たような経験のなかでも，巧妙なテクニックによって，無意識的な恐怖心にかられて行動が変化したり，批判的，冷静，客観的に考えることをやめて，感覚的な興奮のなかで何かにしたがう決心をするとしたら，たとえそれが好ましい変化だとしても危険である。そのような精神状態になったときには，暗示にかかりやすく，それまでのパーソナリティが破壊されており，冷静に考えると信じられないような思考パターンに陥ってしまうことがある。

　マインドコントロールのテクニックとしてよく使われるのは，睡眠不足，食事を少なくする，ほかの情報や外界からの隔離，多忙による極端な自由時間の制限，単調なくり返し，音楽，香り，動き，また域下知覚による暗示などのテクニックである。リラクセーション・テクニックとして人気のあるアルファー波音楽や瞑想(めいそう)のテクニックなどを使うときには，極端に判断力が落ちて暗示にかかりやすくなっていることに注意しなければならない。また，ストレスフルなできごとが多いとき，青年期アイデンティティに悩むころは，成長，変化を求めている時期であるが，同時にパーソナリティを破壊してマインドコントロールにかかりやすい時期であることも覚えておかなくてはならない。

　洗練されたテクニックによっては，決してみずからがマインドコントロー

ルにかかっているとは考えず，みずから選び取ったものであると考えているものである。価値観や信仰の自由は重要な基本的人権であるから，ある特定の宗教や思想を批判することはできないが，科学的，心理学的な立場から，マインドコントロールをするようなものに関しては警告しておく必要があると考える。その思想，団体に入るのも，ぬけるのも本人の自由であるべきであり，それが嫌がらせや脅しなどで妨げられる場合は健全とはいいがたく，パーソナリティや人生を破壊していくものと考えたほうがよいだろう。

第3節　ストレス

1. パーソナリティとストレス

　ストレスによって人格が変化したり，場合によっては精神疾患を引き起こすきっかけとなる場合もあることが知られている。ストレスをどのように認知し，対処するかという個人のパーソナリティ特性が，ストレス反応にとって重要な要因であることが，さまざまな研究から明らかになってきている。望ましい，適切なストレス対処ができるかどうかは，パーソナリティや対人関係のあり方で大きな影響を受ける。ここではまず，「交流分析（transactional analysis）」の手法による性格行動様式とストレス感，ストレス対処法について述べることとする。

　いわゆるストレスに弱いパーソナリティというのは，どのようなものだろうか。交流分析でいう順応した子ども（AC, adapted child），または批判的な親（CP, critical parent）としての性格構造が強い場合には，ストレスを感じやすいという研究結果が報告されている。順応した子どもというのは，ものごとに対して消極的，従順といった適応した行動様式をとる性格構造である。

このようなタイプでは，ストレスにあったときまわりを気遣い，助けを求めず，1人で耐えるといった不健康な対処行動をとりがちである。反対に，自由な伸び伸びした子どもの心をもっている場合には（FC, free child），ストレス感の少ない生活を送れるようである。また，批判的な親という性格構造は，完全主義で勝気，融通がきかないといったものであり，社会生活上大きなストレスを感じることが多いことが予想される。

2. 行動特性とストレス

　ストレスに対して適切な対処行動がとれない場合には，ストレス反応としての健康上の問題が起こることが知られている。「タイプA行動特性」という用語は，フリードマンとローゼンマン（1970）によって提唱されたもので，心筋梗塞のような虚血性心疾患を起こしやすい行動特性を意味する。タイプAの特徴は，競争心が強く，せっかちで余裕のない態度，仕事熱心で達成意欲が強いなどがあげられる。イライラして焦っているような心理状態になったとき，アドレナリンが放出されて血糖値，血圧が高くなり，動脈硬化も起こりやすくなる。その結果，心疾患のリスクを高めることになってしまっている。アメリカ人では，競争意欲の高いタイプが一般的であるが，日本人のタイプAにおいては，個人的な趣味や家族も犠牲にして，休暇も取らずにはたらくようなワーカホリックな傾向が強いといわれている。その対極にあるのが，ゆったりマイペースなタイプB行動特性である。タイプA行動特性をもつ人は，タイプB行動特性をもつ人にくらべて，虚血性心疾患の危険率が約2倍であることが知られている。タイプB行動特性は，交流分析でいう自由な子どもの特性に似ている。

　タイプCは，ガンにかかりやすい行動特性ということで近年注目されている。自己主張せず従順で，自分の感情，とくに不安や怒りを抑圧して表に出さないという行動特性である。心の葛藤にうまく対処できず，抑うつ状態，無力感，絶望感に陥りやすく，免疫機能を抑制してガンの発生や進行を促進すると考えられている。

COLUMN

■タイプA型行動■

「タイプA型行動パターン」という言葉を，耳にしたことがありますか。1950年代後半，アメリカの医師フリードマンが，心臓病の外来で待合室のイスの前側の部分が，異常な早さですり切れるのを見つけたそうです。待合室の心臓病の患者は診察を待つ時間に，イライラしすぐに立ちあがることができるように，浅い位置に腰かけている人が多かったのです。イスがすり切れているのは，そのためだったのです。この事実から，心臓病患者にはある特有な性格が多いことがわかりました。これがタイプA型行動パターンです。タイプA型行動パターンはストレスを引き起こす性格要因といわれています。

（花岡陽子）

A型行動パターン (FriedmanとRosenman)
【性格面】
　強い目標達成衝動
　競争心おう盛
　野心的
　時間に追われている感じをもつ
　性急でいらつきやすい
　過敏で警戒的
【行動面】
　爆発的で早口のしゃべり方
　多動である
　食事のスピードが速い
　一度に多くのことをやろうとする
　いら立ちを態度に表す
　挑戦的な言動
　特徴的なしぐさや神経質な癖

3. ストレスの評価

ホームズとレイ（1967）は，外界から個人にかかるストレスを客観的に測定するために，「社会的再適応評価尺度（The social readjustment rating scale）」を提案した。日常生活のなかで，たとえば家族の病気，転職，離婚などとい

ったさまざまなできごとによって，精神的な負担を感じると，それを克服するための努力が必要とされる。表5-2に示したように，このようなライフイベント（life event）ひとつひとつに対してそれぞれストレス量を評価した。これは，アメリカ人を対象として作成したもので，配偶者の死が100点，結婚が50点といった得点がつけられている。この得点の単位をライフ・チェンジ・ユニット（life change unit, LCU）得点とよぶ。ライフイベント評価について，世界各国で同様な調査が行われたところ，驚くほど似かよった結果が得られ，この尺度の信頼性が確かめられた。

ホームズとレイの研究では，さらにこのLCU得点と健康状態の関連を調査している。彼らは，過去1年以内のLCU得点を合計して，150点以内なら健康障害が生じる危険性が30数パーセント，150から300点では50数パーセント，また300点以上になると80パーセント以上になるという結果を示した。結婚，昇進といった好ましい生活上の変化もストレスとなり得るこ

表5-2 ライフイベントの例とLCU得点　　　　　　　　　　（ホームズとレイ，1967）

順位	できごと	LCU得点	順位	できごと	LCU得点
1	配偶者の死	100	23	息子や娘が家を離れる	29
2	離婚	73	24	親戚とのトラブル	29
3	夫婦別居生活	65	25	個人的な輝かしい成功	28
4	拘留	63	26	妻の就職や離職	26
5	親族の死	63	27	就学・卒業	26
⑥	個人のけがや病気	53	28	生活条件の変化	25
7	結婚	50	㉙	個人的習慣の修正	24
8	解雇・失業	47	30	上司とのトラブル	23
9	夫婦の和解・調停	45	㉛	労働条件の変化	20
10	退職	45	32	住居の変更	20
⑪	家族の健康上の大きな変化	44	33	学校を変わる	20
12	妊娠	40	㉞	レクリエーションの変化	19
13	性的障害	39	35	教会活動の変化	19
14	新たな家族構成員の増加	39	36	社会活動の変化	18
⑮	仕事の再調整	39	37	1万ドル以下の抵当（借金）	17
⑯	経済状態の大きな変化	38	㊳	睡眠習慣の変化	16
17	親友の死	37	39	団らんする家族の数の変化	15
18	転職	36	㊵	食習慣の変化	15
⑲	配偶者との口論の大きな変化	35	41	休暇	13
⑳	1万ドル以上の抵当（借金）	31	42	クリスマス	12
21	担保，貸付金の損失	30	43	ささいな違法行為	11
㉒	仕事上の責任の変化	29		A氏のLCU得点の合計	363点

○印はA氏の1年間のできごと

とを覚えておかねばならないだろう。

　ストレス評価のもうひとつのやりかたとして，日常生活における悩みごと，いらだちごとを評価する方法がある。ラザルスとフォルクマン（1984）は，特定のライフイベントよりも，生活上の悩みごと，たとえば自分の健康，将来のこと，対人関係などに対してどの程度悩みを感じているかをストレス量として評価すべきであるという心理ストレスモデルを提唱し，「デイリー・ハッスルズ尺度」を提案している（表5-3）。

表5-3　デイリーハッスルズ尺度　　　　　　　　　　　　　　（ラザルス，宗像による）

```
（1）自分の将来のことについて
（2）家族の将来のことについて
（3）自分の健康（体力の衰えや目・耳の衰えを含む）
（4）家族の健康について
（5）出費がかさんで負担であることについて
（6）借金やローンを抱えて苦しいことについて
（7）家族に対する責任が重過ぎることについて
（8）仕事（家事・勉強などを含む）の量が多すぎて負担であることについて
（9）異性関係について
（10）職場（学生の場合学校）や取引先の人とうまくやっていけないことについて
（11）家族とうまくやっていけないことについて
（12）親戚や友人とうまくやっていけないことについて
（13）近所とうまくやっていけないことについて
（14）家事や育児がたいへんであることについて
（15）いつ解雇（学生の場合退学）させられるかということについて
（16）退職後の生活について
（17）いまの仕事（家事，勉強などを含む）が好きでないことについて
（18）他人に妨害されたり，足をひっぱられることについて
（19）義理のつき合いで負担であることについて
（20）暇をもてあましがちであることについて
（21）どうしてもやり遂げなければならないことをひかえていることについて
（22）自分の外見や容姿に自信がもてないことについて
（23）生活していくうえで性差別を感じることについて
（24）不規則な生活がつづいていることについて
（25）まわりからの期待が高すぎて負担を感じることについて
（26）かげ口をたたかれたり，うわさ話をされるのがつらいことについて
（27）過去のことで深く後悔しつづけていることについて
（28）公害（大気汚染や近隣騒音など）があることについて
（29）コンピュータなどの新しい機械についていけないことについて
（30）朝夕のラッシュや遠距離通勤（通学を含む）に負担を感じることについて
```

　　　　　　　　　　　　　　　　　　　　　イライラの原因となる項目数を得点とした。

ストレス量の客観的測定法を2つ紹介したが，ストレス反応の強さには大きな個人差があるために，「自覚的ストレス感の指標」が森本（1997）により提案された。ストレス反応としての抑うつ状態，不安，不眠などは，個人の性格や感受性といった主体側の要因が大きくかかわっている。一般に，ストレスがたまっているというような場合には，この自覚的ストレス感のことをさす。

4. ストレス対処行動

　個人のストレス反応は，ストレスそのものよりも，ストレスにどのように対処するかということで影響を受けるものである。ストレス対処法（stress coping）は，パーソナリティ，認知様式，行動など主体側の条件と，ストレッサーの質，量によってさまざまなパターンがある。対処行動を規定する要因として，問題解決スキル，社会的スキル，自己効力感とともに，ソーシャルサポート（社会的支援）もあげられている。これらの4つの要因は，それぞれパーソナリティと深い関連がある。これらの資源をもちながらも，それを使って対処しようとするかどうかといったストレス対処の動機づけの問題も，パーソナリティであつかう領域である。

　次に，自己効力感とストレスについて考えてみよう。騒音というストレスに長くさらされると，免疫機能が大きく低下していくことが知られている。しかし，その騒音を自分でコントロールできる手段を与えられているグループでは，コントロール不能な騒音にさらされているグループと同レベルの騒音ストレスが与えられていたにもかかわらず，まったく免疫機能が低下しなかったという報告がある。これは，ストレスを受ける側が，どのようにそれを認知するかによってストレス反応が変化することを意味している。つまり，物理的なストレスというよりも，大脳皮質で受け止められる緊張や不安といった感情の違い，つまり自覚的ストレス感が，身体症状の違いとして現れてくるということである。つまり，コントロールできないという状況が大きな心理的ストレスとしてはたらくということであり，自己効力感が大きい場合には，ストレス反応が軽減されるということである。

また，ストレスに対処するときに，まわりに助けを求められるかどうかが，個人がストレスに対して適切に対処できるかどうかを大きく規定する。つまり，問題解決がすぐにできない場合においても，悩みを聞いてもらえる友人がいるかどうか，職場で頼れる上司がいるかどうかといった要因で，心理的負担は大きく軽減されるのである。心理学では，このようなまわりの助けのことを「ソーシャルサポート（社会的支援）」とよぶ。社会的支援は，大きく「情緒的支援」と「道具的支援」に分類される。悩みを聴いて励ますというようなサポートは情緒的支援であり，それに対して，経済的援助や福祉的な活動を実際に行うことが道具的支援である。このような，社会的支援のある人間関係がつくれているかどうか，また，それに助けを求めるかどうかには，パーソナリティがおおいに関係してくる。

　たとえば，隣のピアノの音がうるさくて気になるという場合を考えてみよう。大きく分けると以下のような対処方法が考えられるだろう。

a）**積極行動型**　問題が起きたときに，解決に向けた行動をとるタイプである。つまり，隣の住人と直接話をしてみたり，防音のために二重の窓にしたりといった行動をとる。

b）**積極認知型**　問題解決のために情報を集めたり，問題の原因を理性的に見きわめ，これまでの考え方や態度を変えていこうとするタイプである。この場合には，ピアノがうるさいのは何時ごろか，どんな音が気になるのかなどを分析して，ストレスにならないような暮らし方を考えたり，楽しむようにしてみたりするといった行動が考えられる。

c）**気晴らし型**　問題に対して直接向かっていくのではなくて，好きなことをして気をまぎらわせるタイプである。ピアノのことはそのままにしておいて，好きなCDをかけたり，歌を歌うとか，家族とゲームをするなどして気にならないような過ごし方をするということである。

d）**回避型**　問題のある状況や人物から回避して，ストレスを避けるタイプである。ピアノのなる時間に家にいないようにするとか，引っ越すといった行動が考えられる。

　これらのストレス対処法は，文化社会的要因によって好ましいものとそうでないものがある。たとえば，問題を客観的に分析して解決行動をとるとい

うことは，アメリカでは望ましい成功への行動パターンであると認知されているが，情緒的な結びつきの強い日本文化においては，必ずしも成功するとはかぎらないようである。冷たい，攻撃的だと評価され，対人関係が悪化してストレスが増加する場合さえ考えられる。また，職場で問題があったような場合に，直接本人や上司に訴えるより，回避的な行動をとったほうが人間関係の調整をするよりもストレスの少なくなる場合もあるかもしれない。事実だけを分析して判断，行動していくと，そこにかかわっている人間関係や心理状態が変化して，期待したような効果が得られない場合もあることだろう。個人の人格の成熟度によって状況を見きわめて判断して，対処法を考える必要があるともいえるだろう。

5. ストレスの生体内メカニズム

社会的，心理的ストレッサーは，まず緊張や不安などの感情として大脳皮質で受け止められる。それとともに，間脳にある視床下部によっても感知され，CRH（コルチコトロピン放出ホルモン）を通じて脳下垂体にストレス刺激が伝わる。脳下垂体では副腎皮質刺激ホルモンが血中に放出され，血糖値の上昇などが起きる。これが，内分泌系の変化である。

神経系では，ストレス刺激が自律神経系の交感神経系に伝達されて，副腎髄質からアドレナリン，ノルアドレナリンなどのカテコールアミンが放出される。その結果，血糖値上昇，血管収縮，心拍数増加などのストレス反応が起こる。また，副腎皮質からはコルチゾールが放出されることによって，胃酸の分泌促進，胸部前方にあって細胞性免疫をつかさどる胸腺の萎縮(いしゅく)などが起こり，その結果，リンパ球の機能低下という免疫機能抑制が起きるのである。

6. 神経症・心身症・自律神経失調症

神経症のなかでも器官神経症とよばれるものは，さまざまな身体症状が表れる。患者は耳が聞こえなくなる，声が出なくなる，首がまわらなくなる，立てなくなるなどの症状を示して，それぞれ各科外来を受診するが，このよ

うな神経症（ヒステリー症状）の身体的な原因は不明である。不安や抑うつの気分やストレスから身体症状が引き起こされるということでは，心身症と同様であるが，神経症は，ノイローゼともいわれるように，明らかに精神・神経の障害である。

　心身症とは，心の状態が原因で身体に症状の起きる病態の総称である。現在では，すべての病気が心身症的な側面をもっているという理論が主流になっている。つまり，精神状態やストレスが，症状や予後に大きな影響を与えることが明らかになっている。喘息（ぜんそく）や胃潰瘍といった代表的な心療内科的疾患ばかりでなく，かぜからガンにいたるまで，すべての疾患が広義の心身症といえるのである。日本心身医学会において，心身症は次のように定義される。「心身症とは身体疾患で，その発症や経過に心理，社会的因子が密接に関与している器質的ないし機能的な病態をいう。ただし，神経症やうつ病にともなった身体症状は除外する。」器質的病態とは，形態学的に把握できる病状，たとえば胃潰瘍やアトピー性皮膚炎のように，患部が観察されるものである。それに対して，機能的病態とは，病理組織学的な，あるいは生化学的な変化の見られない病態をさす。片頭痛や腰痛，四肢のしびれなどがあげられよう。

　また，神経症の患者は，自分の感情に対する気づきやその表現が豊かで敏感であるために，傷つきやすく，社会的不適応を起こしやすい。心身症の患者のなかには，自分の感情の認知や表現ができず，したがって心理療法ではうまくいかない場合が多いことから，「失感情症（alexithymia）」という概念が提唱されている。

　その特徴は，①想像力，空想力に乏しい，②自分の感情や葛藤状態を言語化できない，③事実関係をくどくど述べるが感情がともなわない，④対人関係も貧困で機械的な対応が多い，というものである。

　自律神経失調症とは，身体的自律神経性愁訴をもつが，これにみあう器質的変化がなく，原因も不明な一連の病像のことである。自覚症状としては，頭痛，めまい，疲労感，不眠，動悸，息切れ，胸痛，便秘，下痢など多彩である。精神的要因やストレス関連が示唆されることが多いが，慢性疲労症候群，更年期障害，うつ病など，さまざまな病態が含まれていることが想像される。

第4節　パーソナリティと脳

1. ブレインマッピング

　人間の心のはたらき，精神活動は，生理学的な視点でとらえると，脳の電気的な反応と化学物質の流れである。生きた脳をスキャンする技術の進歩によって，精神疾患やパーソナリティの偏りなどの，生理学的物理的な根拠が明らかになりつつある。「ブレインマッピング」とは，特定の精神活動が脳のどの部分で反応を起こしているのかをつきとめる作業である。

　古くは1861年，ブローカの運動性言語中枢の発見による。これは，脳の損傷によって失語症になった患者の観察から，大脳皮質の特定部位，言語野がつきとめられたものである。ブローカ領野に損傷があると発話が困難になり，話し言葉の音をつくるはたらきが阻害され，努力しながらぎこちなく話すようになる。

　ついで発見されたウェルニッケ領野の損傷は，同じ失語症でも，発話の流暢性は保たれているが，言葉を聴いて理解するのが困難になるものである。

　前頭葉白質切断によって，攻撃的なチンパンジーが友好的になったという研究報告から，1940年代には精神科において，ロボトミーという脳外科手術が盛んに行われていた。1960年代に入って，効果的な抗精神薬が出てくるにしたがって，精神疾患を外科手術で治すやり方は過去のものになってきたが，21世紀になって脳の機能がより明らかになってくるにつれて，心の苦痛に対する生理学的アプローチが盛んになるきざしが見えている。

　ブレインマッピングの研究方法には，さまざまな脳スキャンの方法が取り入れられている。EEGとは脳波計のことで，ニューロンの周期的な振動を

測定するものである。この振動は、脳の活動によって独特の波形をもっていて、頭に取りつけられた電極によって、その信号をとらえられるようになっている。アルファー波は、瞑想的なゆったりした意識状態を表すものとして知られており、アルファー波を引き出すリラクセーショングッズとして、さまざまなものが開発されている。アルファー波が優位に流れている状態は、リラックスしているが、同時に知的判断能力は失われているために、洗脳の道具として用いられる危険性には注意が必要である。MRIとは、磁気共鳴影像法である。ニューロンの活動は、血流量、とくに酸素とブドウ糖が必要となるので、それが多くみられる地域が活動しているという判断になる。CTは、コンピュータ断層撮影法であり、MRIで得られた情報を立体的な画像で見ることが可能となる。

　自己決定、セルフコントロールという能力は、健康なパーソナリティに欠かせない能力である。仕事熱心で前向きな性格であったゲイジという鉄道労働者がいたが、彼は事故で前頭部の大半を失ってから性格が変わってしまった。セルフコントロールがまったくきかなくなって、酒びたりの浮浪者になってしまったのだ。このゲイジに対してフリスらは、たんに命令にしたがうという課題と、自己決定が必要な課題を被験者に与えて、自己決定するにはさまざまな脳の特定の場所が活動に加わっていることを明らかにした。このように、脳の機能はある程度固定され、役割分担もはっきりしているが、脳損傷患者の観察から、驚くべき事実、つまり本来なら失われた側でしかできないはたらきを、残った脳が自発的に再接続をはじめて可能になっていくケースも報告されている。脳生理学の研究は、脳あるいは人間の精神、意識の知られざる可能性をますます明らかにしていくことだろう。

2. 右脳と左脳

　脳のはたらきは複雑で、左右の半球は休むことなくコミュニケーションし反応しあっているために、どこで何が起こっているかをつきとめるのは容易ではない。もっとも左右の機能分化がはっきりしているといわれる言語活動でさえ、役割分担に不規則性がみられる人が5パーセントも存在する。また、

脳は順応性が高く，失われた部位を補って機能することもある。しかしながら，一般に信じられている右脳，左脳の役割分担は，たしかにその根拠があるようだ。

右脳は左脳より感覚的，情緒的であり，直観的に全体像をつかむのが得意であるといわれている。左脳は，より分析的，論理的，緻密で，抽象的な認知に優れている。文明社会を生きぬくために，われわれはつねに左脳の訓練を受けているが，失われがちな右脳の能力開発のトレーニングをして，発想の転換，自己啓発をねらった試みが盛んであるのも一理ある。右脳が左脳より情緒的であるというのは，とくに恐怖，悲しみ，悲観主義にあてはまる。左脳に卒中が起こった人は，たとえ障害の程度が大きくなくとも，人生が終わったかのように悲観的にふるまう。反対に右脳に卒中が起こった人は，耐えがたい苦しみを味わっているはずなのに，楽観的で快活な態度を保ち，問題を認識できなくなる。右脳は警戒し，左脳は陽気にふるまう。この左右の違いは，ある程度物理的に説明がつく。

脳の内部は，灰白質と白質からできているが，右脳には白質が多く，左脳には灰白質が多い。灰白質には脳細胞のニューロンがぎっしりつまっており，白質ではニューロンから伸びた軸索が複雑にからみ合っている。つまり右脳では，ニューロンの軸索が長く，遠くのニューロンと接続しやすい，つまり，全体を大きくとらえることが得意ということがわかる。それに対して左脳は，ニューロンがつまっており，近くのニューロンどうしで，緻密な情報交換が行われやすいということになろう。

重症てんかん患者は，発作が両方の脳に起こることを防ぐために，左脳と右脳のニューロン接続を切断する手術を受けることがある。このような脳の分離手術を受けた人たちを観察することによって，右脳と左脳の相互作用が明らかになってきた。実験によって，分離脳では，大脳皮質で情報が行き来することがないことがわかったが，基本的な情動に関しては，大脳辺縁系という無意識をつかさどる領域で，双方向にニューロンが伸びて接続されていることがわかっている。また，左脳と右脳をつなぐ脳梁とよばれる繊維束は，男性より女性のほうが多いし，左右の視床をつなぐ中間質も女性のほうが大きい。脳の使い方にも男女差があり，複雑で知的な仕事をするときに，女性

は左右両方の脳を使う傾向にあるが，男性はどちらか一方に集中しがちである。ということは，女性は広い視野でいろいろな要素を加味してものごとを考えられるのに対し，男性は集中して深く掘り下げることが得意であるといえるだろうか。

3. 脳と人格障害・問題行動

ケンブリッジ大学のコーエンは，自閉症ならびにアスペルガー症候群が，男性タイプの脳が極端になったものだと主張している。自閉症は男性に多く見られ，発生率は女性の4倍，アスペルガー症候群においては9倍にもなるという。その特徴は，社会性や意思疎通の発達異常，興味をもつ範囲のせまさなどがあげられるが，自閉症患者のなかには，驚異的な記憶力やずばぬけた絵の才能をもつ者もいる。

アスペルガー症候群では，直観に欠けるだけで，知能は高く，日常的な生活をこなしていくことができるために，卓越した研究者のなかには，診断されていないが，じつはこのような特徴をもった者もいるのではないかと思われている。

LD（learning disorders：学習障害）や AD / HD（attention-deficit / hyperactivity disorder：注意欠陥 / 多動性障害）とよばれる症状は，感覚，運動能力，知能情緒的な障害が認められないにもかかわらず，おちつきがなく動きまわり，社会的スキルがないという。これらも，微細な脳障害，あるいは脳内化学物質の分泌異常が原因となっているのではないかという説が有力であり，リタリンのような麻薬に似た作用をもつ薬剤の投与によって効果をあげている。

反社会的パーソナリティ障害者の脳をスキャンすると，右脳の扁桃体に機能異常が見られる。正常な反応では他人の苦しんでいる姿に感情が刺激されて，右脳の扁桃体のはたらきが活発になるのに対して，反社会的パーソナリティ障害者はびくともしない。つまり，共感もできず，良心の呵責も生じず，感情の情報処理が異常なのである。感情を刺激される場面においては，通常右脳が活発になるのに対して，反社会的パーソナリティ障害においては，左右が両方とも活動する。激しい感情的な傷つき体験に対処する過程のなかで，

生き残りのために扁桃体の機能が崩壊し，刺激がブロックされてしまうようになったのであろうか。そう考えると，反社会性パーソナリティ障害者も脳機能障害の患者といえるのかもしれない。

性同一性障害についても，脳の器質な変化があるという証拠があがってきている。ホモセクシャルの男性において，男性特有の性行動を起こす視床下部の核が非常に小さく，女性に近かったという報告がある。また，脳梁（のうりょう）にも違いがあることが明らかになっている。

また，ヒステリー性の麻痺についても脳生理学は明快な解答を示している。これは仮病ではなく，患者は自分の意志で動かそうとしているにもかかわらず，動かなくなってしまうのである。たとえば，突然歩けなくなってしまった女性の脳をスキャンしてみると，歩こうとすると前頭葉が明るくなるが，運動野には何も変化が起こらないのである。正常な場合には，前頭葉で意思決定したことが運動前野に伝わって，その身体運動が遂行されるのであるが，その反応がうまくいっていないことが視覚的に理解できる。このメカニズムは，意識的にコントロールできない。ショックで腰がぬけたような状態になることがあるが，似たようなメカニズムがはたらいていると考えられる。

4. 感情を引き起こす化学物質

快感物質とよばれているドーパミンは，たしかに快感を引き起こす化学物質である。ただし，ドーパミンも多くなりすぎると，幻覚が起きたり，強迫神経症の反復行動，興奮，躁病といった様相をおびてくる。反対に少なすぎると，無気力，引きこもりといったうつ病の症状から，ドーパミンを渇望（かつぼう）してさまざまな依存症が起きることが知られている。ドーパミンと化学構造が似ているセロトニン，ノルアドレナリンといった神経伝達物質も同様な作用を引き起こす。ドーパミン作用性の細胞は脳全体に分泌しているが，どの場所で異常になるかによって症状が決定される。

ベータエンドルフィンは，脳内モルヒネとよばれ，やはり快感を引き起こすことが知られている。痛みやショックなどの苦痛をやわらげ，生存していくための脳内モルヒネは，天然のものより20〜30倍作用が強く，多幸感，

有意義感，愛情，自信が出てくるという。

　このように，脳内の化学物質による精神作用が明らかになってくるにつれて，向精神薬の開発が進み，よくきく副作用の少ないものが出てきた。その代表的なものが，SSRIであろう。プロザックという商品名で人気があり，抑うつ的な気分が一掃される。これは，前出のセロトニンの再吸収を阻害する作用をもつために，前向きの気分になれるのであるが，気分がよくなりすぎて反社会的な逸脱行動が見られるようになったという報告があいついだ。また，心理的な問題解決がないままに多幸感を味わうことに違和感を覚えて服薬を中断するケースもある。薬によって精神状態をコントロールするという誘惑は，薬物依存症を引き起こす可能性がある。カフェインによる覚醒作用から，アルコールやニコチン，またスポーツ競技におけるドーピング，洗脳に使われる薬剤まで，使用に際しては倫理的な判断が必要であろう。麻薬や覚せい剤だけでなく，過食やランナーズハイといった肉体状態によって，またパチンコ，TV，コンピュータゲーム，インターネットなどの依存症的な行動にも，脳内化学物質の変化が観察され，前頭葉機能である高次の思考，判断力などが弱まる傾向にあることが指摘されている。

5. 依存症

　依存症には，薬物依存だけでなく，嗜癖(しへき)行動といわれる行動障害も含まれる。仕事中毒など，一見好ましいように思われる依存症も存在するが，病的で介入が必要な依存症にはいくつかの特徴がみられる。まず，みずからの意志でやめることが困難であること，それによって健全な社会生活が損なわれ，仕事や学習，人間関係などに支障が生じていること。また，離脱症状といって，その依存しているものから遠ざかると，精神的肉体的に耐えられないような不快感が生じてしまうような状況が観察されたら，完全な依存症であるといえるだろう。すなわち，何に依存するかやどれだけの量，時間，それにのめりこんでいるかではなく，それによって自分のパーソナリティや行動がコントロールされるようになってしまった状態とよべるであろう。薬物や趣味，人間関係など，いろいろな依存症が存在するが，回復の第一は，まず自

分自身がそれに依存していることを認めること，第二に，これには脳内快感物質など，生理，物理的な作用も介在しているために，意志の力や努力よりも専門機関に相談するなり，専門家の指示をあおぐなどする必要があるのを理解すること。そうやって行動することが，自分自身のコントロールを取りもどす，健康なパーソナリティを取りもどす第一歩であろう。

　以上のように，脳の機能，仕組みが解明されてくるにつれて，新しいアプローチが可能となってきた。しかし，思考，意識といった高次の精神状態にはたらきかけるもっとも強力な動機づけは，愛とよばれる感情である。大切にされている，暖かく受けとめられているという思いや，他者のためにできるだけのことをしたいといった思いによって，脳の機能が回復したり，パーソナリティ変化が起こることが知られている。

　次の節においては，心理臨床的なアプローチを概観する。

第5節　パーソナリティの回復・成熟
　　　　（カウンセリング論）

1.　あるがままの尊重と治療

　人格障害という概念は，精神医学の言葉であり，医学モデルにおいてはつねに診断，治療が前提となる。パーソナリティ，人格という，人間の尊厳にかかわるようなものに対して，臨床心理学では，「パーソナリティの偏り」といういい方をする。そこには，医学とは違う，人間性を重んじた個人の尊重という態度が現れている。治療といっても，来談者中心療法に代表されるように，こちらからはたらきかけて治すというよりも，あくまでクライエントを尊重していく立場である。そこには，偏り，異常を，個性としてとらえる見方が存在する。

治療，あるいは治すといった場合には，あるがままの状態を受け入れるというよりも，変えていかなければならない方向をもち，すなわち，現状ではよくないというメッセージを与えていることになる。

　ほかの精神疾患と人格障害のあつかい方の違いとして，症状は治せるが，はたして性格は変えられるのか，あるいは変えなければいけないのか，という問題もある。脳の機能障害がみられる自閉症のように，教育やカウンセリングでは変容がむずかしい場合に，臨床心理学は何ができるのであろうか。個人の努力では変えることができず，苦しみながら生きていくしかない場合に，苦しみに満ちた人生そのものが，その個人の生き方であるといえる場合もあるのではないだろうか。この場合，どこからが個人の尊重で，どこからが冷たい個人主義になるのであろうか。

　また，創造性と狂気でもふれたように，治療をしてしまうことによって，潜在的な創造性，芸術性も失われることもあるかもしれない。モーツァルトやシューマンの創造性も，彼らの偏った性格をおおらかに受け入れる社会があったからこそ発揮されたのではないだろうか。しかし，メンデルスゾーンやピカソのように，人格円満な創造性あふれる天才もいるわけで，性格的な偏りが創造性の源であるとはいえないだろう。性格的な偏りの見られる天才は，自分の個性を積極的に想像性の方向へ生かすことのできた人たちであろう。彼らは，破壊的になっていく人たちとどこが違うのであろうか。

2. 臨床心理学のアプローチ①：来談者中心療法

　臨床心理学的な立場にはさまざまな立場があり，来談者中心療法から，セラピスト側の価値観や信念を自信をもって提示して導いていくような方法まである。しかし，基本方針は，共感的な理解とクライエントの尊重である。臨床心理においては，「治療」という代わりに「援助」といういい方が好まれる。症状を切り離して除去するのではなく，クライエントの存在そのものを社会的，生物的な側面も含めて全人的に理解し，アプローチする方法である。したがって，援助とは，たんに障害や苦痛を取り除くことを意味しない。クライエントが何を望んでいるのか，どこに向かっていくのかをともに苦しみな

がら探し求め，歩んでいく方法である。具体的には，パーソナリティの成長を促進し，自己実現の可能性に向かって，クライエント個人の再発見を可能にするものである。ここには，健康な成長する力が，クライエントのなかにあるという信頼感が前提となっている。

不適応を起こし，問題行動などで混乱を表している対象を「患者」というよび方から「クライエント」というよび方に変えたときに，ロジャーズはセラピストとの関係が，対等な人間どうしの横の関係であることを示した。そして，どんなに混乱していようとも，クライエントのことを一番よくわかっているのはクライエント自身であり，クライエントの行くべき方向ややり方を決めるのもクライエントである，セラピストはそれを援助しながら自らも成長していく過程であると考え，実践した。

建設的な方向にパーソナリティが変化するために必要な条件として，セラピストはクライエントに対して，①無条件の積極的関心をもっており，②共感的に理解してそのことを伝え，③セラピストがクライエントの関係のなかで自分自身であり，純粋で偽りない自己一致があること，などがあげられている。

これらの3つの条件は，基本的にほとんどの臨床心理的なアプローチに共通したものであるが，カウンセリングの理論にはさまざまな立場がある。次に，その他の臨床心理学的アプローチから代表的なものとして，論理療法，行動療法，実存主義的アプローチを紹介しよう。

3. 臨床心理学のアプローチ②：論理療法

論理療法は，個人が問題を抱えているのは状況のみならず，個人が間違った，誤った信念をもっているからであり，それを正すことによって問題解決ができるようになるという人間観にもとづいている。したがって，たんに共感し，受容的にクライエントを受け止めるというのではなく，積極的に，誤った信念に対するクライエントの洞察が深まるような発問，指摘，対決というテクニックも使う。クライエントが気持ちよく感じるようになることを援助するのではなく，よりよくなることに関心をもつ方法である。つまり，自

分はみんなから愛されなければならないとか、がんばってつねに一番でなければいけないといった非論理的な思い込みを論破し、理性的で科学的な信念に変換する作業である。つまり、「～でなければならない」という思いこみを、「～であるにこしたことはない」という、論理的で実証的な根拠のあるものに変えるのである。外界の人びとやできごとに対してのみならず、自分自身や対人関係においても十分に客観的で、理性的、科学的であることを目標としている。

　ただ、問題を抱えているクライエントに対して、はじめから「あなたの考え方は誤っている」という態度で面接を進めるのは、信頼関係をつくるうえでは困難になるであろう。論理療法を提唱したエリスも、後に情緒的な支持の大切さを指摘し、論理療法を「論理情動療法」と言い換えている。つまり、どのように正しい健康的な概念も、クライエント側に情動的に受け入れる態度がなければ変化は期待できないということである。

4. 臨床心理学のアプローチ③：行動療法

　行動論的アプローチは、問題行動は誤った学習の結果であり、正すためには再学習すればよいという理論にもとづいた方法である。古典的、オペラント条件づけの理論にしたがって、条件反射のテクニックが多く用いられている。好ましくない行動に対して報酬となるようなこと、たとえばキャンディを与える、ほめるといった強化を与えて行動変容させたり（逆制止）、段階的に抵抗のある場面に立ち向かわせることによって最終的に克服させたりする（系統的脱感作）という代表的なテクニックが知られている。また、行動療法には、行動をコントロールすることによって、それにともなう感情や状況も変化して望ましい方向にいくという前提がある。理論にしたがって指示を与えて、好ましくない症状や問題行動を除去するという、理論から演繹された治療技術である。

　このような行動療法に対しては、とくに精神分析の立場から批判がある。それは、行動療法のもとになっている学習理論がおもに動物実験によっているため、人間を対象にした場合、行動以外の意識、無意識をも考慮しなけれ

ばならない，また，生理的，物理的環境要因よりも，社会的なあるいは自己による統制が行動変容の大きな役割を占めていることも考えなければならないという批判である。そのなかで出てきたのが，バンデューラの「社会的学習理論」である。モデリング，あるいは観察学習とよばれる理論であるが，これは，自分がそのような行動を行う機会がなくても，他人の行動やその結果を観察することによって学習するというものである。

　行動異常を，学習された不適応習慣であるととらえ，行動理論にもとづいて行動変容を試みる治療法は，人格，パーソナリティをとらえるひとつのあり方を代表しているといえよう。

5. 臨床心理学のアプローチ④：実存的アプローチ

　実存主義では，生きることは行為を自己選択するプロセスだと考える。健全な人間とは，自分の人生の主人公であり，自己決定する人間である。自己決定できないのは，自分なりの人生の意味が見いだせていない人であるから，人生の意味を問う。カウンセラーは存在への勇気，つまり自己開示して自己を打ち出し，クライエントにエンカウンターする。実存的なアプローチというのは，フランクルのロゴセラピーで説明すれば，人生における苦しみには意味があるという，その意味に価値観を見いだして積極的に生きていくというアプローチである。人間行動の原動力は意味への意思であると考えている。実存神経症とは，人生の意味が見いだせないための落ちこみ状態であり，意味が見いだせないために行為の選択ができずに無気力，無関心にならざるを得ない。このようなクライエントに対し，理論よりも人間そのものを重視して，自己開示し自分を相手に与えていくやり方である。したがって，治療契約や中立性を重んじるより，自分の価値観をもってクライエントに体当たりしていく，父性的なあり方が強い。

6. カウンセリングにおけるパーソナリティ変容

　カウンセリングの目標はなんだろうか。もし，その目標が健全なパーソナ

リティへの回復だとしたら，それはどのようなものであろうか。本人やまわりが苦しんでいる症状がなくなるということは，ひとつの目標になるであろう。

たとえば，不登校の子どもが学校に行けるようになったとか，拒食症の子どもが食べられるようになったなどの行動変化である。

パーソナリティ変化を考えた場合には，やはり成長したかどうかが目標となる。問題行動や苦しみは，自分自身で自分の状態がつかめずに混乱していたり，間違った不健康な対処をしていたために生じている場合が多い。したがって，成長の一歩は，まず自分の状態に気がつくことであろう。厳しい現実に直面することは，あくまで受容的な暖かい聴き手がいるところで可能となってくるであろう。パーソナリティ変化には，時間もエネルギーも必要である。状況によっては，本人にはどうすることもできない場合もある。クライエント尊重の立場では，後押しも引っ張りあげることもできず，本人がもがきながら試行錯誤して新しい自分を発見していくのを，ひたすら共感していっしょに歩む。カウンセラーはクライエントを映し出す鏡のようにといわれることがあるが，人間である以上，中立で客観的な鏡でありつづけることは不可能であろう。自分の判断や価値観を押しつけることがないように注意しても，表情や姿勢，視線といった非言語的なメッセージで，カウンセラーの願いや思いは伝わっていく。そうだとしたら，ひたすら相手の成長と幸せを願ったポジティブな関心をもちつづけたいものである。カウンセラーとクライエントもひとつの人間関係である以上，相互作用が生じるのが当然であり，カウンセラーもクライエントから影響を受ける。嫌悪感や恐怖，不安といった感情が起きてきたときに，共感しながら自分の感情にも気づき，セラピストはそれをもうひとつ次元の高いところから眺めて分析する目も必要であろう。クライエントの自立性と成長をうながすのは，やはり，受容，共感，自己一致といえよう。

治療も教育も，こちらが上の立場にあって，好ましい変化を起こすようにはたらきかけるという意味合いをもっている。カウンセリングでめざすものは，同様のパーソナリティの成長であるが，クライエントの成長に対する基本的な信頼にもとづいて，共感的に受け止めることにより自己実現を強調し

ている。

7. 心理臨床における価値の問題

　個人，個性の尊重と，価値観の多様化した社会において，クライエントの価値観をどのようにあつかうかということは，カウンセリングにおける大きな課題である。セラピストとしてクライエントにかかわるときに，あくまで相手を尊重して受け入れるという態度をとるが，クライエントが，自殺しないとやりきれない，離婚して家を出るほうが自分の人生だと主張した場合，そこには価値観ぬきには語れない状況が存在する。社会文化によって変化する価値観であれば，その社会や文化のなかでクライエントが選び取っていけばよいもので，カウンセラーはその決断を尊重し支えるという役割なのであろう。自分の価値観をもって対決する実存的なアプローチであっても，論理療法であっても，カウンセラーの価値観を押しつけることはしない。提示し，迫るだけである。相手を尊重するというとき，相手が健康的である，成長していく可能性を秘めているという前提条件が存在する。その前提で行動しながら，実際には裏切られるという苦い経験のないカウンセラーはいないであろう。もっと積極的な介入が必要であったのだろうか。症状と状況の見きわめがむずかしいところである。さまざまな価値観があって当然であるが，生命の尊重と基本的人権の尊重は，普遍的な価値観であると考えたい。芸術のため，信念のために命を捨てるというような場合に，個人の価値観も尊重しながら，病的な悲観主義や一時的な感傷でないかどうか見きわめた介入が必要であると考える。しかし，自分の価値観と合わないときに，病的で介入が必要だと感じることは，カウンセラーも人間である以上避けられないことではある。むずかしい問題である。

> **ワーク**　ブリーフ・リラクセーション

　ブリーフ・リラクセーションとは，簡単に習得できるリラクセーション法である。
(1) リラクセーションを習得する4つの原則
1. 静かで落ち着ける場所で行う。
2. 楽な姿勢をとる。
3. 軽い心理的な刺激をくりかえす（たとえば「気持ちが落ち着いている」とか「ひとーつ」ということばを心のなかでくり返す）。
4. 受け身の態度に終始する（積極的にリラクセーションが表れるようにあれこれ努力し，試みるのではなく，自然にからだや心がリラックスしてくれるのを焦らずゆっくりと待ち受けることである）。

(2) 準備
　まず，静かな室内で，仰向けに横たわる。畳の上がもっとも望ましい。両腕は力をぬき，わき腹から10〜15センチほど離しておく。両脚も足首のところで20〜30センチほど開く。膝の裏側に座布団を2つ折りにしてあてる。このほうが，両脚がリラックスしやすいからである。眼に入る光をさえぎるため，室内を薄暗くするか，両眼の上に布をあてる。これで準備完了。

(3) 進め方
　まず，軽く眼を閉じる。次に，からだの力をぬく。とくに両腕，両脚を完全に畳の上に投げ出した形になって重みが感じられるのがよい。十分リラックスすると，まず，手足や指の先端が充実してふくれてくるような感じ，しびれるような感じが表れる。あたたかくなってくることも多い。上下の歯もかみしめず，力をぬいておく。
　頭のなかは何も考えず，からっぽにする。はじめのうちはいろいろと雑念が浮かんでくるが，気にしないこと。心のなかで，ゆっくりと「気持ちがとても落ち着いている」「とてもリラックスしている」と息をはきながら，交互にとなえていると，雑念はだんだん少なくなってくる。この言葉のかわりに，息をはき終わるたびに「ひとーつ」と心のなかでくり返してもよい。

(4) 呼吸
　呼吸は口ではなく，鼻でゆっくりと静かに行う。息は必要以上に吸いこむことなく，自然にまかせる。とくに，息をはくときは自然の勢いに従い，息をはくというよりは息が肺から自然に出てくるのがよい。また，吐き終わってもすぐ吸うのではなく，はき終わったままの呼吸静止状態が数秒つづき，それから吸い込みが自然にはじまるというふうにしたい。リラクセーションは，とくに息のはき出し期と，その後の数秒間の呼吸静止のときに深まる。

(5) 練習回数と時間
　練習は1日に3回，1回の所要時間は10〜15分とする。最後の1分は眼をあけてそのままの姿勢をつづけ，その後起き上がるようにする。

(6) 練習上の注意

① 食後2時間以内は消化活動がリラックス反応をさまたげるから，なるべく避けたほうがよい。

② とくに練習用の服装というものはないが，からだを圧迫したり，束縛感を与える身支度は避ける。しかし，眼鏡や腕時計などをはずす，ベルトなどはゆるめる，上着や靴下を脱ぐなどは効果があり，望ましい。

③ 実施に入る前に排尿，排便などはすませておき，実施中にそのほうに気をとられることのないようにしておく。同じ意味から極端な暑さ，寒さ，空腹なども避けること。

④ リラクセーションの感覚がつかめない場合には，筋緊張と対比させてみるとよい。まず，全身に力を入れて，数秒間緊張する。その後，一気にパッと力をぬくと，全身にダランとした脱力感が得られる。こうして，リラックスした感じをつかむ。

（内山喜久雄：ストレス・コントロール，昭和60年，講談社現代新書より）

（花岡陽子）

第6章

パーソナリティと心理学の接点

第1節　パーソナリティ理解とカウンセリング

1. カウンセラーに必要とされる力

　第1章で述べたように，本書のねらいのひとつは，心理学にとってパーソナリティを理解することが，どのように役立つのかを示すことであった。心理学のなかでも，とりわけ人とのかかわりに関する領域，つまり臨床心理学を中心とした部分を意識しつつ本書は執筆されている。編者を含む6人の著者全員がカウンセリングの実践をつづけており，そうした臨床経験からパーソナリティへの具体的な興味と関心を抱きつづけている。本節では，臨床心理学的あるいはカウンセリング的な視点から，パーソナリティ理解の必要性と重要性を考えてみることにしたい。

　カウンセリングの具体的な方法について述べることは，本書の目的ではないので，ここで詳しくふれられないが，カウンセリング序論ともいうべき部分を，カウンセリングのＡＢＣという形で整理してみよう。このことをとおして，カウンセリングにおける心理学的知識，とりわけパーソナリティの知識の必要性が浮き彫りになると考えられる。

　ＡＢＣのＡはability（能力，手腕）で，カウンセリングを行ううえで必要とされる力の意味である。Ｂはbelief（信頼，信用）で，人間への基本的な信頼感の必要性を意味している。最後のＣはcontact（接触，連絡）ということで，カウンセリングに必要なまわりの人びととの連携を示している。以下，これらＡＢＣを順にみていくことにしよう。

　はじめに，カウンセリングの能力・手腕（ability）としていくつかに整理して考えてみよう。まず必要とされるのは，当然のことながら面接の力であろう。面接の力をもう少し分解して考えてみれば，以下の3つの力が浮かび上

がってくる。まずは「関係を感じる力」である。相手と自分が，人間として向き合って，そこにひとつの関係あるいは世界ができあがる。その世界の空気，とりわけ空気の変化を敏感に感じとる力が必要である。

2つめの力は「受け入れる力」である。相手を受け止める力といってもよいし，包みこむ力といってもよいかもしれない。この人の前でなら安心して自分を解放できる，あるいは自分を開示してもよいと思わせるような受容の力である。

3つめの力は「読み取る力」である。相手が発信するあらゆる情報を，読み取る力がなければならない。わかってくれる，あるいはわかってほしいという願いをこめて，クライエントは自分を投げ出してくるのである。それをしっかりと受け止め，そして理解する力が要求される。

さて，面接の力と同時に必要な能力として，もうひとつ「記録の力」が不可欠である。どのように上手に面接を行ったとしても，それを時間の流れのなかで理解し，展望を探っていくために，記録は欠かすことができない。必要なことを過不足なく，要領よく，必要最小限の労力で記録できる能力は，面接者にとってもっとも大切なことのひとつである。また，重複することになるかもしれないが，その記録を「読む力」がなくてはならない。記録を活かすも殺すも，記録を読む力にかかっている。筆者らはこうした記録を「書く力」と「読む力」の向上をめざして「かかわり連関法」という技法を考案し，広く提案してきた（近藤卓編『事例研究の方法としての～かかわり連関法』学事出版，1988）。

2. カウンセリングにおける信頼と連携

次にカウンセリングにおける信頼・信用（Belief）について考えてみよう。カウンセリングの哲学，あるいはカウンセリング的な人間観とでもいうべきものは，人間に対する基本的で全面的な信頼であろう。人はみな成長しようとしている。そして，自分で主体的に行動し，歩んでいく。ただなんらかのことが原因で，一時的に困難な状況に陥っているだけなのだ。そこで，カウンセリングの助けを必要としている。こうした人間観が，前提として必要で

あろう。

　そこでまず，私たち自身が自分を信頼し，自分をあるがままに受け入れられることが大前提となる。この世に人として生まれ出たことを，幸いと感じている。人間でよかった，生まれてきてよかった，あなたと会えてよかった。このように，全面的に人間としての自分を受け入れ，自信をもち，自分を信じられることが大切である。

　次には，目の前にいるその人を信じることである。人間として信じ，関係を信じ，必ず気持ちがわかりあえるという信頼が，カウンセリングの基本であろう。そして，その人自身が大きな力をもっていて，自分の力で生きたいと願っている。独立した個人として，自分の成長を望んでいる。そうした人に対する信頼が，カウンセリング的対応の基本になければならない。

　最後に，カウンセリングにおける大切な要素は，他者との接触・連絡 (Contact) である。連携といってもよい。どのような場面においても，1人の人にできることは限られている。ましてや，カウンセリングにおいては，他者の助けは必要不可欠である。まず必要なのは，スーパーバイザーである。カウンセリングはきわめて閉鎖的で，個人的な営みである。時には2人だけの特殊な世界を形成し，外界と一線を画した独善に陥る可能性もないとはいえない。

　当然のことながら，カウンセリングとしての関係をとる以上，そうした独善的状況に陥ることのないよう，カウンセラーは自己理解と自己統制の訓練を積んでいるはずである。しかし，カウンセラーも人間である。人間は感情をもっているし，流動的で柔軟な存在である。ふと気づくと，クライエントと2人で心の大海原を漂流して，とんでもない地点に流れて行ってしまっているかもしれない。また，方向性を見失って展望が開けないときに，スーパービジョンが有効な場合もあろう。

　いずれにしても，そこでスーパーバイザーによるスーパービジョンは必要であり，重要である。また，たんに客観的な第三者の視点があるだけで，このような「漂流」はかなりの程度防げるであろう。したがって，場合によっては同僚や仲間による，事例検討会などの機会をもつことができれば，スーパービジョンの機能が期待できることになる。

最後に，クライエントをとりまく人びととのコンタクト，そして関係する相談機関，専門機関，医療機関や専門職の人びととの連携が不可欠である。たとえば，クライエントが子どもであれば，親や家族，担任やそのほかの教師，クラスメイトや地域の友人など，子どもをとりまくさまざまな人びとと，必要に応じて接触したり，情報を収集したりする必要があるかもしれない。また，当の子どもを含めた，人と人の関係の調整といったことも，場合によっては必要となる。また，子どもを学校で抱えることが困難な状況もあるかもしれない。そうした場合，即座に適切な人や施設・機関との連携で事態に対処していく準備がなければならない。

　カウンセリングには多くの可能性があるし，たくさんの人を救うことができるであろう。しかし同時に，できないことや，困難なこともあることを知っておくべきである。能力を超えた問題を抱えこむべきではない。必要なときには，すみやかに，よりふさわしい専門職や機関へリファーできる用意がなければならない。

　以上，カウンセリングのＡＢＣを考えてきた。「能力」と「信頼」そして「連携」の3つに整理したが，これらはどれが第一に大切で，どれがその次といったものではないと思う。どれもが同時に必要とされる，カウンセリングの基本要素であると考えられる。

3. パーソナリティ理解とカウンセラー

　さて，カウンセリングについて語るとき，欠かすことのできない人物の1人であるロジャーズは，その著『カウンセリング』（岩崎学術出版社，1966）のなかで，カウンセラーの資質について述べている。ロジャーズによれば，カウンセラーにとってもっとも大切な資質は，「人間関係に敏感である」ことである。より具体的にいえば，「他人の反応に対してまったく鈍感である人，自分の言ったことが他人を愉快にさせるか不快にさせるかわからない人，自分と他人との間，あるいはふたりの友人の間，に存在している敵意や友情に感づかないような人は，満足のゆくカウンセラーにはならない」というのである。

この基本的な資質を踏まえたうえで，彼はさらに4つの属性を説明している。資質の第一は客観性で，臨床家はつねに客観的態度をとることができなければならないとしている。第二は個人に対する尊敬で，クライエントに対してその人の自由を尊重し，その成長をさまたげずに援助することが必要とされる。第三には，自己の理解がカウンセラーには要求される。つまり，「自分というものを正しく理解し，自分の顕著な情動パターンや，自分というものの限界や短所を，しっかりと理解している」，そうしたことがなければならない。第四には，セラピストには専門的な知識が要求される。つまり，「人間の行動，およびその身体的・社会的・心理的な規定要因についての完全な基礎知識なくしては，満足な活動を期待することがほとんどできない」ということになる。

　結局ロジャーズのいうカウンセラーの資質は，整理してみれば，本節で述べてきたAとBに相当すると考えられる。つまり，A・Bの資質をそなえた人が，Cの視点をもって活動することが，カウンセリングの基本であるということになろう。くり返しになるが，もっとも大切なものは，人間関係に敏感なことである。そのことは，相手のパーソナリティを理解し，自分自身を理解していなければ成り立たないことであろう。つまり，自分自身をも含めたパーソナリティの理解があって，はじめて人間関係に敏感であるための要素が整うということであろう。もちろん，パーソナリティの理解といっても，ひとたび理解が成立すれば，それが永久不変の真実であるということではない。人間は成長し，変化する流動的な存在である。パーソナリティの理解といっても，それは，いわば仮の理解であり，仮の解答であることを忘れてはならない。

COLUMN

■カウンセリングの道具立て■

　カウンセリングにとって必要な道具立てとして，どのようなものが考えられるだろうか。いつでも，どこでも，何時間でもカウンセリングをするわけにはいかない。明確な枠組みがあってこそ，カウンセリングは成り立つ。「何月何日の，何時何分か

らこの場所で，何十分のあいだ，いっしょに考えていきましょう」というぐあいに，時間と場所の枠組みの下で行われるのがカウンセリングである。

　一定の場所がなければカウンセリングはできないわけだが，それではカウンセリングをするうえで，適切な，よりよい環境とはどんなものかを考えてみよう。明るさ，静かさ，におい，家具の配置，色，などは基本的に考慮しなくてはならない点である。蛍光灯の光は，さまざまな体調異常と結びつき，精神面でも種々の不安の源泉ともなるという報告もあり，白熱灯を組み合わせた照明がのぞましい。

　外部に話し声が聞かれないように，静かな防音効果のある部屋がベストである。ときはステレオコンポなどで音楽を流し，部屋の雰囲気を変えることも必要になってくる。最近では，アロマセラピーも実践と研究が進められているので，気持ちをしずめ，おちつかせるような，心地よい香りをつくるのもカウンセリングをスムーズに運ぶ役割を担うであろう。椅子やテーブルなどの配置は，安定感と安心感，心地よさに包まれる感じを実現するためにも，綿密にねらなければならない。選ばれる家具類は，コントラストは弱く，落ちついた，やわらかく清潔感のある色を使用し，やわらかさとあたたかさのある素材を用いることがベターである。

　最後に，最低限必要な設備・備品を列挙しておこう。電話，コンピュータ，オーディオ，ロッカー，飾り棚，本（画集・写真集・専門書），絵画，カレンダー，ティッシュ，洗面台，スクリーン（ついたて），照明（フロアスタンド），本棚，クッション，応接セット，キャビネット，植物，椅子，机，じゅうたん・カーテン，シンク・湯沸しコーナー，時計など。

　個人で開業しているカウンセリング・ルームでは，その人の個性が現れたものになるだろうし，小・中・高等学校や大学の相談室では，たくさんの資料が置いてあるなどして，にぎやかで楽しい雰囲気になるかもしれない。いずれにしても，カウンセラー自身の力が十分に発揮できるような，個性的なカウンセリング・ルームがつくれるとよい。

（大島なつめ）

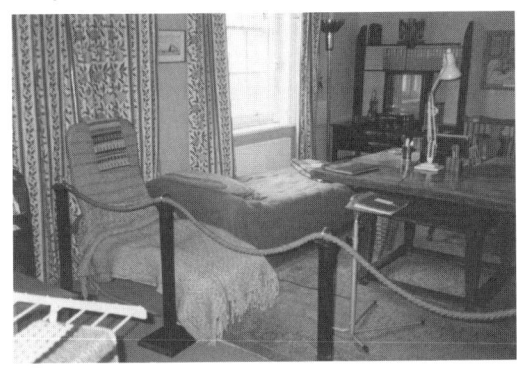

フロイトの診察室

第2節　カウンセリングとその周辺

1. カウンセリングとその周辺

　前節では，パーソナリティ理解がカウンセリングにとって大切な要素であることを述べてきたが，カウンセリングとその周辺領域の事情についてもふれておきたい。

　現在，カウンセリングはかなり広い領域で用いられる概念となっている。それは，教育，医療，福祉，司法などの領域にとどまらず，経済活動や日常生活の場面でも用いられるようになっている。筆者のみるところ，ロジャーズのクライエント中心療法の考え方が教育の分野で受け入れられ，学校カウンセリングの実践が展開されていった過程が，カウンセリングの広がりの発端ではなかったかと考えられる。1990年代以降の，文部省（当時）の主導での中等教育への，学校カウンセリングの本格的導入の動きが，カウンセリングあるいはカウンセラーという用語・概念の一般化に，いっそうの拍車をかけたといえよう。

　さて，カウンセリングと重複する部分の大きい概念に，精神療法と心理療法がある。これらはいずれも，psychotherapy の日本語訳であるから，本来同義であると考えられる。しかし慣用的には，医師あるいは医療関係者の行うサイコセラピーを精神療法とよび，心理臨床家の行うものを心理療法とよぶことが多いように思われる。あるいは，誤解をおそれずにいえば，精神療法はより精神病理の重いものをあつかい，心理療法は軽いものといういい方もできる。病理が軽いから治療やかかわりが容易で，重いから治療が困難である，ということではないのはもちろんである。

　さらに，アドバイスは日常的に助言や情報を与えることをいうが，これも

カウンセリングの活動のなかに含まれる場合があり，重なる部分がある概念である。ガイダンスは，方向づけや指導といった意味合いが強いが，学校カウンセリングなどでは，やはりカウンセリング活動のなかに包含される部分がある。

以上ふれてきたことは，いずれもクライエントや患者と直接かかわりをもつ活動である。カウンセリングを実践していく過程で，クライエントや患者以外の人びととかかわりをもつことが重要な意味をもつ場合がある。そのひとつは，コンサルテーションである。この用語も，一般的な意味でかなり広く用いられている。カウンセリングとの関連で用いる場合は，クライエントへの直接的な援助活動でなく，ほかの専門職への相談・援助活動をコンサルテーションとよぶ。たとえば，学校カウンセラーが児童・生徒をクライエントとした場合を考えてみよう。そうした場合，クライエントの親や家族，担任教師，教科担任，部活の顧問，校長・教頭，養護教諭などの相談に乗る場合が，コンサルテーションの例である。

スーパービジョンとデブリーフィングは，カウンセラー自身がほかへ援助や助言を求めることといってよい。ひとことでいえば，スーパービジョンは，スーパーバイザーによるカウンセラーへの指導であり援助である。デブリーフィングは，援助者としてのカウンセラーが，みずからの活動の報告をすることによって，なにがしか肩の荷を下ろすことを目的として行われる。

2. カウンセリングと見立て

カウンセリングは，クライエントとのたんなる話し合いや相談ではないし，助言や情報を与えるだけのことでもない。カウンセリングをカウンセリングとして成り立たせるためには，見立てが成立していなければならない。

見立てとは，カウンセリングのある時点での，クライエントおよびクライエントの抱える問題への，評価・判断と，相談・面接の過程やカウンセリング終了後の見通しのことである。これらは医療における，診断・治療・予後などに相当する。カウンセリングには，カウンセラーとしての診断（評価・判断）がある。また，カウンセラーとしての治療方針（相談・面接）があり，

それにともなって，予後（カウンセリング終了後）の見通しが立てられるはずである。当然，診断は医師のそれとは異なるし，看護師の診断や福祉診断とも異なった視点をもつものである。同様に，治療方針や予後の見通しも，カウンセラー独自のものがある。

　ここでは，相談・面接についてふれておくことにしたい。カウンセリングの独自性が，とくによく現れる部分だからである。相談・面接には大きく分けて3つの領域がある。第一は，治療的な相談・面接のプロセスである。クライエントの抱える病理性が強く，神経症レベルであったりする場合，一定の治療効果をめざしてカウンセリングが行われる。治療者としてのカウンセラーが活躍する領域である。第二は，相談的なプロセスである。クライエントにとっては，病理的な問題というよりは，生活上の人間関係や生き方などについて，だれか専門的な立場の相談者を求めている場合がある。相談者としてのカウンセラーが必要とされている。第三は，寄り添うプロセスである。クライエントは，みずから問題に気づき，問題と向き合い，問題を解決していこうとしている。ただ，だれか伴走者を必要としている。1人で孤独な道を歩むとき，ふと寂しさや不安を感じることがある。そうしたときに，いつも自分を見つめていて，いっしょに歩いていてくれ，力づけてくれる伴走者がカウンセラーである。

　カウンセラーのこれらのはたらきは，クライエントによってそれぞれ異なる場合もあるが，同じクライエントに対して段階に応じてこれらが順次用いられる場合も少なくない。そして，カウンセラーがクライエントやクライエントの状態に応じた適切な対応を行うためには，病理の理解とパーソナリティの理解が欠かせないということなのである。

　診断についても，少しふれておくことにしよう。たとえば，DSM‐V（アメリカ精神医学会による診断基準の第5版）は，5軸からなる多元的診断をひとつの特徴としている。

COLUMN

■スクールカウンセラーの仕事と連携■

　心理臨床の対象領域としては医療機関，精神衛生センター，児童相談所，家庭裁判所，産業部門などがあり，学校でのカウンセリングも重要な領域である。

　スクールカウンセラーの仕事として考えられるのは，まず第一に児童・生徒に対して予防的および成長促進的なかかわりを大切にし，個人面接やグループ面接を行うことである。第二番めには，教職員への助言やコンサルテーション，そして定期的な情報交換や事例を検討するカンファレンス（事例検討会）がある。第三には，保護者との面接などがあげられる。これらが相談的な仕事のおもなものであるが，そのほかに学級での心理学の授業，講演会などを開催することも学校全体の精神衛生の向上になるので積極的に展開する必要がある。また親どうしのセルフヘルプグループをつくって，精力的に活動することも可能である。

　実際に，学校内でカウンセリングを行うと，さまざまな困難に直面することになる。ひとつは連携をとることの大切さとむずかしさである。担任の先生との連携，養護教諭との連携，親との連携，他機関との連携などそれぞれが重要である。不登校の生徒が出たとき担任から相談を受け，協力的な先生であれば，担任と何度かのミーティングを行っていくなかで，徐々に改善することもある。保健室登校の生徒の場合は，問題解決のために，養護教諭との定期的なミーティングが必要になってくる。いずれにしても親がからんでくる場合が多く，親との電話連絡やメールでの連絡が役に立つことがある。

　学校のカウンセラーだけでは問題解決が困難な場合は，ほかの専門機関にリファーする場合もおこってくる。たとえば，精神科クリニックや心療内科，児童相談所などがその対象となる。そうした場合は，だれと連携を取り，だれが中心になって，生徒と接するか，方向性はどうするか，その場その場に応じて，臨機応変に対応するのも，カウンセラーの腕の見せどころである。

　どの場合でも，その職場でさまざまな立場の人たちと，日ごろから十分なコミュニケーションをとっておくことが大切であると考えられる。　　　　　（大島なつめ）

3. クライエントとカウンセラーの関係性

　前項で，カウンセラーにとって，パーソナリティの基本的な知識と理解が必要であると述べたが，このことについて若干の補足をしておきたい。まず第一に，このことはあくまでも一般的な知識であり理解である，という点を指摘しておく必要がある。つまり，心理学が用意できるパーソナリティの理論についての知識と理解のことである。第二には，目の前のクライエントのパーソナリティを理解するということである。

　本書の内容そのものが，第一の点を示すものとなっている。したがって，ここではとくに，第二の点について考えてみることにする。

　クライエントのパーソナリティを理解するということには，2つの側面がある。ひとつは，クライエントも人間である以上，時間とともに成長し，変化する存在であるということである。つまり，ある瞬間に理解したと思っても，それはその時点でのその人のパーソナリティの，ひとつの断面にすぎない。次の出会いにおいては，まったく別人のような様子を示すかもしれない。事実，こうした体験は多くの人びとが日常的にしていることであろう。しかも，生涯にわたって成長し，発展しつづける存在である人間にとって，こうしたことは子どもや青年期にかぎったことではない。

　クライエントのパーソナリティを理解するということの，2つめの側面について考えてみよう。それは，人の役割的性格と深く結びついている。たとえば，友人と接しているときのその人と，教師と会っているときのその人を第三者として観察してみれば，まったく別人のように感じられるかもしれないのである。自分自身の日常をふり返ってみても，このことはすぐに了解できることである。筆者自身のことを例にあげれば，親であり，夫であり，子でもあり，孫でもある。さらに，教師であり，研究者であり，いくつもの学会の会員であり，消費者であり，視聴者であり，また町を歩く通行人でもある。こうした多面的な顔をもちつつ，それぞれの場に応じて無意識のうちに役割的性格を示している。

　クライエントのパーソナリティをより正確に理解しようとすると，このよ

うな多面的な側面のすべてを把握しておかなければならないことになる。実際上は，こうした事情を理解したうえで，実用的な範囲で多面的な側面からクライエントを理解しようとするのであるが，さらにここで，もうひとつのパーソナリティ理解の視点を知っておく必要がある。これまで述べてきたような，観察・診断・評価の対象としてだけ見るのでなく，関係性に重点をおいた視点の重要性である。

COLUMN

■スクールカウンセラーの仕事とインターネット■

　筆者の勤務している高等学校のカウンセリングルームには，インターネットが常時接続されている。インターネットは，生徒がカウンセリングを予約するときに使用したり，カウンセラーが何かを調べたりするときに非常に役に立っている。生徒とだけではなく，先生方との連絡もメールですんでしまうときもあり，忙しい先生方との情報交換などにとても便利である。

　生徒からは，基本的にはメールは予約時のみとしている。メールで相談をしてくる生徒もいるが，相談をメールで受けることは，よいときもあるが，その受け答えに敏感になっている場合は，危険をともなうことも多々あるからである。やはり，カウンセリングは顔と顔を合わせて，表情を観ながら，会話をしていきたいと考えている。

　学校を転校したい，という生徒がいた。その生徒は通信制か定時制に行きたい，と悩んでいた。しかし，口にするだけで，実際に進路指導室で調べたり，書店で資料を探してみたりしたわけではなかった。そこで，「インターネットで調べてみましょう」と提案してみたのである。生徒は嬉々として楽しそうに，いろいろと検索していった。しかし実際に調べてみると，時期的なことや地理的なことで，本人の納得のゆく学校をそのときは見つけることができなかった。そして結局，転校するということを諦めてしまったのである。経過中の事例なので，このときの対応や処置がこれでよかったかどうかはわからないし，これからまた転校したいといい出すかもしれない。しかし，手軽に面接の途中にでも，その時，その場でクライエント自身が行動を起こせることは，とても素晴らしいことだと思えるのである。

　筆者の勤務する学校のホームページには，カウンセリングルームについても説明されていて，専用のページが掲載されている。今後は，生徒だけでなく広く保護者にも見ていただく機会が増えていくであろう。スクール・カウンセリングにおけるインターネットの活用には，多くの可能性があるように思われる。　　　　（大島なつめ）

つまり，カウンセラーとしての自分と会っているときのクライエントは，無数にある「顔」のうちのひとつを見せているにすぎない。そこで，そのたったひとつの「顔」をその人を代表するものとみて，それだけに頼ることをやめる。さらに正確にいえば，そのたったひとつの「顔」を固定したものと見るのでなく，その変化を見ていく視点をもつということである。ある瞬間の，その人の「顔」を見て理解したと思っても，それは仮の「顔」であるかもしれない。しかし，時系列的に経過を追ってその人の「顔」の変化を見ていけば，全体を通して見たときにその人の「顔」の全容が浮かび上がってくる。少なくとも，カウンセラーに見せる「顔」の全体像が見えてくるはずである。

このように，関係性を前提としたパーソナリティの理解の視点が，実際場面では必要になってくるのである。

第3節 心理学とパーソナリティ理解の諸相

本書はタイトルが示すように，パーソナリティと心理学の理解をめざすためのものである。それと同時に，パーソナリティ理解が心理学にとってどのような意味をもつのか，また心理学の知識がパーソナリティ理解にどのように役立つのかを示したいと考えた。そのために，前半の第2章，第3章は，パーソナリティを理解するために心理学がどのような工夫と努力をしてきたのか，その結果どのような方法が得られているのかを示した。後半の第4章，第5章はパーソナリティの理解が心理学にどのように貢献できるのかを示すために設けられた。以下に章を追って，これらの流れについて簡単にふり返ってみよう。

まず，第2章では，パーソナリティの理論化について紹介している。この場合の理論化とは，おもに経験的・臨床的な知見をもとにして，パーソナリ

ティを類型化する試みである。古典的なものにはとくにそうした傾向が強い。経験的・臨床的といっても，ごく限られた個人的な経験から直感的に類型化を試みたものもあれば，膨大な臨床データをもとに体系的に分類・整理して考察したものもある。いったん形成されたそれらの理論は，現実に照らして適用され検証されるなかで，その信憑性や妥当性が明らかにされ，棄却されていくものもあれば，さらに精緻に練り上げられていくものもある。そうしたプロセスにおいて，後の心理学の発展に大きな役割をはたすことになった因子分析などの統計学的な方法など，種々の蓄積が行われたのである。いずれにしてもとにかく，なんらかの基準となるものがなければ，パーソナリティの研究もデータ整理も進めることができないので，そうした意味で，基準の枠組みとして各種の理論は大きな役割をになってきたといえよう。

　第3章では，前章で得られた各種の理論を背景とした，パーソナリティ理解の具体的な方法を示した。総合的・全体的に，生きた存在としての人間のパーソナリティを理解するためには，直接会って話をしてみることが最善であろう。しかし，そうして得られた理解を他者に伝えるためには，それをなんらかの方法で記述することができなければならない。知識の共有化がなされなければ，客観的に考察し，科学として深めていくことができないからである。そこで，観察や面接についても，構造化が行われる必要が生じるし，さらに枠組みを限定的に設定した，各種の心理テストが考案されているのである。一般に，限定を厳しくし，記述を単純化するほど，テストとしての信頼性は向上する。しかし，得られた結果は，対象となる人のごく一部・一面をとらえているにすぎないものとなる。逆に，その人を総体的・全体的にとらえようとすれば，テスト結果から主観的な判断や理解が排除しきれない。したがって，現実にテストを用いる場合には，いくつかのテストを組み合わせて用いるのである。そうした組み合わせのことを，テスト・バッテリーという。具体的には，たとえば，投影法のいずれかのテストと標準検査法のどれかを組み合わせるようなことになる。いずれにしても，こうした多様なレベルのテストを研究し開発するプロセスが，心理学全体の体系化や科学性・客観性の向上の点で，大きな影響をおよぼしたのである。

　さて，第4章では発達的な視点からパーソナリティを考察した。発達につ

いては，教育学や社会学あるいは精神分析学や生理学など，さまざまな学問領域から研究が進められてきた。地域性や県民性，さらには家庭環境や家庭教育の問題などは，すぐれて社会学的あるいは民俗学的・文化人類学的な課題でもある。そうした他領域の知見も踏まえつつ，発達心理学の研究は乳幼児期の発達段階の臨床的データをもとにして，多くの研究者によってかなりの蓄積がなされている。ピアジェの研究やフロイト，エリクソンの理論などをはじめとした多くの知見を基礎として，発達的な視点からパーソナリティの形成についての研究が進められている。パーソナリティが，いつ，どのようにして形成されていくのか。発達心理学を中心とした，心理学的な考察なくしては，パーソナリティ形成の理解は不可能なのである。

　最後の第5章では，パーソナリティの偏りをテーマとした。いわゆる「ふつう」のパーソナリティを理解するためには，「ふつうではない」パーソナリティと比較してみることが早道であるかもしれない。「ふつうではない」もの，つまり偏ったものがどのようなものかがわかれば，それ以外のものが「ふつう」だからである。偏りのあるパーソナリティの研究は，かつては異常心理学とよばれた領域で行われ，現在では精神医学や臨床心理学のテーマである。精神医学と臨床心理学の境界は，あいまいな部分もある。たとえば，精神疾患の患者は，精神科医がかかわり，そうでない場合は心理臨床家がかかわる。また，前者の行う治療を精神療法とよび，後者の行うそれを心理療法とよぶこともある。いずれにしても，精神医学や臨床心理学における偏ったパーソナリティについての研究は，かなり進んでおり，多くの蓄積がある。そうした心理学的な知識が，パーソナリティの理解におおいに役立つのである。

　以上でみてきたように，パーソナリティの研究が，心理学全体の進展に貢献し支えてきたと同時に，心理学の研究がパーソナリティ理解を深めてきたことを，本書では明確に示すことができたと思う。パーソナリティと心理学は，このように密接にかかわりをもっているのである。

索　引

ア行

アイゼンク……………… 114
愛着行動………………… 122
アイデンティティ……… 139
愛と所属への欲求……… 146
アガペ…………………… 48
アスペルガー症候群…… 189
アセスメント…………… 87
アトピー性皮膚炎……… 185
アドラー……………… 45, 61
アドレナリン…………… 178
アルゴリズム推論……… 152
アルコール……………… 191
アルコール尺度………… 109
アルファ波…………… 41, 187
アロマセラピー………… 41
アンビバレンス………… 167
怒り……………………… 148
意思決定……………… 149, 152
異常……………………… 161
異常心理学……………… 216
依存症…………………… 191
依存性パーソナリティ障害
　　　　　　　　　………170
一人称の性格…………… 38
一卵性双生児…………… 120
遺伝的要因……………… 120
イド……………………… 56
意味への意志…………… 64
因子……………………… 50
因子分析………………… 155
ウェルニッケ領野……… 186
ウォーミングアップ…… 99
ウォルフ………………… 113
右脳……………………… 188
ヴント…………………… 24
運動性言語中枢………… 186
エクササイズ…………… 28

エクマン………………… 80
エゴ……………………… 56
エゴグラム…………… 44, 115
エコマップ……………… 86
エス……………………… 56
エディプスコンプレックス
　　　　　　　　　………46
エリクソン…………… 123, 132
エリス…………………… 195
エリック・バーン……… 62
エロス…………………… 48
エンカウンター………… 28
演技性パーソナリティ障害
　　　　　　　　　………169
円熟型…………………… 48
恐れ……………………… 147
オペラント条件づけ…… 21
親子関係テスト………… 44
オルポート…………… 32, 52

カ行

絵画テスト……………… 43
絵画統覚検査…………… 95
快感物質………………… 190
外向性…………………… 45
外傷後ストレス障害…… 173
外傷体験………………… 20
外胚葉型………………… 47
開発的カウンセリング… 28
外発的動機づけ………… 146
回避型…………………… 183
回避性パーソナリティ障害
　　　　　　　　　………170
快楽への意志…………… 64
解離………………… 168, 175
解離性健忘……………… 175
解離性同一性障害……… 175
カウンセリング………
　　　　　　26, 196, 202

学習……………………… 20
学習困難………………… 187
学習理論……………… 129, 195
隔離……………………… 59
カタルシス……………… 99
価値観…………………… 198
学校カウンセリング…… 208
過適応…………………… 162
カテコールアミン……… 184
ガードナー……………… 155
カフェイン……………… 191
仮面……………………… 32
ガル……………………… 40
カルフ…………………… 100
ガレノス………………… 40
感覚………………… 12, 24
感覚運動期……………… 124
感覚器官…………… 14, 15
感覚的な時間…………… 13
環境……………… 5, 35, 36
環境要因………………… 120
観察……………………… 84
観察法…………………… 77
感情……………………… 12
干渉説…………………… 19
カンファレンス………… 211
記憶………………… 18, 20
記憶喪失………………… 175
器官神経症……………… 184
気質……………………… 33
記述的現象学…………… 64
気づき…………………… 99
機能……………………… 9
機能水準……………… 166, 167
気晴らし型……………… 183
気分障害………………… 165
基本的な欲求…………… 146
基本的不安……………… 62
逆制止…………………… 195
キャッテル……………… 55

キューブラーロス………… 141	個人カウンセリング…… 26	自己肯定感………… 38, 66
共依存…………………… 174	個人的無意識………… 61	自己効力感…………… 182
強化………………… 22, 195	固着……………………… 60	自己実現……………… 146
境界性パーソナリティ障害	骨相学…………………… 40	自己受容………………… 38
…………169, 170, 172	コッホ……………… 69, 105	自己像…………………… 37
境界パーソナリティ構造	古典的条件づけ………… 21	自己尊重の欲求……… 146
………166	コミュニケーション… 153	自己認識……………… 131
境界例………………… 170	コーネル・メディカルインデ	自己の概念……………… 66
共感的理解……………… 66	ックス……………… 113	自己理論………………… 66
狂気…………………… 164	コールバーグ………… 136	思春期青年期…………… 38
共棲関係……………… 123	コンサルテーション… 209	視床下部……………… 142
強迫性パーソナリティ障害	コンピュータ断層撮影法	自責型…………………… 48
………170	………187	自然環境………………… 27
ギルフォード…… 111, 155		自然観察法……………… 77
筋肉質型………………… 47	**サ行**	自然崩壊説……………… 19
空想虚言癖…………… 173		自尊感情…………… 38, 145
具体的操作期………… 125	再学習………………… 195	失感情症……………… 185
クライエント………… 194	サイコ・エデュケーション	実験観察法……………… 77
クライエント中心……… 65	………28	実験心理学……………… 5
グリュンワルト……… 106	サイコセラピー……… 208	失語症………………… 186
グループワーク……… 176	サイモン………………… 47	実存主義……………… 196
クレッチマー……… 37, 45	錯視……………………… 14	質問紙法………………… 91
経済型…………………… 47	錯覚……………………… 13	自発的回復……………… 23
系統的脱感作………… 195	左脳…………………… 188	自発反応………………… 26
KJ法…………………… 156	サリヴァン……………… 62	自閉症………………… 189
ゲシュタルト心理学…… 16	参加観察法……………… 79	死への恐怖…………… 140
血液型…………………… 39	三人称的性格…………… 38	社会型…………………… 47
ゲーム分析……………… 64	シェアリング……… 28, 99	社会環境………………… 27
幻覚…………………… 168	シェルドン……………… 46	社会適応……………… 162
健康の概念……………… 75	ジェンダー…………… 146	社会的学習理論……… 196
現象学…………………… 65	ジェンドリン…………… 65	社会的再適応評価尺度… 179
権力型…………………… 47	自我……………………… 56	社会的支援…………… 182
権力への意志…………… 61	視覚……………………… 11	社会的スキル………… 182
口唇期…………………… 60	自我同一性…………… 171	社会的性格……………… 36
向性検査……………… 115	自我同一性の確立……… 38	社会的知能……………… 41
構造化面接法…………… 86	磁気共鳴影像法……… 187	社会的同調行動……… 176
構造論…………………… 56	刺激………………… 21, 25	社会的不適応………… 162
行動社会学…………… 121	自己愛性パーソナリティ障害	社会的性格……………… 62
行動主義………………… 25	………169	臭覚……………………… 11
行動主義心理学……… 121	自己一致………………… 66	宗教型…………………… 47
行動変容……………… 160	自己イメージ………… 135	集団精神療法…………… 29
行動療法……………… 195	思考…………………… 149	縦断的研究…………… 120
行動論的アプローチ… 195	自己開示……………… 196	自由面接法……………… 86
更年期………………… 135	自己概念……… 37, 131, 139	自由連想法……………… 58
合理化…………………… 58	自己啓発セミナー…… 176	出生順位…………… 35, 121
交流分析…… 62, 115, 177	自己嫌悪……………… 145	守秘義務………………… 42

索　引　219

シュプランガー　47
シュプルツハイム　40
昇華　58
消去　23
条件刺激　21
条件づけ　21, 22
条件反射　195
情緒的支援　183
情動　148
承認と尊重　146
初回面接　86
初期経験　122
食欲　142
女性ホルモン　135
触覚　11
ジョハリの窓　39, 74
ジョー・ルフト　74
自律神経失調症　185
事例検討会　211
しろうと理論　39
心因性　168
心因反応　168
人格　2, 32
人格障害　168, 174
人格の偏り　165
神経症　20, 165, 185
神経症的パーソナリティ構造　166
神経性大食症　173
神経生理学　40
心身症　185
身体型気質　47
身体言語　41
診断（評価・判断）　209
心的外傷　175
心的外傷後ストレス障害　20, 175
審美型　47
新フロイト派　62
信頼性　42, 154
心理アセスメント　91
心理学　3
心理劇　99
心理検査　42
心理査定　87
心理ストレスモデル　181

心理療法　208
心理臨床　26
心理臨床家　216
スキゾイドパーソナリティ障害　169
スキナー　21, 22, 25
スキナー箱　22
スキーム　149
ステレオタイプ　137
ストーゲイ　48
ストレス　25, 177
ストレス対処法　177, 182
ストレス反応　177
ストレスマネジメント　144
ストレッサー　27, 184
頭脳型気質　47
スーパーエゴ　56
スーパーバイザー　87, 204
スーパービジョン　204
スピリチュアル　77
刷り込み　122
生育歴　26
性格　2, 32
性格形成　5, 7
性格検査　91
性格心理学　4
生活価値　48
性感染症　144
性器期　60
性行為　144
成功的防衛　59
性行動　144
精神医学的モデル　160
精神障害　165
精神病的パーソナリティ構造　166
精神物理学　4
精神分析　56
精神分析学　24
精神療法　208
成長　163
性的エネルギー　61
性的欲求　56
生命のエネルギー　61
性役割　137, 138
セクシャルハラスメント　145

積極行動型　183
積極認知型　183
セックスレスカップル　145
摂食障害　142
セラピスト　194
セルフコントロール　144, 187
セロトニン　33, 143
先行経験　150
前操作期　125
潜伏期　60
そううつ気質　45
装甲型　48
相談・援助活動　209
相貌学　41
ソシオグラム　82
組織の観察法　79
素質　5
ソーシャルサポート　183
ソーシャル・スキル　10
ソンディ　100
ソンディテスト　100

タ行

体液　40
ダイエット　143
退行　58
代償　58
対人距離　41
態度的特性　52
大脳領域　40
タイプA　178
タイプB　178
多血質　40
多軸診断　73, 210
他者　9
他者志向型　47
多重人格　175
達成動機　146
多面性　37
短期記憶　19, 135
男根期　60
チェス　33
知覚　12
力への意志　64

知能	151, 154	
知能検査	91	
知能指数	154	
知能テスト	154	
注意欠陥／多動性障害	189	
抽象的操作期	125	
中胚葉型	47	
長期記憶	19, 135	
超自我	56	
チョムスキー	130	
治療環境	171	
治療関係	171	
抵抗	57	
デイリー・ハッスルズ尺度	181	
適応	162	
テスト・バッテリー	215	
デブリーフィング	209	
デュセイ	115	
転移	58	
伝統志向型	47	
同一化	58	
投影描画法テスト	107	
投影法	91	
投影法心理テスト	93	
動機づけ	142	
道具的支援	183	
総合失調型パーソナリティ障害	169	
統合失調気質	45	
統合失調症	37, 45	
投射	58	
逃避	58	
特性論	44, 50	
トップダウン	149	
ドーパミン	33, 190	
ドーピング	191	
トマス	33	
トラウマ	127, 175	
ドラマ	99	
トランスパーソナル心理学	77	

ナ行

内因性	168	
内向性	45	
内蔵型気質	47	
内胚葉型	47	
内発的動機づけ	146	
内部志向型	47	
7因子説	155	
二重人格	175	
日常的観察法	79	
二人称的性格	38	
二面性	37	
人称的理解	74	
認知	12	
粘液質	40	
粘着気質	45	
ノイマン	76	
ノイローゼ	185	
脳局在論	40	
脳血流量	41	
脳内伝達物質	33	
脳内モルヒネ	190	
脳波	40	
ノルアドレナリン	184	

ハ行

バイリンガル	153	
バウムテスト	43, 69, 105	
箱庭	100	
ハサウェイ	108	
パーソナリティ	2, 32	
パーソナリティ障害	166, 168	
パーソナリティの偏り・異常	160	
発情期	144	
発達	120	
発達検査	91	
発達心理学	5	
パブロフ	20, 22, 25	
パラランゲージ	81	
ハリー・イングラム	74	
バーン	115	
半構造化面接法	86	
反社会性人格障害	173	
反社会的人格障害	169	
バンデューラ	196	
反応	21, 25	

ピアジェ	124	
ひきこもり	59	
非言語コミュニケーション	79	
非言語表現	79	
非構造化面接法	86	
ヒステリー症状	185	
筆圧曲線	43	
筆跡学	43	
人見知り	132	
一人っ子	35	
皮膚電気抵抗	148	
ヒポクラテス	40	
ヒューリスティック	152	
表出的特性	52	
標準化	154	
標準検査	42	
病態水準	168	
ビンガム	86	
ビンスワンガー	64	
ファーナム	39	
不安	147	
不安障害	165	
フォーカシング	67	
不成功的防衛	59	
フッサール	65	
不適応	162	
普遍的な無意識	61	
プライバシー	153	
プラグマ	48	
フラストレーション	102	
フランクル	64	
フリードマン	178	
プリミティブ	23	
ブレインマッピング	186	
ブレンターノ	65	
フロイト	24, 45, 56, 61	
ブローカ	40, 186	
プロクセミックス	82	
プロザック	191	
ブロードマン	113	
プロフィール	115	
フロム	62	
憤慨型	48	
ベータエンドルフィン	190	
ペルソナ	32	

防衛機制……………… 58
忘却………………………… 19
星と波テスト……… 43, 107
ポジトロン CT…………… 41
補償………………………… 58
ホスピス………………… 141
ホスピタリズム………… 123
ボーダーライン・カップル
　………………………… 174
ボーダーライン人格障害 168
ボディランゲージ……… 41
ボトムアップ…………… 149
ホーナイ…………………… 62
ホームズ………………… 179
ホメオスタシス………… 142
ボールビー……………… 123

マ行

マインドコントロール… 175
マジックミラー………… 86
マズロー……………… 65, 146
マターナル・ディプリベーション
　………………………… 123
マッキンレイ…………… 108
マニア……………………… 48
マーラー………………… 123
マレー……………………… 95
ミッシェル………………… 36
ミネソタ多面的性格検査
　………………………… 108
無意識………………… 14, 24
無為自然…………………… 38
無条件刺激………………… 21
無条件の肯定的配慮…… 66
メタ認知………………… 151
免疫機能………………… 182
面接………………………… 86
メンタルイメージ……… 149
妄想性人格障害………… 168
モーガン…………………… 95
モーズレイ性格検査…… 114
モデリング……………… 196
モレノ……………………… 99
問題解決………………… 149
問題解決行動…………… 135

問題解決スキル………… 182

ヤ行

薬物依存………………… 191
薬物依存症……………… 191
役割性格…………………… 36
役割的性格……………… 212
ヤスパース………………… 64
矢田部 - ギルフォード… 55
矢田部ギルフォード性格検査
　………………………… 111
憂うつ質…………………… 40
友人関係………………… 134
夢の分析…………………… 57
ユング………………… 45, 61
養育態度……………… 47, 121
抑圧…………………… 58, 148
予後……………………… 210
欲求………………………… 58
欲求階層説……………… 146
欲求不満…………………… 58

ラ行

来談者……………………… 73
来談者中心療法………… 192
ライチャード……………… 48
ライフイベント………… 180
ライフスタイル…………… 48
ライフ・チェンジ・ユニット
　………………………… 180
らしさ……………………… 6
ラルマン………………… 107
リー………………………… 48
離人症…………………… 175
離脱症状………………… 191
リタリン………………… 189
リビドー…………………… 56
リファー………………… 205
リレーション……………… 28
理論化…………………… 214
理論型……………………… 47
臨界期…………………… 122
臨床心理学…………… 5, 26, 193
臨床心理士………………… 73

類型（タイプ）論………… 44
ルダス……………………… 48
レイ……………………… 179
レスポンデント行動……… 25
劣等感……………………… 61
連携……………………… 204
ローエンフェルト……… 100
ロゴセラピー…………… 196
ロジャーズ…………… 65, 205
ローゼンツァイク……… 101
ローゼンマン…………… 178
ロボトミー……………… 186
ロールシャッハ…………… 93
ロレンツ………………… 122
論理情動療法…………… 195
論理療法………………… 194

ワ行

Y-G 検査………………… 44
ワトソン……………… 25, 12

欧文

personality ……………… 2
PTSD……… 20, 173, 175
AD／HD ……………… 189
CMI …………………… 113
CT ……………………… 187
DSM- Ⅴ…… 73, 91, 165, 168, 170, 171, 175, 210
LD ……………………… 189
MAC …………………… 108
MAS …………………… 108
MMPI ……………… 92, 108
MPI …………………… 114
MRI …………………… 187
psychotherapy ……… 208
QOL …………………… 148
SSRI …………………… 191
stress coping ………… 182
TAT ……………………… 95
WISC …………………… 92
YG ……………………… 111